JN058666

より深くより楽しく

お城のすべて

天守から石垣、縄張、名城の見所まで全部丸わかり

三浦正幸 監修

ONE PUBLISHING

第1章 天守―――15

第2章

建築―― 75

第3章 縄張 115

第4章 歴史 161

はじめに

もっと城を楽しむために

近年は城ブームだそうです。城の復元・整備が精力的に進められ、新たな復元計画の話もあがっています。それに比例するかのように、各地の城の入場者数も飛躍的に増えました。

この背景には「歴女」という言葉を生み出した歴史ブームや、手近なレジャーとして注目されてきた城めぐりの存在があります。

日本人なら一度は、遠足や修学旅行、社員旅行などで城を訪れたことがあるはずです。

なぜ城は日本各地に造られたのでしょうか。また、城はいつから日本にあるのでしょうか。名古屋城の金の鯱《しゃち》は本当に金で造られているのでしょうか。そんな素朴な疑問から、天守《てんしゅ》と櫓《やぐら》の違いは？　山城の定義とは？　といったマニア向けの疑問にまで、図版や写真とともにわかりやすくお答えするのがこの本です。

この本を読んでから城を訪れると、城の見方が変わります。

もっと城を楽しめるようになります。

城の立地（しろのりっち）

立地で分類される城の形態

POINT

山や丘や川などの自然を最大限に活かして城は築かれました。

城は立地によって山城《やまじろ》・平山城《ひらやまじろ》・平城《ひらじろ》と三つに大きく分けられます。

山城《やまじろ》は山や丘の山頂付近を利用して造られた城で、桃山《ももやま》時代以前に造られた中世城郭と呼ばれる城に多く見られる立地です。山に造られたため、堀に水を溜めておくことが困難なので、空堀《からぼり》がほとんどでした。

平山城《ひらやまじろ》は、山城よりも低い山や丘陵に築かれた城のことをいいます。しかし、平山城という区分は、標高何m以上何m未満といったような厳密な定義があるわけではありません。そのため区分する人の主観に左右されることが多く、たとえば大《おお》洲《ず》城などは現在平山城とすることが多いのですが、江戸時代に幕府に提出した書類上では山城となっています。

平城《ひらじろ》は平らな場所に造られた城で、桃山時代以降の近世城郭に多くみられます。

基本的には城内に山や丘がない城ということになっていますが、人によって平山城との区分があいまいです。こうした山城・平山城・平城といった区分は人によってまちまちになることが多く一定していません。

おおむね、山城は山や丘の上部だけの城、平山城は山や丘を中心にしてその周囲の平地を城域に取り込んだ城、平城は山や丘が城域にない城という目安があるものの、数字で示すことができるような定義がないので、人によって判断は異なるのです。

山城の竹田城
（兵庫県朝来市商工観光課提供）
竹田城は嘉吉年間（1441～44）に太田垣（おおたがき）氏が築き、文禄元年から慶長5年（1592～1600）に赤松広秀（あかまつひろひで）が改築、現在の姿になりました。標高354mの古城山の尾根を利用し、高所に築かれている石垣がみごとです。

平城の広島城
広島城は太田川の三角州を利用して造られた平城の典型で、本丸を中心に三重の堀で囲み、さらに2本の河川で外郭の守りを固めていました。慶長4年（1599）に毛利輝元（もうりてるもと）が築きました。

平山城の松山城（松山市教育委員会提供）
城の主要部分である本丸は132mの勝山の山頂に築かれています。慶長7年（1602）に加藤嘉明（かとうよしあき）が造りました。

城の建物（しろのたてもの）

戦いと領国支配のための施設

POINT

城の敷地には、御殿から番所までさまざまな建物が建てられていました。

城というとほとんどの人は「**天守**《てんしゅ》」を思い浮かべますが、城にはこのほかにも実に多くの建物がありました。

まず、城に入るところから始めましょう。ほとんどの城は、敵に簡単に侵入されないように**堀**で囲まれているので、この堀を渡るために**橋**が架かっています。橋には木の橋と土の橋があります。木の橋は戦いのときには敵に利用されないために、すぐにはずせるようにするなどの工夫が施されていました。しかし、残念ながら木の橋の現存例はありません。

橋を渡った先には**門**がありますが、ここも敵に突破されないように、二重に門を構えるなどしています。城の周りに巡らされた**塀**は城内から敵を攻撃するための穴（狭間《さま》）が開けられ、簡単に敵が乗り越えられないようになっています。

さらに城によっては門の脇に**櫓**《やぐら》を置いたり、門自体を**櫓門**《やぐらもん》にするなどして、門に近づく敵をやっつけるようになっています。また塀ではなく**多門**《たもん》**櫓**《やぐら》という細長い櫓を構えて守りを固めている場合もあります。

また、城に出入りする者を見張り、城内の見回りや管理をする役目の人のための**番所**《ばんしょ》が門の近くや要所に造られました。

天守は戦いのときの最強の最終兵器で、城に籠もって戦うための司令塔でした。天守自体にも敵を寄せ付けないようにするための防御設備が備えられ、より守りを固めるために、天守に櫓や**小天**《こてん》

空からみた高知城本丸（高知城管理事務所提供）
高知城は、全国で本丸内の建物が完全に残る唯一の城です。城の最も重要な部分にあたる本丸には、天守のほかに、政庁や城主の居館となった御殿、出入口となる門、城を守るための建物である櫓、武器や食料を蓄えておくための蔵などの建物がところ狭しと並んでいました。

守《しゅ》を付属させたり、中には天守を取り囲むようにした形式も生まれました。

さて、城は戦いのときの最大の軍事拠点ではありましたが、戦いのない平和な時代がやってくると、大名たちの領国支配の中心的な役目を果たす場所となりました。

天守は、平和な時代になると、城のシンボルとして重要視されるようになりました。象徴にふさわしくより美しく見せるために、**破風**《はふ》や、懸魚《げぎょ》、華頭窓《かとうまど》といった飾りが取りつけられていきます。壁も安価な下見板張《したみいたばり》ではなく、黒漆塗《くろうるしぬり》や塗籠《ぬりごめ》という、金も手間もかかる仕様で造られ、大名や天下人たちの権力を見せつける道具ともなりました。

しかし、豊臣《とよとみ》家滅亡後は、大名の力を恐れた徳《とく》川《がわ》幕府が、四重・五重の巨大な天守を造ることや、新しい天守を造ることを原則的に禁止しました。そのため、三重櫓を造って、天守の代用とする城もありました。

また、大名の領国支配のための施設が**御殿**《ごてん》です。大名と家臣との対面をはじめ多くの儀式・行事や

金蔵
金を入れておく蔵です。大坂城内に残るのが唯一の現存例です。

焔硝蔵
火薬やその原料の硝石などを入れておくための蔵です。中で火薬が爆発しても耐えられるように、石で造られています。かつて多くの城にありましたが、現在は大坂城に一つ残るだけとなりました。

政務がここで行われました。また、御殿は大名の私的生活の場ともなりました。つまり、現在の県庁と県知事公邸とを兼ねたような施設だったのです。そのために城内には広大な敷地が必要でした。

さらに米などの生活用品を納めておくための米《こめ》蔵《ぐら》、有事の際の火薬を納める煙硝蔵《えんしょうぐら》（焔硝蔵）といった蔵もありました。馬で城にやってくる人のために馬をつなぐ馬屋《うまや》も設けられました。

このように城内にはところ狭しと数多くの建物が並んでいたのです。

番所
番所は、門や城へ出入りする人の管理や見張り、城内の管理などのために数多く造られましたが、現存する例はあまりありません。写真は江戸城内の同心番所（どうしんばんしょ）です。

馬屋（写真＝近藤　勲）
馬をつなぎ止めておくための場所です。身分の高い武士は馬に乗って登城するために、馬屋は城に必要な設備でしたが、彦根城以外の馬屋は残っていません。

第1章

天守

1 天守と櫓の違い（てんしゅとやぐらのちがい）

大きさと法令による区別

POINT

天守とよく似た建物に櫓があります。両者の違いを確認しましょう。

天守は近世以降、城の象徴として出現した建物です。またそして天守と似た規模・様式の建物に三重櫓《さんじゅうやぐら》があります。櫓自体の歴史は古く、古代にはすでに存在していたといわれています。櫓はもともと物見のための仮設の建物だったため、中世の城においても、上階を立板《たていた》で囲んだだけの簡単なものでした。

近世になると、天守と櫓は城の建物として常時建設されるものになっていきました。その中で大規模な三重櫓は天守と並ぶ偉容を誇りました。三重櫓は基本的には三階建でしたが、内部が四階構造の櫓や、二重でも三階の構造のものなどもありさまざまでした。

天守と三重櫓との区別は難しく、大きさや装飾だけからでは三重天守と三重櫓の違いを区別することは困難です。たとえば三重五階の熊本《くまもと》城宇土《うと》櫓《やぐら》は三重三階の宇和島城天守よりはるかに大きく、また金沢《かなざわ》城の三重三階櫓は唐破風造《からはふづくり》の出窓《でまど》や廻縁《まわりえん》があり、極めて格式高いものでした。

結局のところ、近世以降、四重以上の建物は天守とされました。

しかし、三重の場合では元和元年（一六一五）公布の「武家諸法度」で事務的に区別されました。武家諸法度公布の前に天守として存在したもの、またはそれを公布後に改築した場合は天守とされましたが、公布後に新たに建てられたものは櫓ということになったのです。

またさまざまな理由で天守を建てられない場合に、天守の代用とされたのが三重櫓でした。そのような三重櫓は「御三階櫓《ごさんかいやぐら》」と呼ばれました。

天守と三重櫓

宇和島城天守（写真＝石田多加幸）
慶長6年（1601）に藤堂高虎（とうどうたかとら）が建てた天守を、寛文6年（1666）に伊達宗利が再建しました。武家諸法度以降、天守を建てることはばかられる傾向がありましたが、新築ではないため「天守」と称されました。

熊本城宇土櫓（写真＝竹重満憲）
三重五階の巨大な櫓で、規模的には五重五階の天守にも匹敵します。

丸岡城天守（写真＝加藤理文）　慶長18年（1613）ごろに建てられた天守です。二重三階なので、三重櫓よりも規模が小さいのですが、正式な天守でした。

備中松山城天守（写真＝石田多加幸）
慶長5年（1600）に天守が建てられました。そのため天和期（1681～84）の改修後も「天守」と称していました。

丸亀城天守（写真＝加藤理文）　万治3年（1660）の創建。現存12天守のなかでは最小の一階平面をもち、三階櫓と称してきました。近代になって天守と称しました。

弘前城天守（写真＝加藤理文）
寛永4年に焼失した五階建（三重か四重）天守に代わって、幕末に辰巳櫓を改築して御三階櫓として建てられました。

2 望楼型天守（ぼうろうがたてんしゅ）

古式ながら自由度の大きい天守

天守は屋根の構造から、望楼型《ぼうろうがた》と層塔型《そうとうがた》に分類されます。

望楼型天守は一階建てや二階建ての大きな入母屋造《いりもやづくり》の建物の上に、一階建てから三階建ての物見《ものみ》（望楼）を載せたものです。望楼を屋根の上に載せていることから、望楼型天守と呼ばれます。

最初に建てられた本格的な五重天守は、天正《てんしょう》七年（一五七九）に織田信長が造った望楼型の安土《あづち》城天主《じょうてんしゅ》でした。安土城の天主（織田信長の城である安土城と岐阜城に関しては天守ではなく天主の文字を使用しています。）は五重構造で、御殿《ごてん》建築である基部と大櫓《おおやぐら》（望楼）とを組み合わせたまさに画期的な建物でした。一階が不等辺八角形、五階部分は正八角形で、外観も六階は群青《ぐんじょう》の壁、五階・四階では赤い柱を見せるなど、色どり鮮やかな天守でした。

安土城の例からもわかるとおり、望楼型天守の場合、土台となる天守台《てんしゅだい》が正確な矩形《くけい》（正方形や長方形）でなく、不等辺多角形であっても造ることができます。入母屋造の屋根より上の階には、どんな形状の建物でも自由に載せることができるからです。

そのうえ、入母屋屋根の下に造る建物（基部）が二階建ての場合、構造上一階と二階の間取りがほとんど同じ造りになるため、一階の柱が必ず二階の柱の下にくることから、きわめて頑丈《がんじょう》な造りになります。

さらにいえば、基部を上下同じように造ることも簡単にできたため、一本の柱で貫《つらぬ》く通柱《とおしばしら》や巨大な心柱《しんばしら》なども使われました。

POINT

織田信長が造った史上初の天主は望楼型でした。

さまざまな望楼型天守

高知城天守
（写真=毛利寿行）
外観四重·内部六階、二重目の屋根が大きな入母屋造となっている望楼型天守です。

慶長度宇和島城天守復元平面図
（復元=三浦正幸）
正方形の天守本体に大きな玄関が突き出しています。内部の柱が少なく不安定な構造になっています。

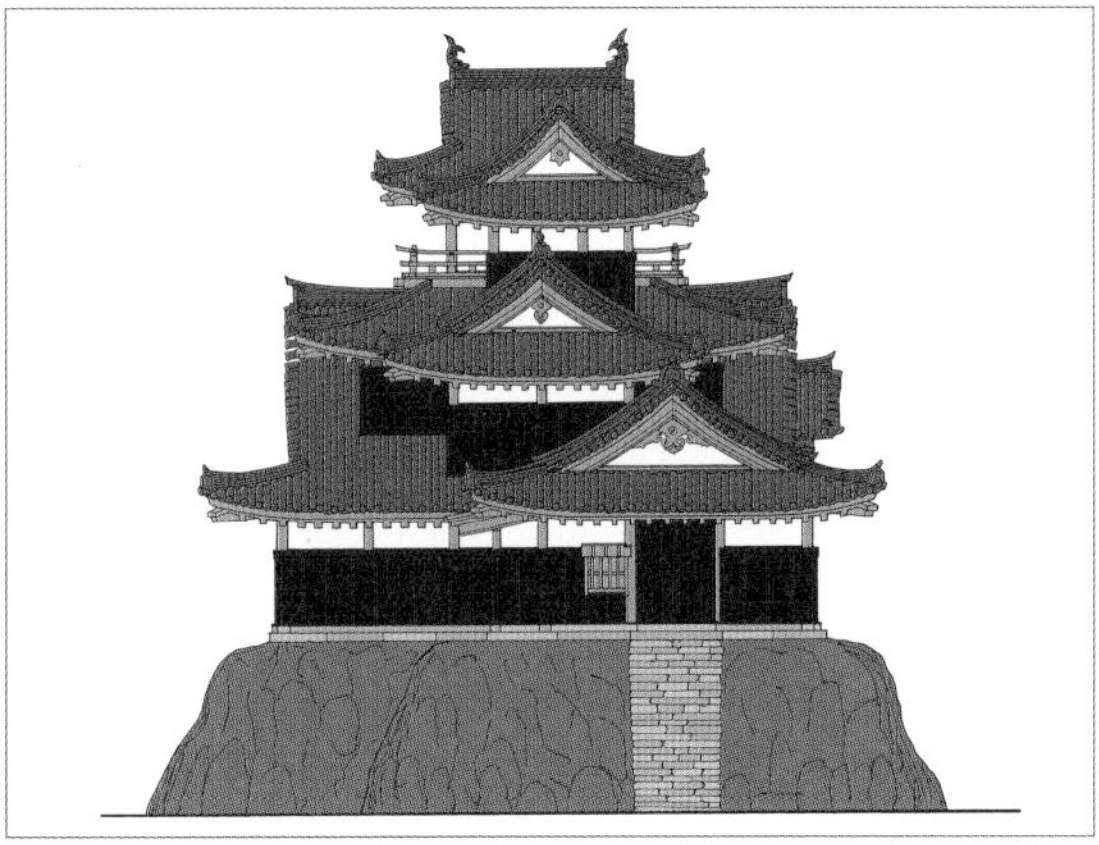

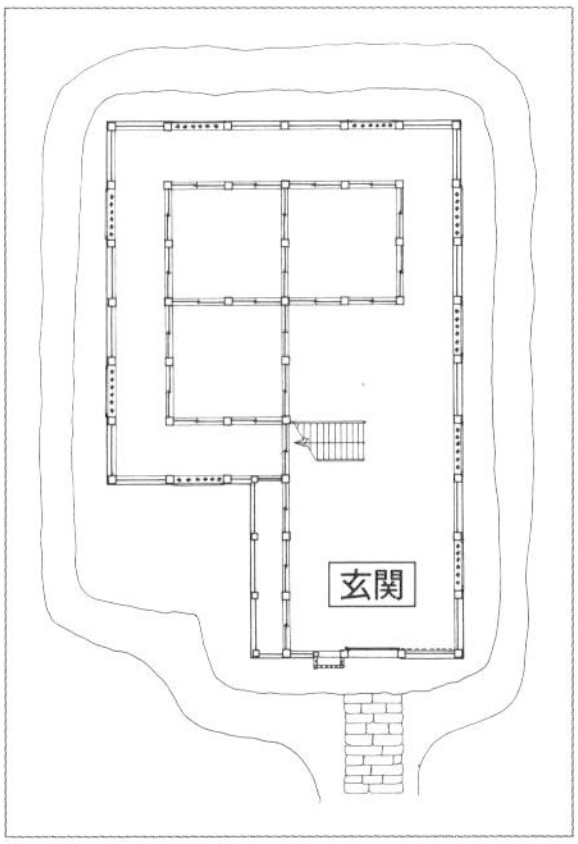

慶長度宇和島城天守復元立面図
（復元=三浦正幸）
三重天守としては史上もっとも複雑な外観をしていました。しかし、一階の玄関以外の部分が完全な正方形です。

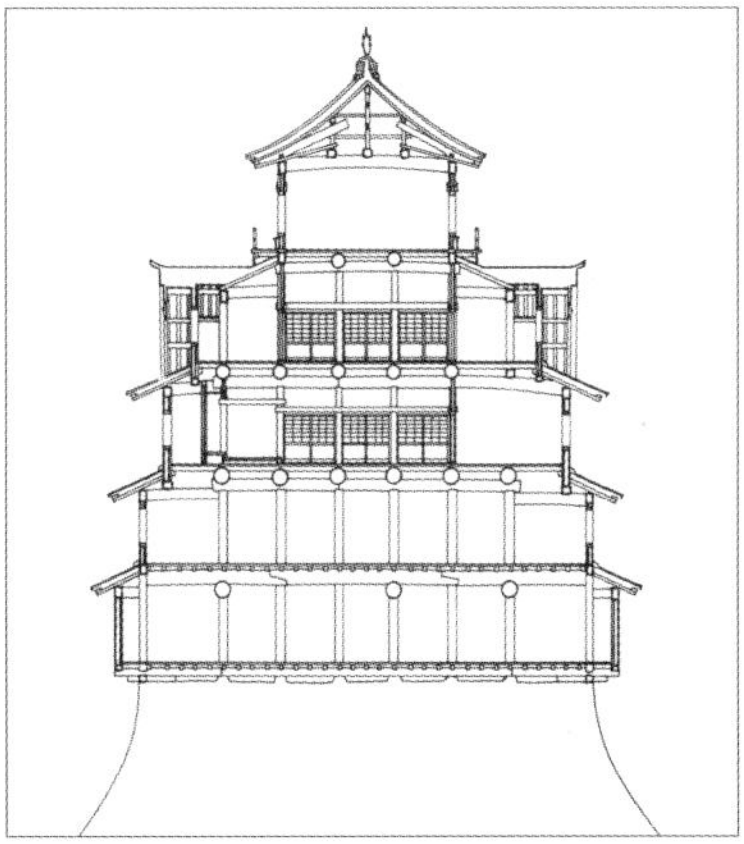

萩城天守復元断面図
（復元=石井正明）
望楼型天守は、上下階の柱の位置を簡単にそろえられました。柱には太い梁を渡して上階の柱を支えていました。

3 層塔型天守（そうとうがたてんしゅ）

シンプルな構造の新形式の天守

層塔型天守は、一階から最上階まで順番に積み上げていく形式の天守です。各重の屋根は均等に張り出していて、太い五重塔のように見えます。

層塔型天守は慶長《けいちょう》九年（一六〇四）に築城名人といわれた藤堂高虎が建てた今治《いまばり》城が最初とされています。その後、今治城天守が徳川家康《とくがわいえやす》に献上され、丹波亀山《たんばかめやま》城天守として移築されてから層塔型天守が広がっていきます。

層塔型天守が主流になった理由は造るときの効率のよさです。まず構造が単純で工期が短かかったこと、また、望楼型天守のような屋根裏部屋がなく、武者走《むしゃばしり》をめぐらしやすく防備に適していたためです。けれども、層塔型の天守が望楼型の天守に比べて普及が遅れたのは、単純な構造の割に建てるには制約があったためです。一般的に天守は天守台という基礎の上に建てますが、当時の技術では天守台の形がいびつになりがちでした。層塔型天守は、天守台が四角い平面でないといびつさが上階までもち越されてしまい、きれいに正しく建てるのが困難だったのです。

つまり層塔型天守では、天守の長辺と短辺の両方から同じ間数《けんすう》ずつ小さくして上の階を積み重ねていくので、間口《まぐち》と奥行《おくゆき》の差はそのまま上に伝えられます。そのため天守の一階平面は正方形か正方形に近い長方形で、一階平面の長辺と短辺の差は原則二間以下（柱と柱の間の長さ）でなければなりません。（図Ⓐ）なぜならば差が二間を越えるような細長い平面では、最上階は長屋《ながや》のような異様に細長い平面になってしまうからです。（図Ⓑ）

POINT

築城名人といわれた藤堂高虎が生み出した天守の形式です。

さまざまな層塔型天守

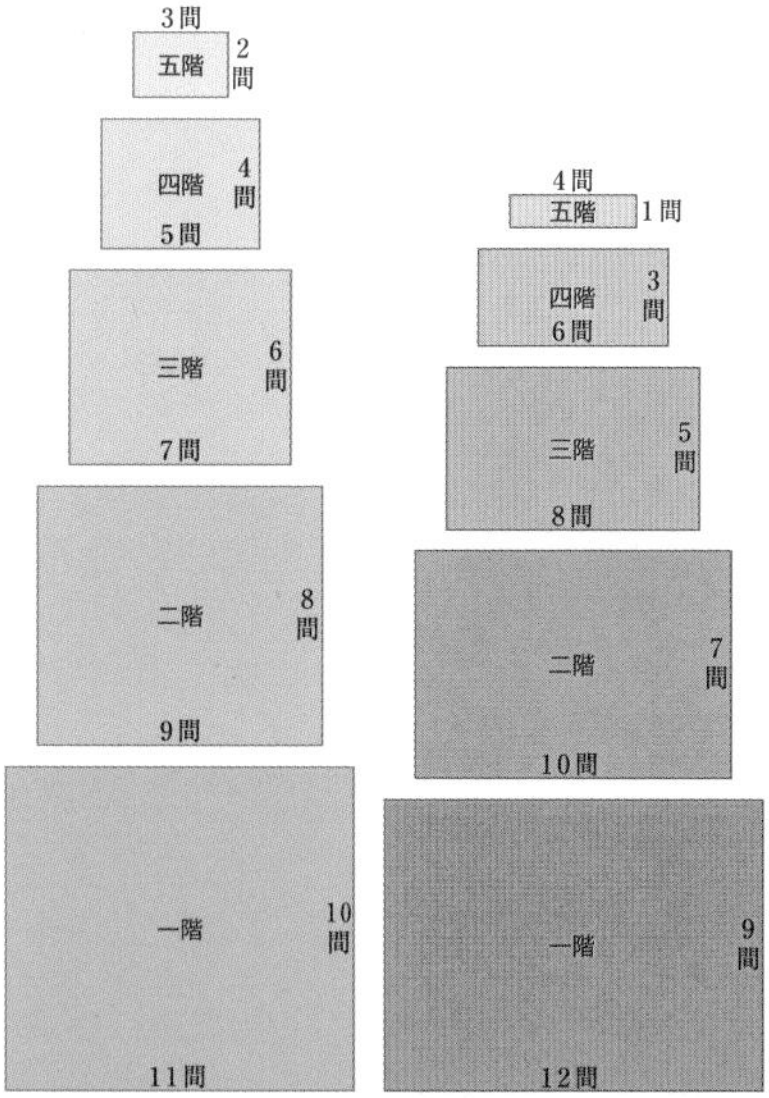

Ⓐ間口と奥行の差が1間の場合 Ⓑ間口と奥行の差が3間の場合

層塔型天守の逓減（ていげん）

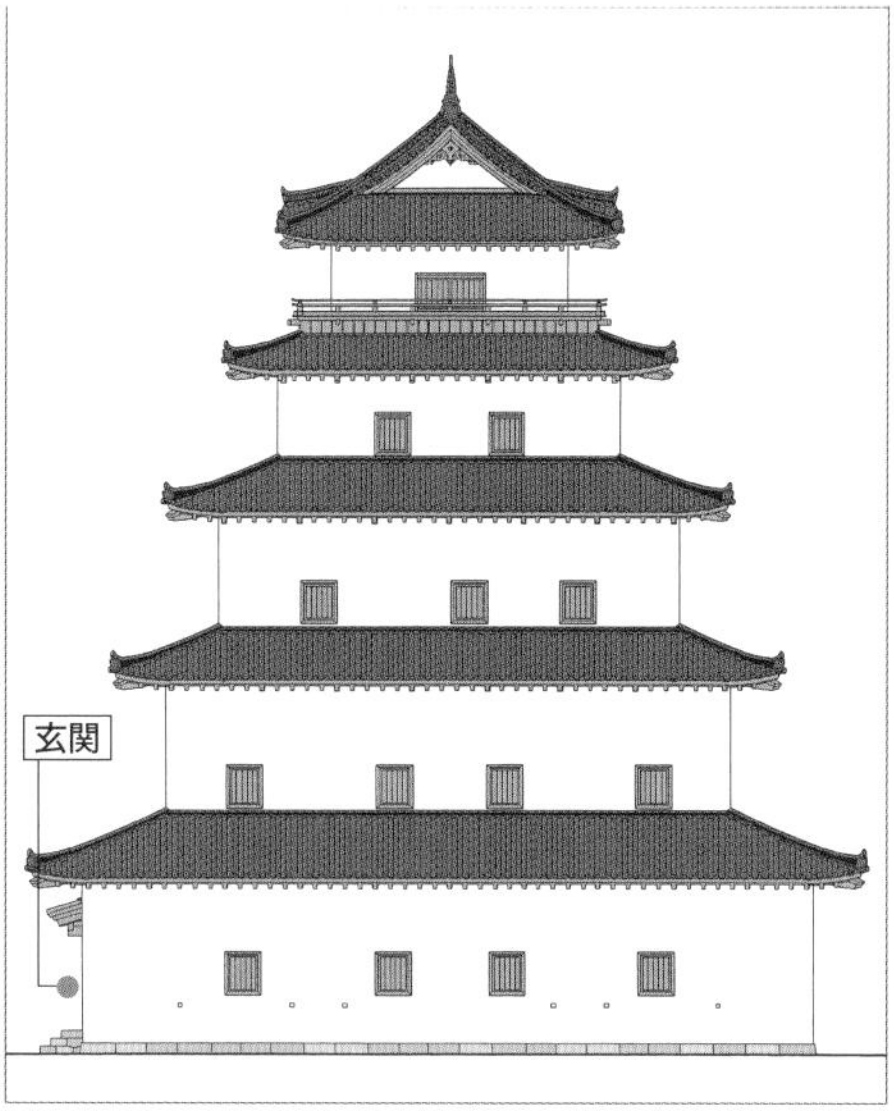

今治城天守復元立面図（復元＝松田克仁）

正方形の天守本体に大きな玄関が突き出しています。内部の柱が少なく不安定な構造になっています。

宇和島城天守

（写真＝毛利寿行）

現在の宇和島城天守は、三重の層塔型天守です。

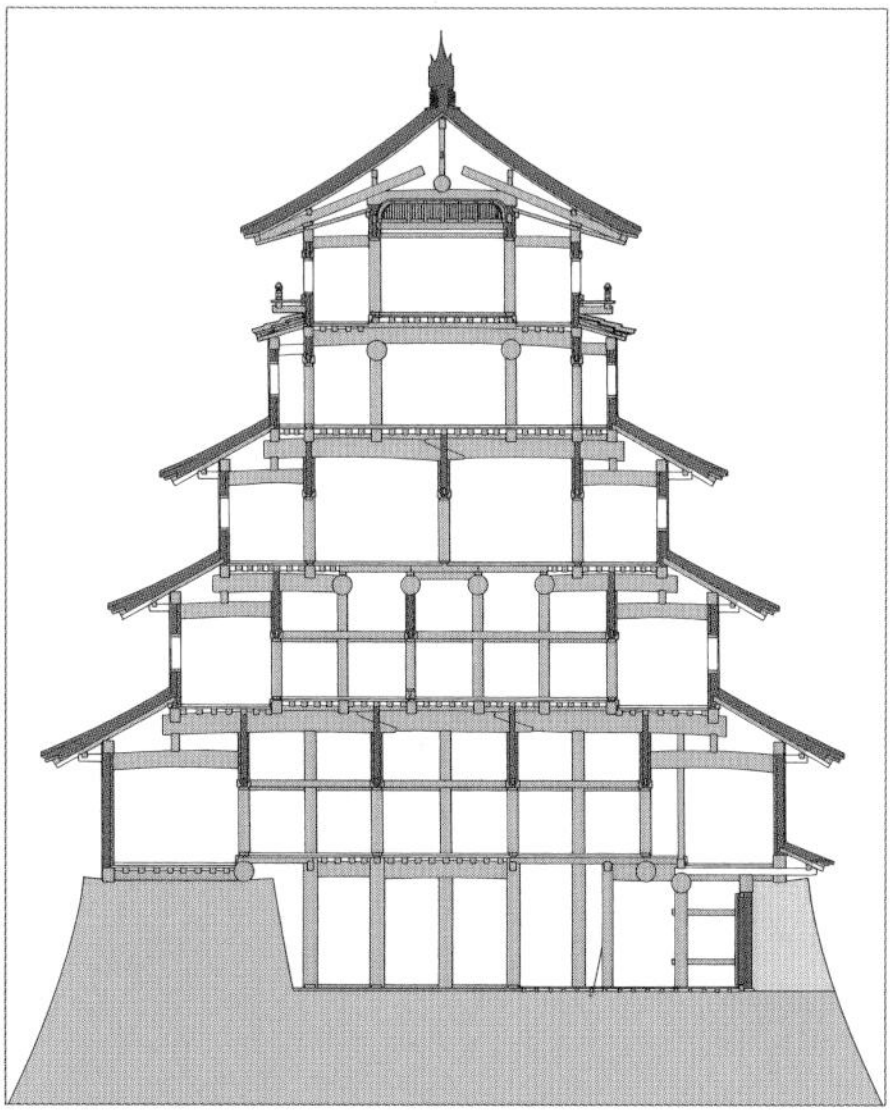

津山城天守復元断面図（復元＝石井正明）

初期の層塔型天守では図のように柱の位置が各階で異なります。

4 構成（こうせい）

四つある天守の形式

天守は単独で建てられることもありましたが、付櫓《つけやぐら》（天守に付属する櫓）や小天守（付櫓の最上階が天守本体から離れているもの）などが付属するものもありました。天守の構成は、その接続の形から独《どく》立式《りつしき》、複合式《ふくごうしき》、連結式《れんけつしき》、連立式《れんりつしき》の四つがあります。

独立式は櫓などを伴わず単独で建つもっとも単純な形式の天守で、丸岡城・宇和島《うわじま》城の天守などが現存しています。

天守に付櫓を直接接続させる形式が**複合式**です。この場合付櫓を天守の入口とする天守が多く、彦根《ひこね》城・松江《まつえ》城天守などがあります。

廊下のような渡櫓《わたりやぐら》で、天守や櫓をつないだ形式が**連結式**です。松本《まつもと》城天守などに見られます。

さらに、複雑な形式になるのが**連立式**で、天守と二基以上の小天守や櫓を渡櫓で環状につなげたもので、もっとも厳重で複雑な様式です。内側に中庭ができるのが特徴で、代表的な天守に姫路《ひめじ》城と松山《まつやま》城があります。

これらの天守の構成形式は、実は単純な独立式から発達したのではありませんでした。初期の天守では、入口となる地階を持たない場合が多く、天守の入口となる櫓や、防備のための櫓を付ける必要があったため、複合式が主流でした。その後、防備強化が強く意識されたため、天守も連結式、連立式へと構成が複雑化していきます。

やがて戦国時代が終わり、江戸時代に入って天下太平になると、軍事的な防備の意識よりも、火災の延焼から天守を守ることに主眼が置かれるようになり、ほかの建物と接続しない独立式の天守が主流となりました。

POINT

天守は単独で建つ場合と、櫓などを付属させる場合とがあります。

天守の構成

独立式（どくりつしき）

丸岡城天守
天守だけで建っている独立式の天守です。

複合式（ふくごうしき）

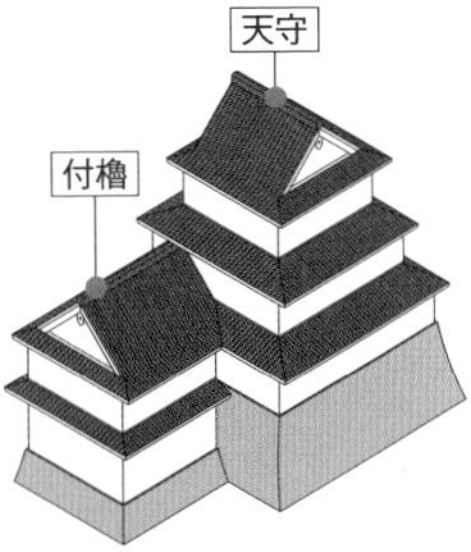

彦根城天守（写真＝近藤勲）
入口となる櫓が付いている複合式の天守です。

連結式（れんけつしき）

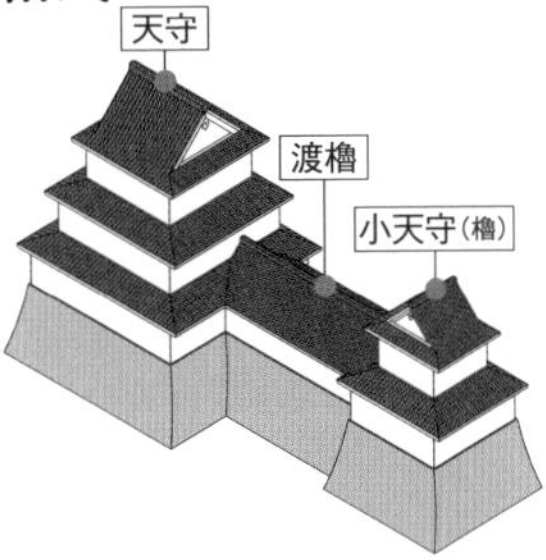

松本城天守群
天守と乾（いぬい）小天守が渡櫓で結ばれた連結式です。

連立式（れんりつしき）

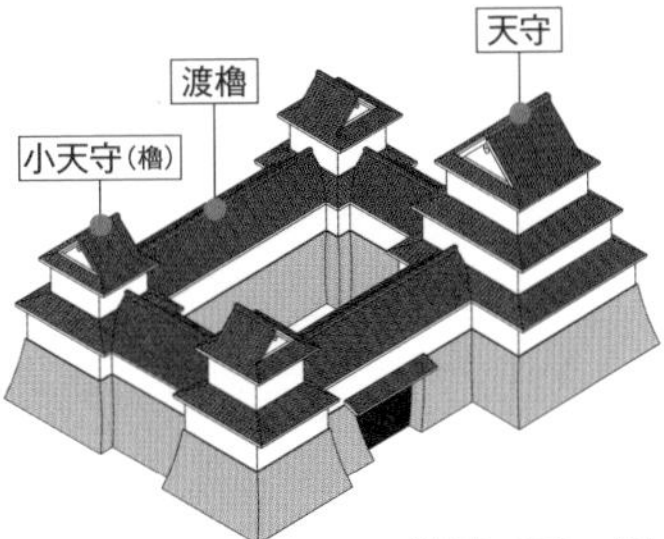

姫路城天守群（姫路市教育委員会提供）
天守と三基の小天守が中庭を囲んで、渡櫓で結ばれる連立式です。

（作図＝松島　悠）

5 重と階（じゅうとかい）

「重」は屋根の数、「階」は内部の階数

天守は多くの屋根が積み上げられた高層建築です。屋根の数を「重《じゅう》」といいます。「層」という人もいますが、「層」は階数を表すときにも使われることがあるため、建築の世界では「重」を使います。内部の階数は「階《かい》」で示します。

望楼型の天守では、内部に屋根裏階を持つことがあるため、重と階は一致しないことも多いのです。初期の望楼型天守では重と階が一致しないことが多く、新しい時期に建てられた望楼型天守は一致しているとされていますが、そうともいいきれません。たとえば、広島城の天守は初期のものですが、五重五階で一致し、それより年代があとの姫路城の天守は五重六階と一致していないのです。

一方層塔型天守では一重目を特に高く建てて、内部を二階建てとすることが少なくありませんでした。たとえば小田原城の天守がその好例で、三重四階になっています。さらに極端になったのが水戸城の天守で、一重部分の内部が三階建てになっているため、外観は三重、内部は五階建てです。このほか五重天守を建てることを徳川幕府に遠慮して外観は三重もしくは四重とし、実質五階とした例ともいえるでしょう。

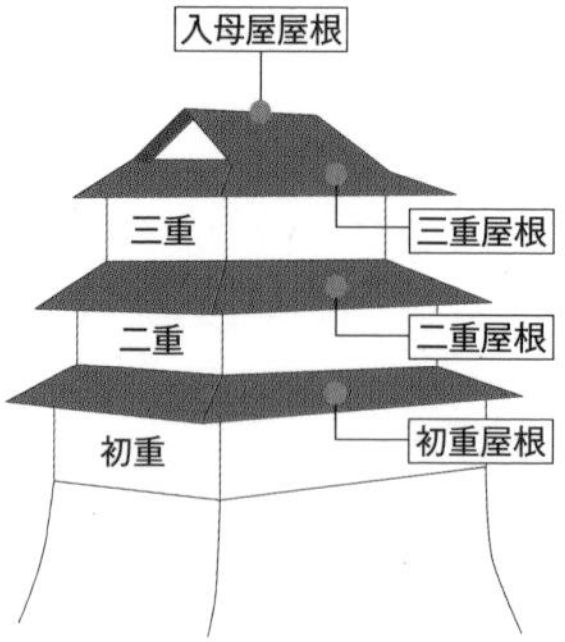

多重屋根の例（三重天守）
天守や櫓の多重屋根は「重」で数えます。建物自体の規模も「三重櫓」、「五重天守」というように、屋根の数で表現されます。しかし、重はあくまで外観の屋根の数なので内部の階数と一致しないこともあります。

POINT

望楼型・層塔型天守ともに、重と階は一致しないことがありました。

重と階

岡山城天守復元イラスト（復元＝三浦正幸　作画＝野上隼夫）

望楼型天守の場合、最上重以外でも入母屋屋根となります。このため内部には屋根裏階ができ、内部の階数が増えることがあり、その場合外部の重数と内部の階数が一致しなくなります。岡山城天守では屋根は五重ですが、内部は六階でした。このため五重六階の天守といういい方をします。

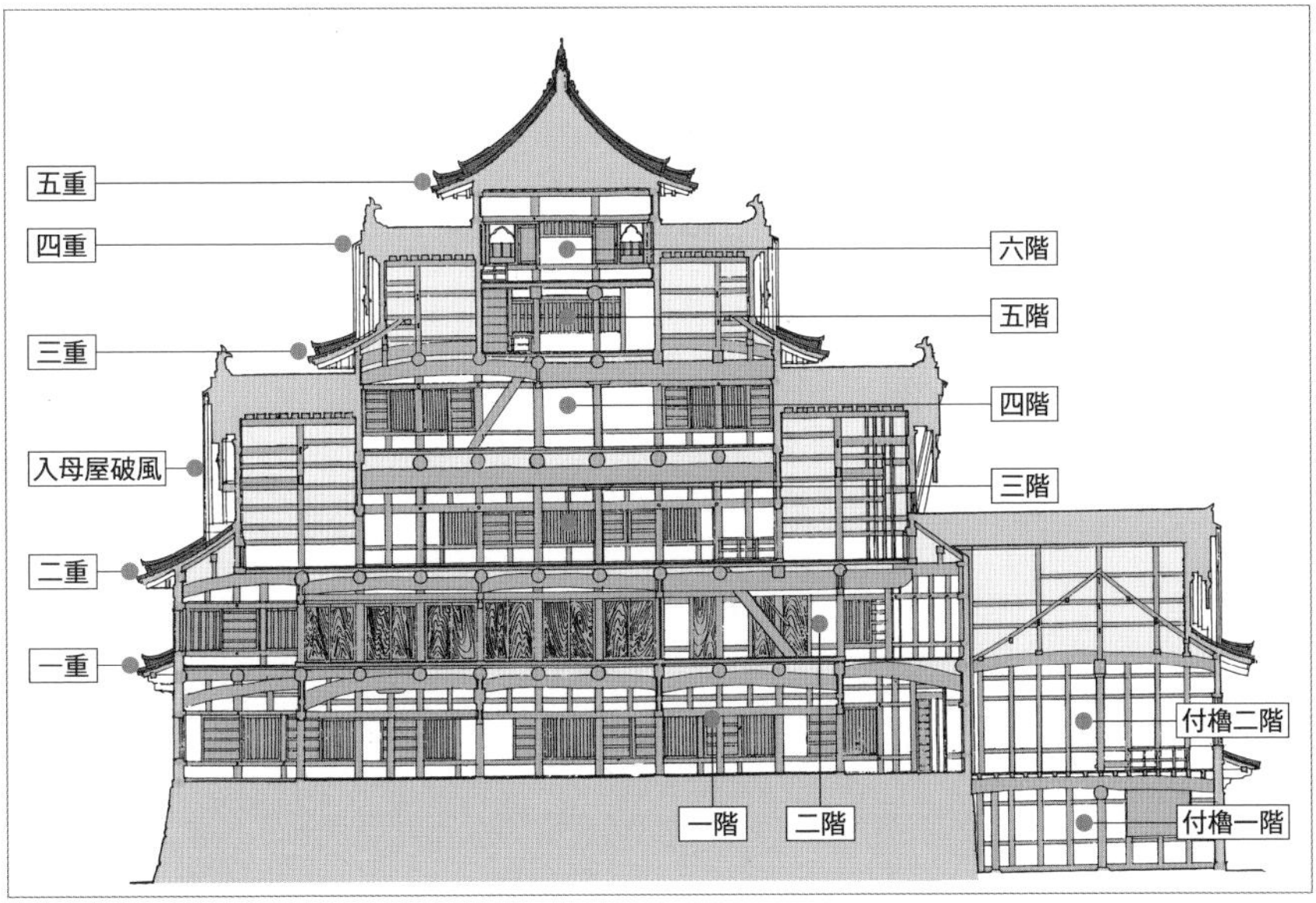

岡山城天守断面図（原図＝仁科章夫　着色＝山田岳晴）

6 礎石と土台（そせきとどだい）

天守の重さを支える基礎

高層建築の天守はとても重く、低層建築の櫓はそれに比べれば軽くなります。その違いは柱を支えている礎石《そせき》の並べ方にも現れます。

城の礎石の置き方は現在の建物と比べると簡単で、地面を少し突き固めて石を置いただけです。礎石は二尺（約六〇cm）四方ぐらいの平たい石を使いますが、天守や櫓の内部にのみ置かれました。天守や櫓の外壁部分は、基本的には天守台や櫓台という石垣上に直接建つことになるからです。

重量の少ない櫓では、室内の礎石は内部の柱の下だけに置きます。置く数は多くても一〇個ほどが一般的です。内部に柱が一本も立たず礎石がまったくない櫓も珍しくありません。

それに対して天守は、一間（約二m）の間隔でびっしり礎石を並べて、重量を支えています。

しかし、天守の礎石すべてに柱を建てると、天守の内部は柱だらけになってしまい、中が使えなくなります。そこで、礎石の上に太い丸太を置き、土台にして、柱は部屋の間仕切りに必要なところだけを選んで土台上に建てます。こうすることで、重量は柱から土台へと伝わり、重量を多くの礎石に分散させることができるのです。その結果、柱の本数を減らすことができるのです。

安土城天主台の穴蔵の礎石
穴蔵（地階）の跡に整然と並ぶ礎石。その上に碁盤の目状に太い木の土台を敷き、天主を支える柱を立てたものと思われます。

POINT

地面を突き固めて礎石を置き、その上に柱を建てました。

天守の礎石と土台

名古屋城天守の礎石
（写真=三浦正幸）
天守穴蔵（あなぐら）の礎石の間に、穴蔵内部にあった黄金水（井戸）の排水路が造られていました。この部分は特に礎石の石は大きいものになっています。

名古屋城天守の礎石
（写真=三浦正幸）
名古屋城の天守は戦災で焼失しました。その後、天守の礎石を移設して保存しています。礎石は1間間隔で並んでいます。

松江城天守の土台
（写真=三浦正幸）
穴蔵の部分です。太い土台が縦横に碁盤（ごばん）の目状に走り、交差した部分の上に柱が建っています。

松江城天守の土台
（写真=三浦正幸）
穴蔵の土台部分には上に板を敷く場合と敷かない場合があります。松江城では一部を板敷きとしていますが、板を張っていない部分もあり、構造がよくわかりません。

7 柱・梁・桁（はしら・はり・けた）

天守の基本構造を支える部材

柱は一階では土台に、二階以上では下の階の梁《はり》の上に立てることになります。

天守の構造として、一階の中心部に部屋を配置し、周囲に武者走《むしゃばしり》という廊下を巡らせます。そうした場合、柱は部屋どうしの境に一間間隔で立てるのが原則です。外壁部分では厚い土壁を支える必要から、やや細い間柱を加えることもあります。

天守には八寸（約二四cm）から一尺五寸（約四五cm）角の太い柱を使いました。現代住宅に使う一〇cm角の柱に比べると、地震に対する強度は三〇〇〜四〇〇倍にもなります。

柱の頭をつなげる部分が梁と桁《けた》になりますが、桁は屋根を支える垂木《たるき》と呼ばれる棒状の部分を支える役目をもち、桁下一間ごとに一本ずつ柱が立ちます。梁は多くの場合桁に直角に交わり、武者走の上を渡るものと、部屋の上を渡るものがあります。二間ほどの距離を途中で支えずに渡すのが一般的なので、強度を上げるため太い丸太が使われます。梁の上には上の階の柱が建てられ、上の階の床を支える根太《ねだ》と呼ばれる棒状の部材が並びます。最上階の梁には、屋根を支える束《つか》が多く造られます。

長い梁が必要な場合は、牛梁《うしばり》と呼ばれる太い梁を直交させて下に渡し、牛梁の上でつなぎます。

現代の建築では壁に筋違《すじかい》という斜め材を入れて強度を出しますが、天守内部には基本的に壁がありません。そのため、天守の柱の倒れ止めに貫《ぬき》という横材《よこざい》を使います。柱に貫穴を作り、貫を水平に差し込んで柱どうしをつなぎます。貫は高い位置に作るので、通行の邪魔になりません。

POINT

巨大な天守の建物の骨組は太い木材でできていました。

天守を支える部材

宇和島城天守の二階内部（写真＝三浦正幸）
層塔型天守では廊下にあたる武者走の梁には、垂直に柱盤（ちゅうばん）が交わります。柱盤は梁とは別に柱を受ける水平材直角で、上の階の外壁の柱が立っています。

松江城天守の一階内部（写真＝三浦正幸）
貫を通して太い柱を締め固めます。柱は梁を支えています。

宇和島城天守の一階内部（写真＝三浦正幸）
部屋にあたる身舎（もや）の部分には、太い丸太の梁が渡されています。

姫路城天守の一階内部（写真＝三浦正幸）
武者走部分にたくさんの梁があります。この梁の下に見えるのは腕木（うでぎ）で、建物内部から外へと突き出ていて一重目の軒を支えています。

8 壁の構造（かべのこうぞう）

大砲の弾に耐える構造

天守は軍事施設のため、防火や防弾に優れた土《ど》蔵《ぞう》と同じ土壁《つちかべ》を用いますが、土蔵よりはるかに厚く、通常は一尺（約三〇cm）、厚いものは二尺（約六〇cm）もありました。

　土壁は、竹を縦横に組んだ小舞《こまい》というものを骨組みとし、その上に数回に分けて壁土を塗り重ねたものです。

　慶長年間（一五九六～一六一五）になると、西洋から輸入された大砲が普及し、国内でも作られるようになりました。そこで、大砲の攻撃に耐えられるように天守の壁はさらに強度が求められるようになります。もっとも当時の大砲の威力では、命中しても柱を一本折る程度だったようですが、それでも砲撃に耐える防弾壁が開発されました。少し間を空けた二枚の薄い土壁の間に小石や瓦などを詰めた**太鼓壁**《たいこかべ》とも呼ばれる防弾壁です。

　さて、壁の作り方ですが、通常は小舞の上に藁《わら》縄《なわ》を絡《から》め、その上に土台となる荒壁《あらかべ》が造られます。荒壁に使用される土は藁苆《わらすさ》（藁を短く切ったもの）を混ぜた粘土分の多いもので、強い強度をもっていました。外側は土を団子状に丸めて押し付ける手打《てうち》、内側は鏝《こて》でならすように塗られる裏返しという方法が使われています。荒壁の上には中塗《なかぬり》が行われます。中塗の土には砂を混ぜて、乾燥収縮を防ぎました。さらにその上から白漆喰《しろしっくい》の上塗《うわぬり》をします。漆喰は石灰と麻の苆を混ぜ、海草から作った糊《のり》を加えたもので、表面を平らにし、光沢のある仕上がりになりました。天守の壁は以上の工程を経ているため時間がかかるうえ、高度な技術も必要だったのです。

POINT

天守は軍事施設であったため、外壁は防火、防弾に優れた構造になっていました。

壁の構造

壁の構造（新発田城を愛す会提供）
壁の構造を説明するための見本です。壁の骨組みは丸竹を縦横に組んだ小舞で、藁縄を巻き付けて壁土を落ちにくくします。

新発田城御三階の壁下地（新発田城を愛す会提供）
昔の手法で新発田城御三階の壁を造っているところです。壁を支える小舞を組んであります。壁に塗る土の付きをよくするために小舞全体に縄を絡めてあります。

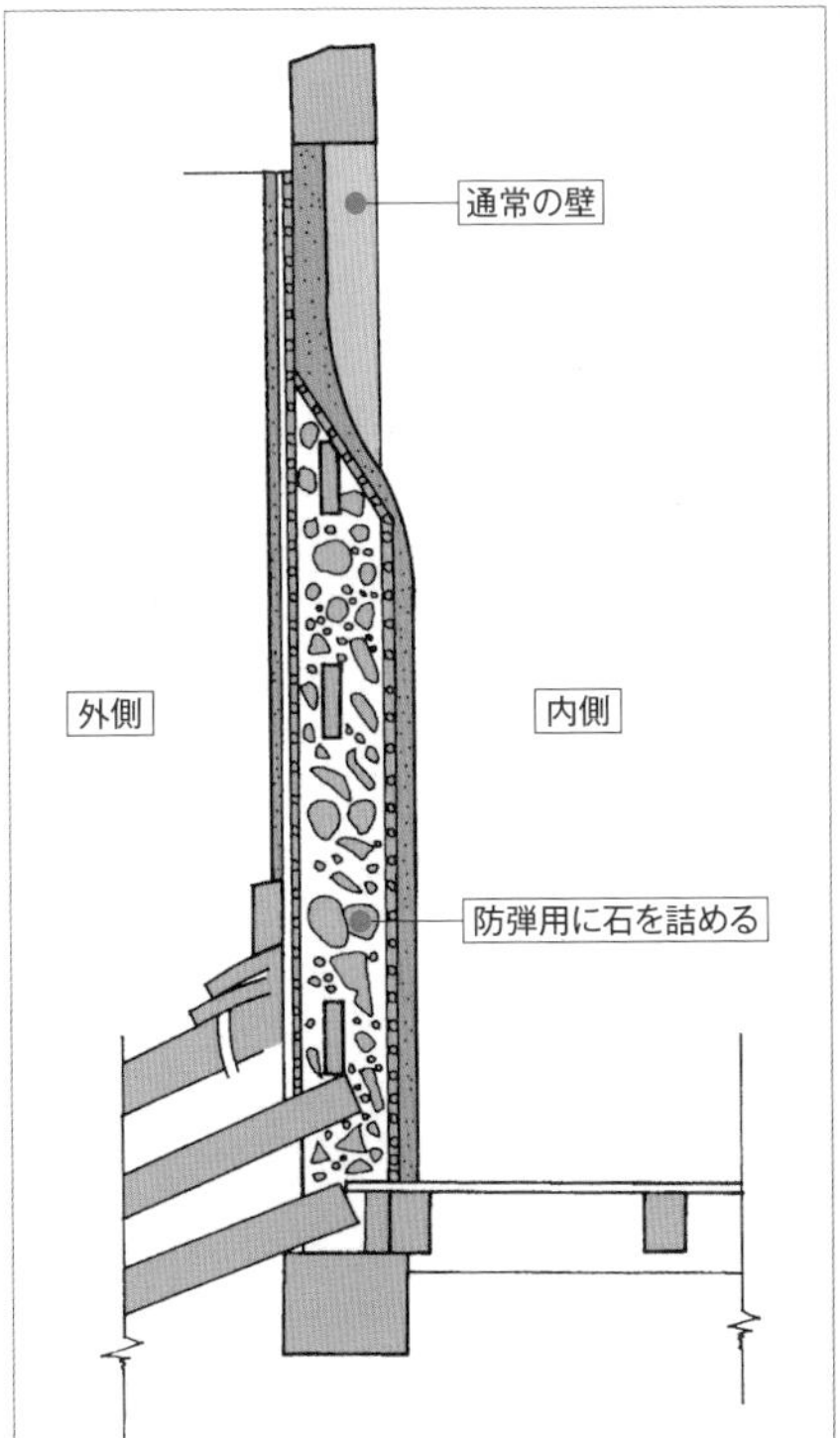

太鼓壁の構造（大洲城三の丸南櫓）
（作図＝千原美歩）
太鼓壁は壁を二重に造って中の空洞部分に石や瓦などを詰めたものです。

荒壁（新発田城を愛す会提供）
藁苆を混ぜた粘土で荒壁を造っています。この後乾いたら何度か壁を塗り、仕上げをして完成です。時間と根気のいる作業です。

太鼓壁（写真＝三浦正幸）
丸亀城天守の内部です。壁の下の方が、膨らんでいるのがわかります。膨らんでいる部分が太鼓壁で、上の方は普通の壁です。

9 壁の種類一（かべのしゅるい）

城の外壁には塗籠と下見板張があった

天守の壁は土壁でしたが、その仕上げ方法にはそれぞれの個性が現れ、下見板張《したみいたばり》または塗籠《ぬりごめ》が一般的でした。

下見板張は、土壁の外側に板を横方向に張りながら少しずつ上に重ねていったもので、板には煤《すす》と柿渋《かきしぶ》を混ぜて作った墨《すみ》を塗ったため、黒く武骨な外観になります。安土城は下見板張ではなく、厚い板壁であったらしく、墨ではなく黒漆《くろうるし》を塗ったようです。

塗籠は土壁の表面を白漆喰《しろしっくい》で仕上げたもので、白く優美な外観で、姫路城天守がその代表です。塗籠は下見板張より遅れて登場したといわれていましたが天正《てんしょう》十五年（一五八七）ごろ完成した聚《じゅ》楽第《らくだい》天守には、すでに白漆喰が使用されていたとみられ、江戸時代を通じて下見板張と併用されているので、時代的な差はほとんどないと考えられています。

下見板張と塗籠の決定的な違いは、見栄えと耐久性にあります。見栄えという点では塗籠のほうが優位で、城主の権威を示すにはふさわしいものでした。

一方耐久性という面では、下見板張の方がはるかに勝っていました。塗籠の漆喰は水分を吸収してしまうため、二〇年もたつとはがれ落ちてしまい、完全に塗り替えなくてはなりません。それに対して下見板張は風雨に強く、優に五〇年はもちます。初期の下見板張の天守は漆塗りでしたが、最初は光沢をもっていた色も、三〇年ほどたつとはげてくるので、安価な煤と柿渋から作った墨を使うようになりました。

POINT

天守の外壁には、主に見栄えのよい漆喰と、耐久性に優れた下見板張が使われました。

塗籠と下見板張

姫路城天守
白鷺城とも呼ばれる姫路城の天守の外壁は、壁の仕上げに白漆喰を使った塗籠です。

松江城天守（上・右）
（写真=加藤理文）
下見板張と塗籠を巧みに組み合わせた天守です。

10

壁の種類二（かべのしゅるい）

高級建築としての壁の新しい意匠

江戸時代になると、新しい壁の意匠が登場してきます。

外壁の材料から見ると、江戸城天守は銅板張《どうばんばり》でした。当時、貨幣として使っていた高価な銅を壁に使ったのですから、その権威を示すには十分でした。

また、下見板張の壁より耐久性にすぐれた瓦《かわら》を使った**海鼠壁**《なまこかべ》も現れました。瓦の継ぎ目に漆喰《しっくい》で目地《めじ》を盛り上げるのですが、盛り上げた形が海鼠のように見えるためそう呼ばれました。

天守の外壁は柱を見せない構造の**大壁造**《おおかべづくり》が基本でしたが、最上階では犬山城や広島城のように白木の柱や長押《なげし》を見せる**真壁造**《しんかべづくり》とされることもありました。社寺建築の意匠である真壁造を使うことで、天守の格式を高める目的がありました。その反面、柱を見せるのは天守にとって最も回避すべき火災の危険を伴うものでもありました。そこで姫路城天守の最上階のように、表面に土壁を塗るときに、柱などの形を残す「真壁造の塗籠《ぬりごめ》」という特殊な方法が考え出されました。外観に凹凸ができ、変化を出すことができます。

しかし、それでは壁が薄塗りになるため、名古屋城天守のように、長押の形を造り出して見せる（長押形《なげしがた》）真壁造が流行します。時代が下るとこうした意匠は、最上階だけでなくほかの階にも使われるようになりました。

初期の安土城や豊臣家の大坂城などはすべて真壁造で、柱や長押には漆が塗られていた可能性があり、以降の天守よりはるかに高貴な存在であったと見られています。

POINT

天守の権威をより高めるため、銅板張の外壁や長押形などの意匠が用いられました。

壁の種類

新発田城御三階櫓（新発田市教育委員会提供）
江戸時代になると漆喰の壁に瓦を張った海鼠壁と呼ばれる壁が登場します。漆喰だけの壁とは、耐久性が格段に違いました。

姫路城天守
真壁造の代表的な例です。

江戸城天守『江戸図屏風』
（国立歴史民俗博物館蔵）
三代将軍徳川家光が造った寛永度の江戸城は、下見板張とする部分に高価な銅板を張っていました。

福山城天守古写真（三浦正幸蔵）
福山城天守の北側には鉄板が張ってありました。砲弾を防ぐためだといわれていて、全国でもここだけでした。

11

狭間（さま）

矢や鉄砲で攻撃するための穴

天守の壁面に造られた無数の小さな穴を狭間《さま》と呼びます。鉄砲や矢を放つための防衛上重要な仕掛けです。

狭間の形には、長方形、正方形、三角形、円形があり、位置にも高い低いがありました。長方形の狭間は矢狭間《やざま》といい、弓を引く動作に合わせた形で、穴の大きさは外側で横五寸（約一五㎝）、縦一尺五寸（約四五㎝）ほど。弓は立って引くため、通常床から二尺五寸（約七五㎝）より上に造られました。

長方形以外の形は鉄砲狭間《てっぽうざま》と呼ばれる、鉄砲を撃つための穴で、正方形や三角形、円形などがありました。正方形を箱狭間、円形を丸狭間とも呼びます。鉄砲は片膝をついて構えるため、高さは普通下から一尺五寸くらいの場所に造られ、居《い》狭《ざ》間《ま》とも呼ばれます。

狭間は土壁に穴を開けて造りますが、土壁の一部を切って、造られていました。壁の厚い近世城郭では土壁を塗る前に枠を組みますが、四角形や三角形の狭間では、木で底なしの箱を造って枠《わく》としました。内側の口を広く、外側を狭く造る「アガキ」という方法で、敵の攻撃を防ぎ、防戦しやすくしました。狭間は各柱間に一か所ずつ切られることが多く、矢狭間と鉄砲狭間が交互に造られました。

狭間は並んでいるだけで敵が警戒して近づかなくなりましたが、さらに不意打ちのために造られたのが隠狭間です。狭間の入口を薄い土壁で簡単に塞《ふさ》ぎ、敵が近づいたら内側から突き破って攻撃するという仕掛けです。

POINT

狭間は城内から攻撃しやすく、敵からは攻撃しにくくなるように、工夫が凝らされていました。

さまざまな狭間

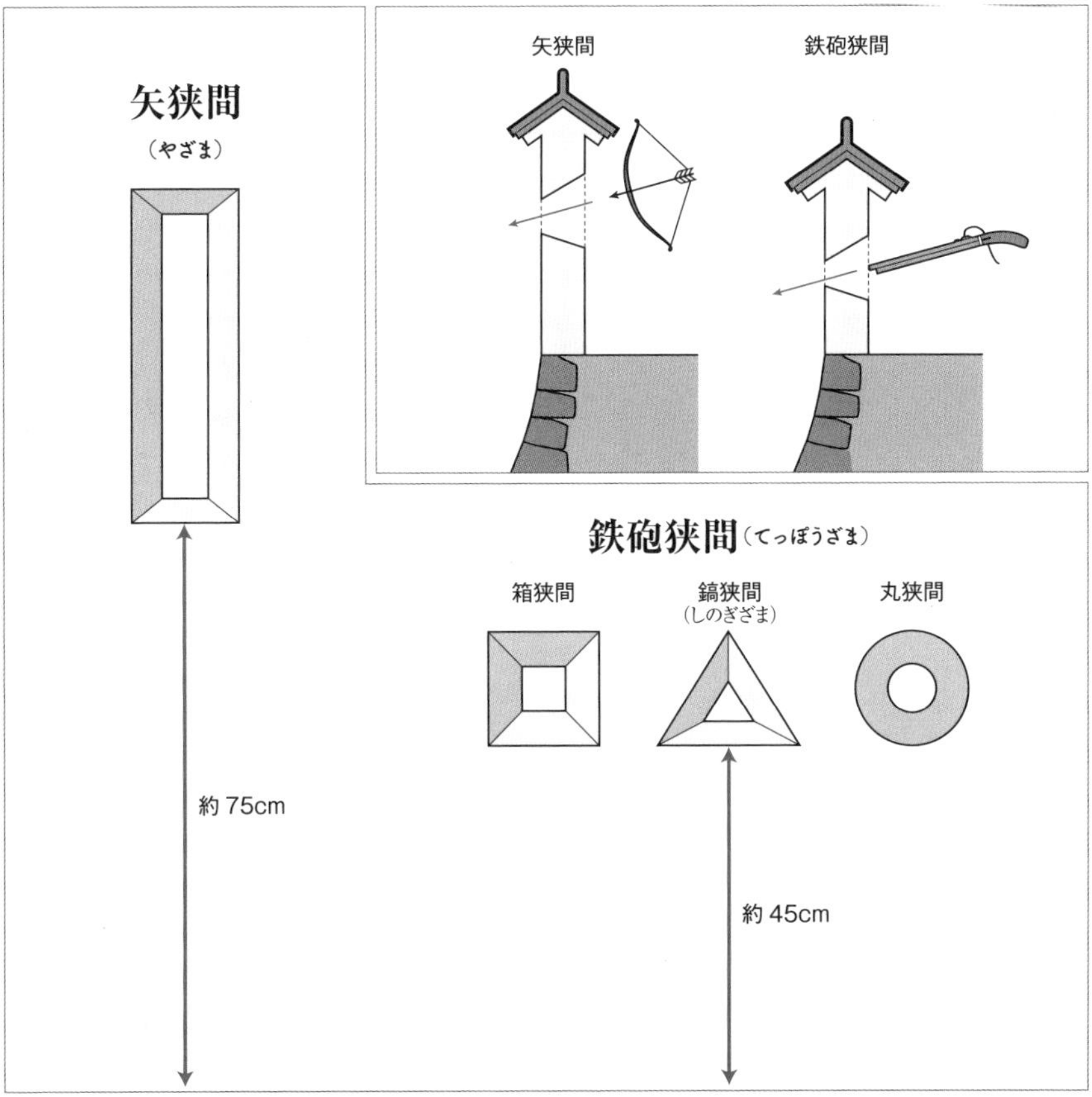

鉄砲狭間の内部（写真=加藤理文）
写真は松山城野原櫓の鉄砲狭間で、内部が広く外側が狭いアガキ。

矢狭間の内側（写真=加藤理文）
建物内の狭間は普通蓋付きで、内側に開く開き蓋と窓の引き戸のようになった引き蓋の2種類があり、矢狭間の場合は開き蓋が多く造られました。写真は松本城天守の矢狭間です。

12

石落（いしおとし）

鉄砲による狙撃のための装置

天守は籠城戦となった場合、最終的な防衛拠点となります。そのため、接近した敵を攻撃するために「石落《いしおとし》」と「狭間《さま》」という装置が造られています。

石落は天守に接近した敵に対抗するためのもので、壁面の一部を外側に張り出し、張り出した部分の床面を開いたものです。

石落という名称なので、隙間《すきま》から石を落として敵を撃退すると思われがちですが、実際にはその隙間は通常二〇cmほどしかなく、槍を通すことはできても、大きな石は落とせません。石落は実は、鉄砲を下に向けて撃つための一種の狭間で、鉄砲の銃身が入り、敵から侵入されない程度の幅に造られました。また、鉄砲は左右数十mを射程距離にできるので、石落は数間ごとに造れば十分でした。

石落は外観の形から、袴腰《はかまごし》型、戸袋《とぶくろ》型、出窓《でまど》型の三種に分類できます。袴腰型は外壁を斜めに造って床を張り出す型、戸袋型は雨戸を納める戸袋状に突き出す型、出窓型は出窓の床下を石落としたもので、数間に及ぶ長いものもありました。内部構造は共通していて、張り出した部分の床に蓋《ふた》のついた開口を設けたもので、普段は閉じられていました。

そのほか、石落の特殊な形として、「張出《はりだし》」と「隠石落《かくしいしおとし》」とがあります。張出は天守の一階の部分を天守台からはみ出して造られたものです。一方の隠石落は通常は一階に造られる石落をあえて二階に設置したもので、初重に隠れて見えにくいという利点があります。

POINT

石落とはいいながらも実は、鉄砲を撃つために造られた装置でした。

さまざまな石落

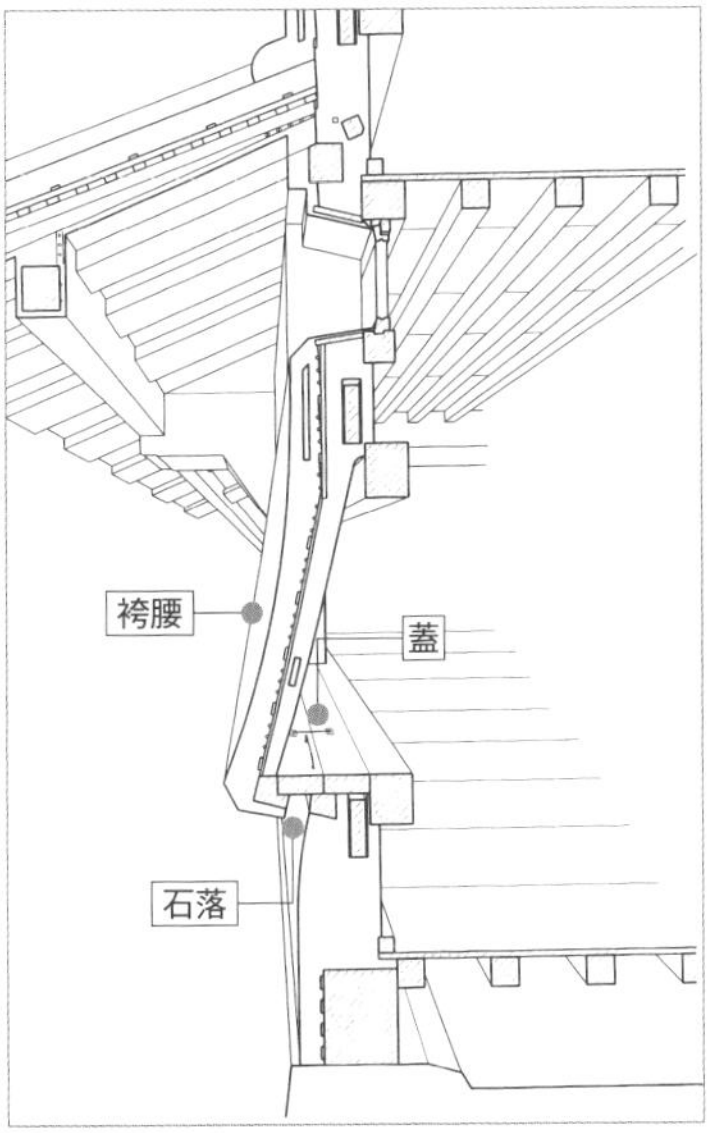

姫路城天守の袴腰型石落の構造
（作図＝千原美歩）
外壁（袴腰）を斜めに造って、床を外側に張り出させています。その床に蓋（ふた）付きの狭間を造ったものが石落なのです。

松本城天守の袴腰型石落（写真＝三浦正幸）
裾（すそ）が広がっている石落を「袴腰型石落」といいます。石落は下見板張の「袴腰型」の例が最も多く見られます。

丸亀城天守の戸袋型石落
（写真＝三浦正幸）
開けた雨戸をしまっておく戸袋の形に似ていることから、このような形の石落を「戸袋型石落」といいます。

弘前城天守の出窓型石落
（写真＝三浦正幸）
出窓のように出ていることから「出窓型石落」といいます。石落が必要とされる建物の隅部（すみぶ）には出窓を設けることが難しく、太平の世の形骸化した石落ともいえます。

13 窓の種類（まどのしゅるい）

天守によって進化した日本の窓

天守の中には部屋がたくさんあり、内部は昼間でも薄暗くなりがちです。窓は明かりを採るほか、物見と迫る敵を討つためにも必要でした。

天守の窓は特殊な造りで、それまでの神社や寺の窓とは違って実用的でした。寺社にはほとんど窓がなく、装飾として連子窓《れんじまど》や華頭窓《かとうまど》などがあるだけです。連子窓は細い菱形《ひしがた》の格子《こうし》をほとんど隙間なく並べたもので、光はわずかに入るだけで、戸はなく閉めることができません。

天守の窓は、連子の縦格子を何倍もの太さにした格子の表面を漆喰で塗り固め、さらに戸を付けて窓を開け閉めできるようにしました。天守は神社や寺より軒が出ていない上、攻撃のために格子どうしの間も広くしたので、雨風を防ぐために戸が必要になったのです。

戸には木の板そのままの板戸《いたど》と、板の外面に漆喰を塗る土戸《つちど》とがあります。

板戸は、比較的薄い板でできた戸の上部に鉄製の金具を取り付け、細い木の棒で突き上げて外へ開く、突上戸《つきあげど》に使われました。雨を防ぐには効果的でしたが、防備には向きませんでした。

一方、土戸は厚く防御に向いていました。しかし重いため、敷居の上に立てて横に引く引戸として格子の内側に設けるのが一般的でした。徳川将軍家系統の天守の窓のように、格子の外側に土戸を引き、外から格子が見えないようになっていることもあります。

神社や寺でも仏殿などに使われた華頭窓《かとうまど》は、装飾性が高いため、天守では最高級の窓として、最上階に造られ、高貴な建物の象徴となりました。

POINT

天守の窓は、雨風をよけるため戸が付き、開閉ができるようになっていました。

さまざまな窓

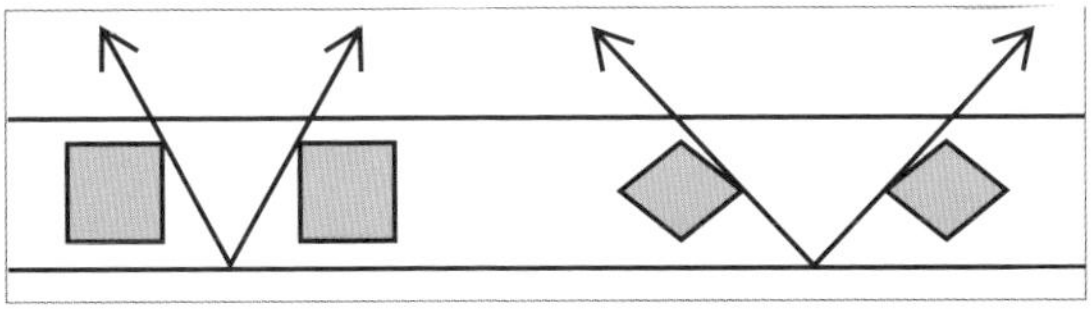

城の窓の格子の形
格子の断面を上から見たところです。城の格子は右側のように視界を広くするため、菱形にすることもありました。

宇和島城天守の土戸の引戸
（写真＝三浦正幸）
天守内部から見たところ。右側の土戸の内側は白木の板です。

伊予松山城天守の板戸の突上戸
（写真＝三浦正幸）
突上戸は軽い板で造られた戸なので、木の棒で突き上げて開きます。閉めるときには棒を取り外します。

姫路城西小天守の華頭窓
華頭窓は、寺院の仏殿などに使われる格式の高い窓で、天守では高級な窓として使われました。

14

出窓（でまど）

城造りの時代に好まれた意匠

日本の建物の中で、最初に出窓が造られたのはおそらく天守であろうと思われます。天守の出窓は、外壁の一部を突き出させ、そこに屋根を付けたものをいいます。正面だけでなく側面からも鉄砲などで攻撃ができるので、城を守るためには有効な窓でした。

出窓にも種類があって、小型天守の一階中央に造られた出窓は、床が石落となっています。この出窓の屋根は幅が狭いので、瓦葺《かわらぶき》の切妻破風《きりづまはふ》か、もしくは唐破風《からはふ》としました。この意匠は当時の人々の好みだったようで、天守だけでなく江戸城や大坂城の三重櫓などにも使われました。そのため現存する例も多いのです。

丸岡城の天守一階の出窓は白木の出格子に板葺《いたぶき》の屋根を載せていますが、これは格式の低い長屋などで使われている出窓と同じで、格式を重んじる天守には珍しいものです。

大型天守の出窓は、望楼型天守の大きな入母屋屋根の中央に設けられています。入母屋屋根の内部の階は巨大な屋根裏部屋で、屋根の途中に窓を造ることができないためまっくらです。天守が造られた当時は、現在のように照明器具がなかったので、採光のためにこうした出窓が造られました。

巨大な出窓の例としては、松江城天守や岡山城天守、萩城天守があげられます。この大型天守の出窓も、天守が盛んに造られていた時代の人々に気に入られたようで、屋根裏階がないため、出窓を造る必要のない層塔型天守にも設けられました。この例としては、会津若松城天守や和歌山城天守などがあります。

POINT

暗い部屋を明るくするための出窓ですが、天守の意匠の一つとして設けられることもありました。

さまざまな出窓

弘前城天守の出窓
（写真＝三浦正幸）
一階のせり出している部分が、切妻屋根をつけた出窓です。出窓の床の部分は石落になっています。

丸岡城天守の出格子窓
一階の出格子窓です。一階に造られる出窓の原型ともいわれるもので、出窓の上には破風は造られずに、板葺きの短い屋根を載せています。天守には珍しい例です。

松江城天守の出窓
（写真＝加藤理文）
二重目の屋根の上に望楼が載っており、二重目に出窓が造られています。出窓の部分に華頭窓が開かれている個性的な天守です。

15

屋根の形式（やねのけいしき）

格式の高い入母屋造

日本建築の屋根の基本形式は、四方に葺き下ろす寄棟造《よせむねづくり》、屋根頂部の平らな部分である大棟《おおむね》から二方向に下ろす切妻造《きりづまづくり》、両者を組み合わせた入母屋造《いりもやづくり》、そして、正四角錐《せいしかくすい》形の方形造《ほうぎょうづくり》の四種類があります。

このうち主に天守に使用されるのは入母屋造の屋根です。当時は、入母屋造が高級、切妻造が中級、寄棟造が低級と格付けされていて、方形造は寺院建築のみに用いられていました。

高級な建物である天守では、切妻造、寄棟造の屋根の例はまったくありません。それでもあえていえば、小松《こまつ》城天守が唯一の寄棟造といえなくもありませんが、これはこの城自体が隠居城として建てられ、天守も数寄屋《すきや》風の建物で、天守とはいいにくいものだったからです。

天守でもっとも多く使われた入母屋造の屋根は、上部が切妻造、下部が寄棟造になっています。大棟に平行な面を平《ひら》、大棟と直角に交わる部分を妻《つま》と呼びます。妻面の上部は三角形の壁になり、この壁を妻壁《つまかべ》と呼び、その先端部が破風《はふ》です。天守の最上重の屋根は必ず入母屋造とされましたが、望楼型天守の場合、入母屋造の建物の上に望楼を載せるために、一重目や二重目にも大きな入母屋造の屋根にする必要がありました。

妻と平

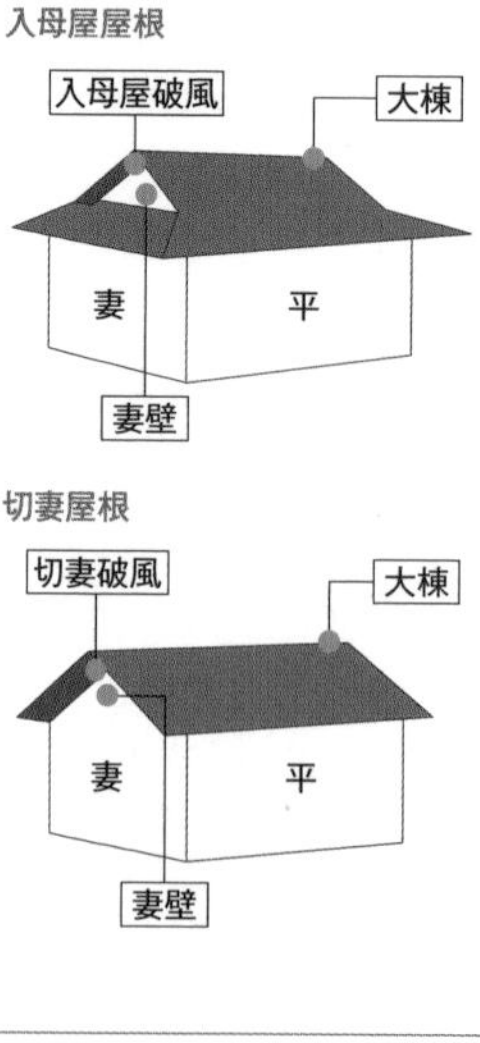

POINT

日本建築の屋根の形式の中で最高級の形式で天守は造られていました。

日本建築の屋根の基本形式

寄棟造

城郭では格の低い建物に使われます。

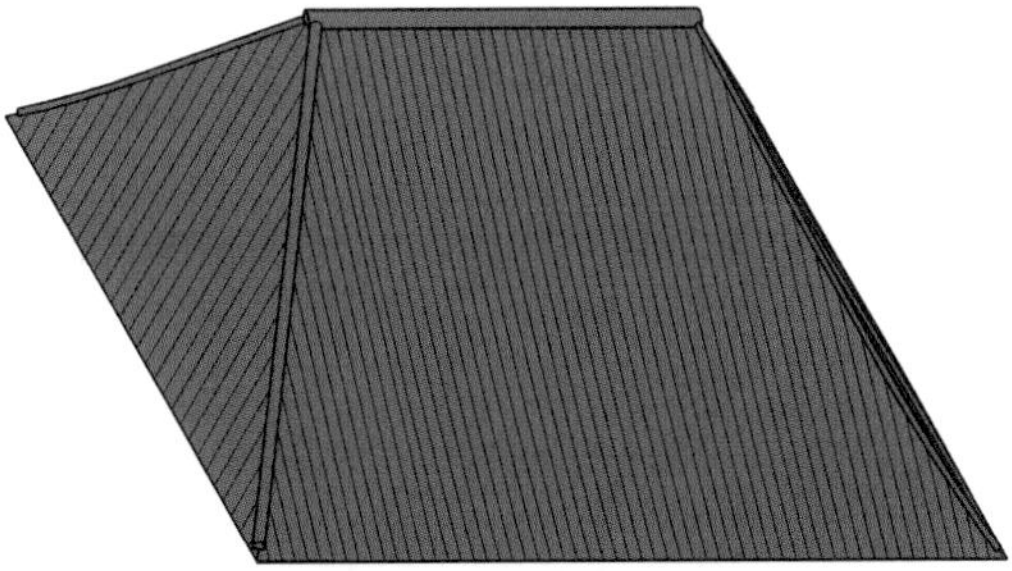

切妻造

現在の住宅にも使われる一般的な屋根です。

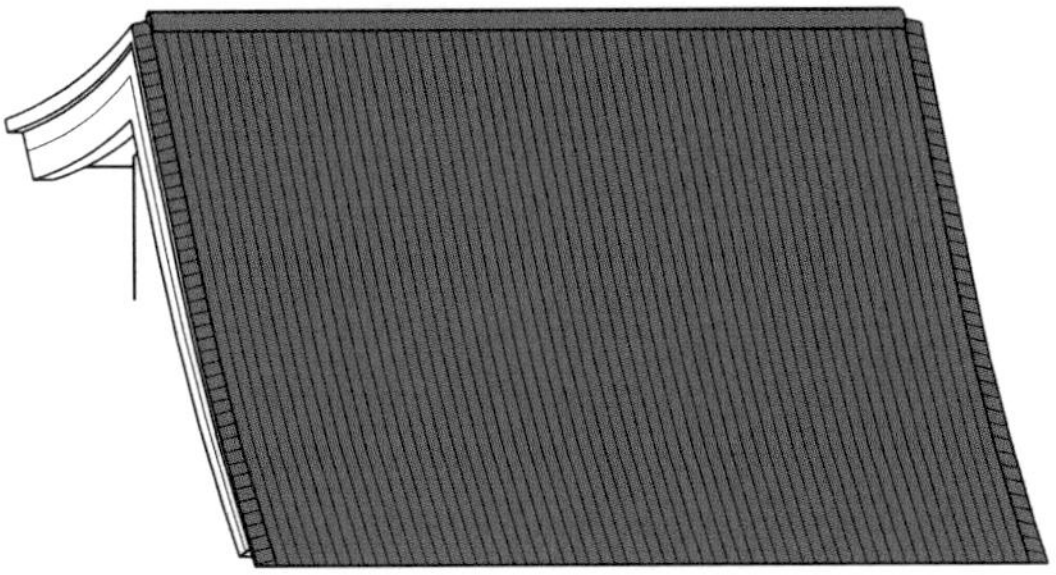

入母屋造

天守に使われる高級な形式の屋根です。

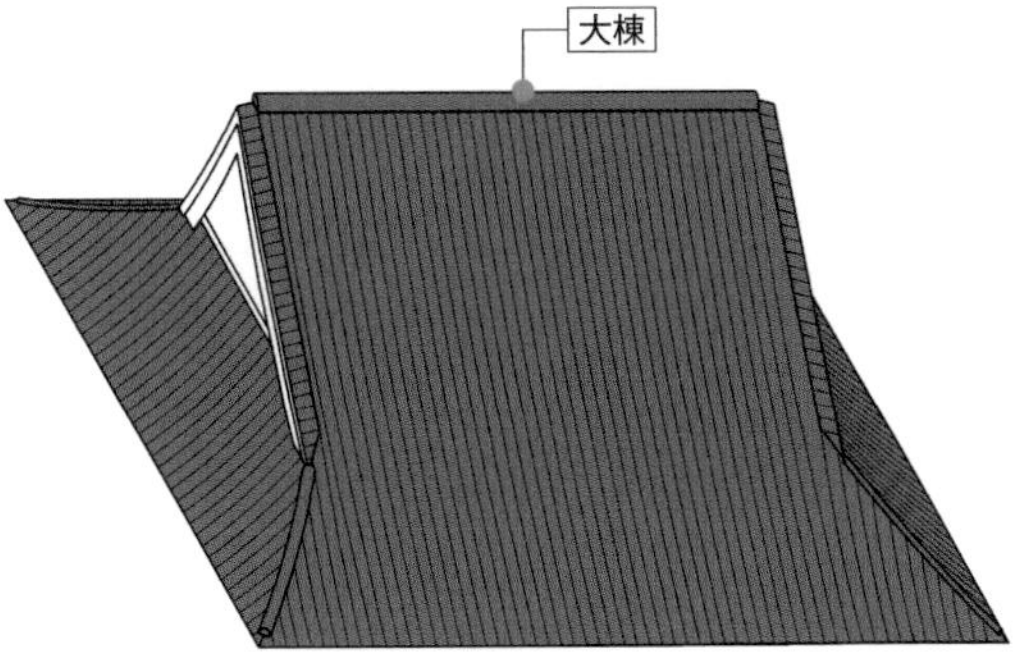

方形造

寺院のお堂などにしか使われません。

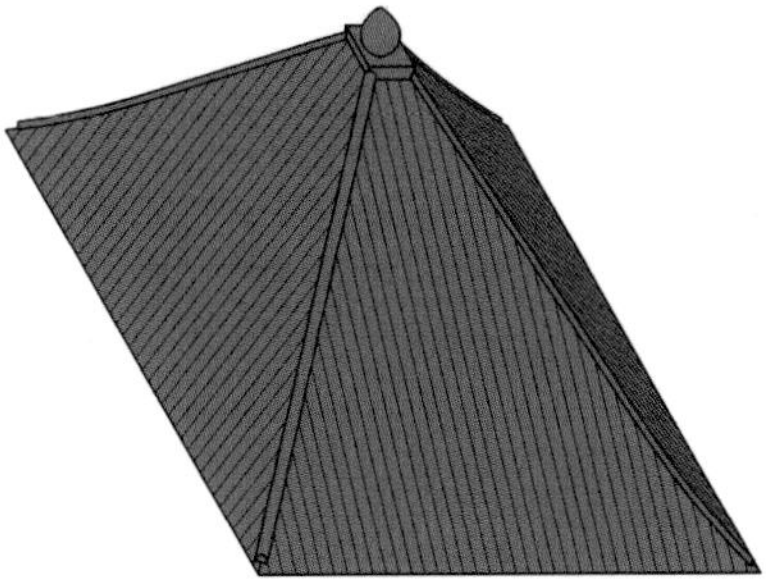

（作図＝千原美歩）

16

屋根の素材（やねのそざい）

天守には高級な金属瓦も使われた

現存する天守の屋根はすべて瓦葺《かわらぶき》で、本瓦葺という方法が使われています。本瓦葺《ほんがわらぶき》には、ほぼ正方形の板をゆるく曲げた平瓦《ひらがわら》と、丸い筒を縦半分に割った形の丸瓦《まるがわら》を使います。屋根の上に並べた平瓦どうしの隙間を、丸瓦で塞《ふさ》ぐように置いていきます。

本瓦葺の屋根は丸瓦の列が並び、重厚で高級な趣がありますが、瓦どうしの重なりが多いため瓦の数が増え、屋根全体が重くなり、しっかりとした柱や壁をもつ建物でないと瓦を葺くことができません。現在の住宅に使われている瓦は桟瓦《さんがわら》といって、軽量化されたものです。

関ヶ原の戦い以降、屋根を軽くするために木の板を銅や鉛などの金属板でくるんだ金属瓦が作られました。安土城天主に初めて瓦を使った織田信長は、軒先の部分の瓦に漆で金箔《きんぱく》を張った「金箔瓦」を使用しましたが、徳川家康は金箔瓦よりも高価で、金属の使用量がはるかに多い金属瓦を権力の象徴として江戸城、名古屋城に使いました。

その一方で金属瓦は、冬の寒さの厳しい地方でも使われました。普通の土製の瓦は、素焼きで水が染み込みやすいため、染み込んだ水が凍るときに体積が増えて、瓦が割れてしまうのです。現存する天守の例では、弘前《ひろさき》城の天守に銅の瓦が使われています。

同じ理由から、瓦の中に水が入り込まないように、釉薬《ゆうやく》を塗って焼いた赤瓦を使用していた盛岡《もりおか》城や萩城などの天守もありました。

そのほか変わった例を挙げますと、石の瓦で屋根を葺いた丸岡《まるおか》城（福井県）などがあります。

POINT

素焼きの瓦だけでなく、金や銅などの金属瓦や、赤瓦なども使われていました。

屋根の素材

弘前城天守の銅瓦（写真＝加藤理文）
銅瓦葺の天守としては現存する唯一の例です。

丸岡城天守の石瓦（写真＝加藤理文）
石を削って1枚の瓦としているため、非常に重いのですが、寒さには強いのです。

高島城天守古写真（竹田泰三蔵　諏訪市教育委員会刊『諏訪高島城』より転載）
柿葺（こけらぶき）の天守です。この天守は明治初期に壊されてしまいました。

丸亀城天守の本瓦葺の屋根（写真＝藤田　健）
天守だけでなく櫓·門など重要な建物には瓦を使い、本瓦葺という方法で屋根が葺かれていました。

17

破風（はふ）

天守を飾る代表的な意匠

入母屋造と切妻造の屋根には、両端に妻壁《つまかべ》という三角形の壁面ができます。この妻壁の先端部分を破風《はふ》といいます。

すべての天守の最上階と望楼型天守の一重目や二重目には、入母屋破風《いりもやはふ》が設けられますが、それ以外にも多くの破風が、装飾のために取り付けられました。天守に使用される破風の種類には、入母屋破風のほかに、千鳥破風《ちどりはふ》、切妻破風《きりづまはふ》、唐破風《からはふ》と全部で四種類あります。

千鳥破風は三角形の破風で、もっとも一般的です。形は入母屋破風に似ていますが、入母屋破風が平側の屋根と一体化しているのに対し、千鳥破風は屋根に置くだけの破風です。どこにでも造ることができるため、多用されました。

切妻破風は、千鳥破風と同じく三角形をしていますが、屋根の端が本体の軒先まで突き抜けていて、妻壁という三角形の壁が天守本体の壁と続いています。

もっとも装飾性の高い破風が**唐破風**です。軒先のみを丸く持ち上げただけの軒唐破風と、屋根全体を丸く造った向唐破風《むかいからはふ》（据唐破風《すえからはふ》）があります。

これらの破風は、天守の外見が単調にならないように巧みに配置されています。特に千鳥破風や入母屋破風を二つ並べる意匠が多く使われ、千鳥破風を並べたものを比翼《ひよく》千鳥破風、入母屋破風を並べたものを比翼入母屋破風と呼びます。

唐破風は装飾性が高いので、最上階の屋根に置かれることが多いのですが、下の方の重でも巨大な破風があるとき、その頂きが上重の軒と重ならないように、軒唐破風とすることもありました。

POINT

一口に破風といってもさまざまな種類のものが天守を飾っていました。

入母屋破風と千鳥破風

（作図＝千原美歩）

千鳥破風（ちどりはふ）

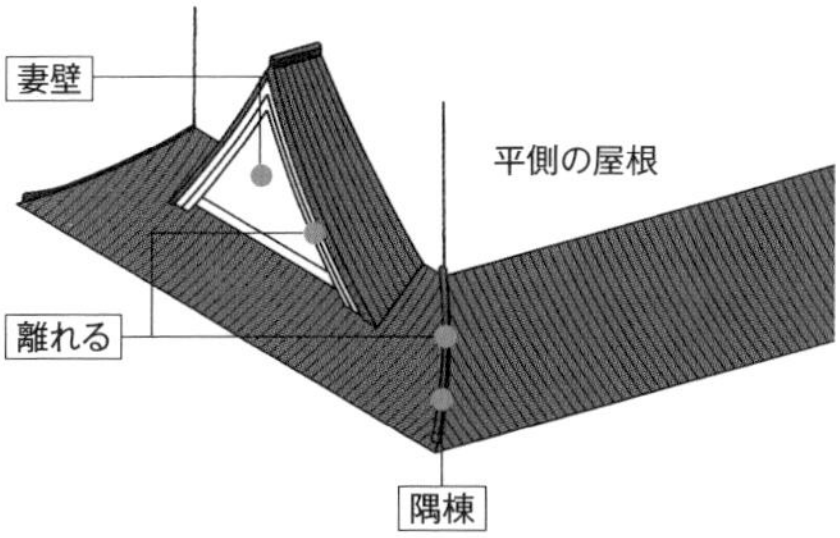

千鳥破風は隅棟（すみむね）から離れています。

入母屋破風（いりもやはふ）

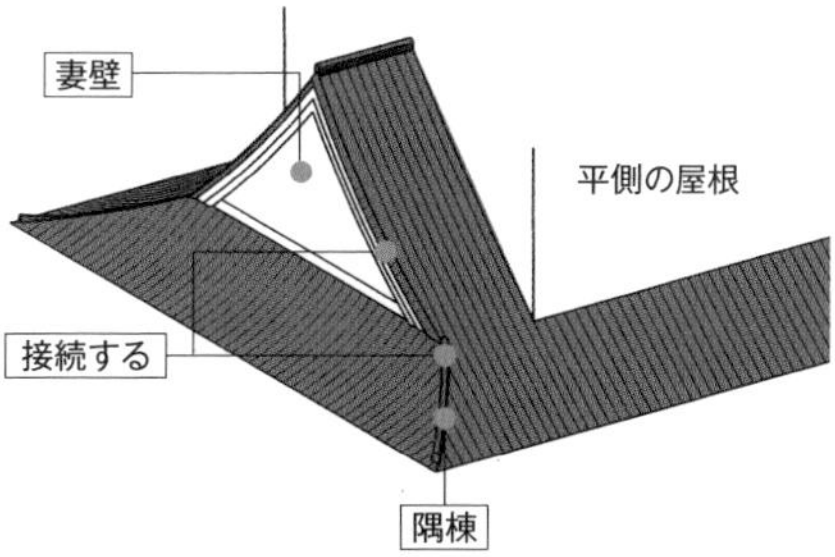

入母屋破風は上の屋根がそのまま平側の屋根に接続しています。

高知城天守の入母屋破風
妻壁が塗籠になっています。

高知城天守の千鳥破風
二重目の千鳥破風は大きいので、入母屋破風のように見えます。

弘前城天守の切妻破風（写真＝加藤理文）
一重目と二重目には、切妻破風を設けています。

姫路城天守の破風

破風にはそれぞれ意味があります。五重目の入母屋破風①は天守の破風としては最も基本的なものです。五重目の軒唐破風②は、天守をより高貴な建物に見せるために使われています。四重目の軒唐破風③は下の入母屋破風とぶつからないようにするため、四重目の千鳥破風④は五階の明かり採りのために造られています。三重目の比翼入母屋破風⑤は天守の形をバランスよく見せるために、二重目の軒唐破風⑥は下の出格子窓の飾りのためです。

天守のさまざまな破風

名古屋城天守の破風
巨大な層塔型天守の典型で、各重の平側（長辺側）と妻側（短辺側）で千鳥破風の配置や数を変えて見た目バランスを取っています。

彦根城天守の破風（写真＝加藤理文）
彦根城の天守は軒唐破風が多用されていたり、他の城には見られない庇（ひさし）の付いた切妻破風が使われているなど、とてもユニークです。

18 破風二（はふ）

破風の構造

破風は屋根の端部なので、その上には棟丸瓦や鬼瓦などが載り、天守最上重には鯱《しゃち》が載っています。

破風の先端には、破《は》風《ふ》板《いた》と呼ばれる板が取り付けられ、左右の破風板が接する拝《おが》みという部分には懸魚という飾りが付けられます。

妻壁は窓を開けたり、木《き》連《つれ》格《ごう》子《し》という格子を組んだり、青《せい》海《がい》波《は》という波形の模様を刻んだりと様々な意匠が凝らされています。破風板の表面仕上げには、白漆喰の塗籠、白木、黒漆塗、銅板張などがあり、白木や黒漆塗の場合には金メッキの金具を打ち付けることが多く行われました。

望楼型天守では、入母屋屋根の屋根裏部屋に明かり採りのための窓を開ける必要があり、出窓には千鳥破風や切妻破風などが付けられ、天守はいわば破風だらけの賑やかな外観の建築物となったのです。

慶《けい》長《ちょう》期に層塔型の天守が主流になると、最上階を除いて入母屋屋根がなくなったことから、破風もすべてなくなってしまいました。けれども、天守の外観は多くの破風で飾られているというイメージは強く残りました。

そのため、層塔型天守も、望楼型天守のように破風を多く並べるようになっていきました。望楼型天守の入母屋造の屋根がなくなったぶん、入母屋破風にこだわらずに、自由に破風を取り付けることができるようになったのです。そこで、千鳥破風や比翼入母屋破風、唐破風などを下重から上重にかけて個数を変化させて配置するなど、天守の破風の意匠が完成していきました

POINT

天守が造られた時代や天守の形式によって破風にもさまざまな変化が見られます。

破風の構造

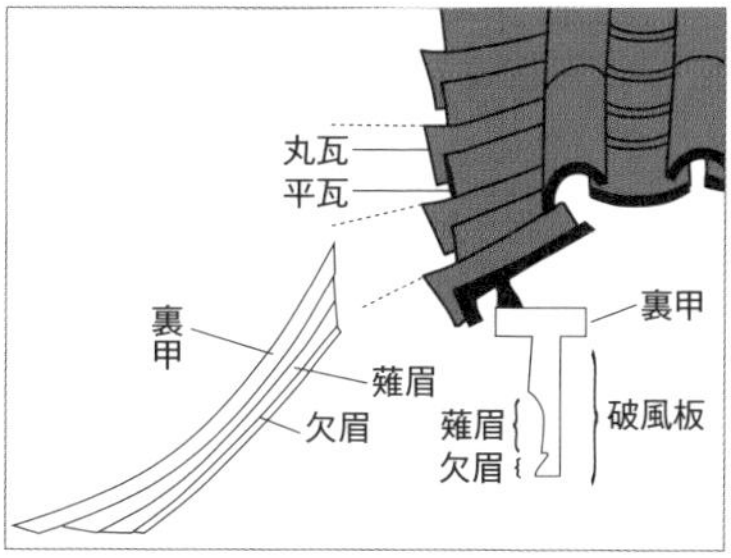

破風板の構造
破風板の表面は平らではありません。下の欠眉(かきまゆ)は鋭く彫り込まれ、中央の薙眉(なぎまゆ)は穏やかな曲線となっています。

姫路城天守五重目の入母屋破風
破風は左右2枚の破風板とその拝み(頂部)から下がる飾りの懸魚、その奥にある妻壁などから構成されています。

姫路城天守
三重目の入母屋破風(上)
と破風の間(下)
(写真=加藤理文)
姫路城につけられた入母屋破風のひとつで、その内側の四階には破風の間という小部屋が造られています。

19

懸魚と蟇股
（げぎょとかえるまた）

破風を飾る意匠

城を手がけた大工たちは宮大工《みやだいく》で、城造や修理に関わっていないときは、神社や寺を造っていました。彼らが造った神社や寺には、外観を彩るために様々な装飾がほどこされていました。それに対して、天守の装飾は、寺社の装飾に比べると少なく、ほとんどの意匠が破風の部分に付けられました。その代表的な装飾が**懸魚**《げぎょ》です。懸魚は棟木《むなぎ》や軒の先を隠すためのもので、桁隠《けたかくし》とも呼ばれています。

天守に使われる主な懸魚には、梅鉢《うめばち》懸魚、蕪《かぶら》懸魚、三花蕪《みつばなかぶら》懸魚などがあります。装飾性が高いため、本来の役割以上に派手なものも多いのです。

五角形（または六角形）の梅鉢懸魚は小さな千鳥破風に取り付けられ、小形で簡素なものです。カブの形のような蕪懸魚は大きめの破風に取り付けられ、梅鉢懸魚よりも装飾性が高いものです。蕪懸魚を三個合わせたものが三花蕪懸魚で、入母屋破風や大きな千鳥破風に取り付けられ、両端から鰭《ひれ》と呼ばれる若葉や波をかたどった飾りがついて華やかです。唐破風に取り付ける懸魚は、横に広がっているうえ厚さもあるので、特に兎毛通《うのけどおし》と呼ばれています。

他に天守の装飾として、**蟇股**《かえるまた》があります。カエルが足を開いたように見えることから、この名前がついたもので、奈良時代にはすでに寺院の梁組《はりぐみ》を飾っていたという伝統的な装飾です。

蟇股には、内部に彫刻を入れた本蟇股と、輪郭を削り出すだけの板蟇股とがあります。本蟇股は姫路城天守や宇和島城天守に見られ、板蟇股は丸亀城天守に見られます。

POINT

破風に取り付けられる装飾には、懸魚や蟇股などがあります。

さまざまな懸魚・蟇股

広島城天守の懸魚
懸魚は破風の大小によって使い分けられました。巨大な入母屋破風には派手で大きな三花蕪懸魚、中ぐらいの千鳥破風には蕪懸魚、小型の千鳥破風には梅鉢懸魚を使ってバランスをとりました。

梅鉢懸魚（うめばちげぎょ）　**蕪懸魚**（かぶらげぎょ）　**三花蕪懸魚**（みつばなかぶらげぎょ）

（作図＝山田岳晴）

丸亀城天守の蟇股
（写真＝三浦正幸）
格調の高い蟇股と華やかな唐破風の組み合わせは、古くから社寺建築で使われた装飾です。

20 廻縁と高欄（まわりえんとこうらん）

天守の格を高める飾り

建物の周囲をめぐる縁を廻縁《まわりえん》といい、飾りと転落防止を兼ねて高欄《こうらん》という手すりが付けられています。高欄は飛鳥《あすか》時代の寺院建築に使われたものが日本初だと考えられ、寺院のように高貴な高層建築の上部に使われたのです。

初期の天守では城主がしばしば天守に上ったので、城主の品格を示すために高層建築である天守に高欄が造られました。

関ヶ原の戦い（慶長五年、一六〇〇）前後になると廻縁のない天守が現れます。ごく初期の例が岡山城です。少し後の彦根城天守では廻縁は見せかけだけで外に出られなくなり、さらに下った時期に造られた姫路城天守では廻縁が外から消え、室内に廻縁に相当する廊下ができます。

廻縁は見栄えはよいのですが、雨が降るたびに濡れるため耐久性が悪く、関ヶ原の戦い以降急速に廃《すた》れました。慶長十三年（一六〇八）ごろに登場した層塔型天守で廻縁が復活しますが、これも見せかけだけで外に出られない造りでした。

さて、小倉城天守は外観四重、内部五階の層塔型ですが、最上階の五階が四階よりも大きく張り出していました。こうした造り方を唐造《からづくり》（南蛮造《なんばんづくり》）といいますが、この外に張り出した部分は実は廻縁なのです。廻縁が雨に濡れないように縁先に壁や戸を設けてすぐ下の重の屋根を省略すると唐造になります。

徳川幕府は大名たちが五重天守を造ることを非常に嫌がっていました。しかし、四重目の屋根がない唐造の五重天守ならば「四重天守」として押し通すことができたのです。

POINT

廻縁はすぐにいたむため、建物の中に造られるようになりました。

廻縁と高欄

丸岡城天守の廻縁·高欄(❶)
松山城天守の廻縁·高欄(❷)
(写真=三浦正幸)
最上階の室内の床よりも廻縁の床が高いため、外に出ることはできません。高欄の組み方は、猿頭(さるがしら)高欄と呼ばれるもので、実用的ですが、装飾性には乏しいものです。

高知城天守の廻縁·高欄(❸❹)
(写真=三浦正幸)
外に出ることができる廻縁です。社寺建築に使われる高級な擬宝珠(ぎぼし)高欄で、現存天守では高知城のものが唯一の例です。

唐造の高松城天守
(復元=三浦正幸　着色=板垣真誠)
小倉城天守と同じように、最上階の廻縁の外側に壁を造っています。そのすぐ下の重の屋根も省略されています。1階の外壁も天守台から張り出しています。

21

鯱（しゃち）

天守を火から守る想像上の動物

鯱は頭が虎（龍）、胴体が魚という想像上の動物で、霊力があるとされ、天守の大棟の両端に向かい合わせで一対として飾られる天守の象徴です。また、天守を火難から守るものとされていました。

天守以外でも、重要な櫓や櫓門にも飾られ、鯱の上がっている建物は城内でも重要であることを示していました。

鯱は「しゃち」とも「しゃちほこ」とも読み、天守に使われる以前の室町時代には、寺院に安置される厨子（仏像を納める小型の仏具）の屋根を飾っていました。

鯱を最初に天守に上げた城は、織田信長の安土城だとされています。安土城の天主には、瓦の表面に金箔を張った鯱が置かれていたようです。

天守に上げる鯱は、安土城以来瓦製のものが圧倒的に多いのですが、瓦で造られた鯱は中が空洞で、壊れやすいため、発掘でもほとんど破片しか出てきません。中を空洞にしておくのは、瓦を焼くときにおこる収縮です。軽量化を図るため、瓦のほかに木の土台に銅板を張った鯱や、青銅製の鯱も使われました。

普通の鯱はただの黒い瓦でしたが、瓦製の鯱に漆を塗って、金箔を張れば金鯱ができます。残ってはいませんが、安土城や豊臣氏の大坂城、広島城、岡山城にも金鯱が上がっていたと思われます。

鯱でもっとも有名なものは名古屋城の金の鯱でしょう。鯱は文字通りの金鯱で純金に換算して二一五・三kgを使ったといわれています。江戸城天守の鯱も金鯱でしたが、焼失してしまいました。

POINT

天守の屋根には、高貴な建物の象徴として、また火除けとして鯱が上げられました。

さまざまな鯱

復元された名古屋城天守の金鯱
（名古屋城総合事務所提供）
全国でも珍しい雌雄の区別がある鯱のうちの雄の方です。戦災で焼失しましたが、昭和34年（1959）に大阪造幣局によって復元されました。金鯱は、寄木（よせぎ）で造った土台の表面に金の板を張っていました。慶長大判金1940枚（純金で換算すると215.3g）が使われていました。天守の屋根の大棟に太い木の棒で固定して鋼鉄の金具で補強していました。

掛川城天守の鯱（写真＝戸塚和美）
青銅製の鯱で、重量は200kgあります。

松江城天守の鯱（写真＝三浦正幸）
木の芯に銅板を張ってあります。瓦の鯱より軽いのですが細かい表現は難しいといえます。

22

階段（かいだん）

上りにくい急な勾配

天守の階段は勾配《こうばい》がとても急で、上りづらくできています。敵の侵入を防ぐためにわざとそうしているという説もありますが、それでも当時の階段としては普通のことでした。そのかわり、各階の階段の位置はなるべく近づけてあり、上りやすくする工夫も見られます。

姫路城天守を例にとると、地上六階、地下一階の天守には多くの階段が設けられていて、特に三階と五階は急勾配になっています。

階段の横幅は、下の方の階では一間（約二m）近いのですが、上の方の階では半間ほどに縮まっています。床を支える梁《はり》の間隔が一間で、階段は梁の間を通るため、幅は一間までに限られます。階段の上がり口には正式には板戸《いたど》をつけます。板戸を倒して入口をふさぐ形式になっていることが多く、板戸を倒さずに水平に引き出すものもあります。

天守の階段は桐材で造られたといわれています。桐の木は燃えにくいので火災のときに脱出するのに役立つのと、軽いので敵の侵入を防ぐために取り外すことも容易にできるからです。しかし、これらの理由はどうやら伝承のようです。階段に桐材が使われたのは、当時下駄《げた》に使われていたように、硬くて擦り減りにくく、さらに軽くて取り付けやすかったからだと思われます。

姫路城東小天守二階の階段と戸（写真＝三浦正幸）
上がり口の板戸を閉めたところです。

POINT

天守の階段の勾配は建てられた当時としてはごく一般的なものでした。

さまざまな階段

松江城天守三階の折れ曲がり階段（写真＝三浦正幸）
途中に踊り場を設けてある階段です。

姫路城天守一階から二階への階段（写真＝三浦正幸）
急勾配で、途中に踊り場がなく一気に上がるようにできています。中央の手すりは近年になって取り付けられたものです。

松江城天守二階の階段と戸（写真＝三浦正幸）
この上がり口の戸は、横に引く形式です。

姫路城天守二階の階段の上り口と階段の戸
（写真＝三浦正幸）
階段の上がり口には戸をつけました。この戸は跳（は）ね上げる形式の板戸です。

23

籠城の備え（ろうじょうのそなえ）

最終兵器としての天守

天守は戦いにおける最終兵器でした。しかし、天守が兵器として使われるのは、城に籠《こも》って守る籠城戦《ろうじょうせん》の最終局面で、たいていの場合はその前に戦いの決着がついていて、天守が戦いの場になることはごくまれなことでした。

有名な籠城戦が行われた城をいくつかあげてみましょう。関ヶ原の戦いの前哨戦とされる伏見城と大津《おおつ》城、徳川家が豊臣家を滅ぼすために行った大坂冬の陣・夏の陣の際の大坂城、戊辰《ぼしん》戦争において攻防が一か月間にもおよんだ会津若松《あいづわかまつ》城といったところでしょうか。

戦乱の時代ではいつ籠城戦になるかわかりません。そのため、戦いを常に意識していた時代に造られた城の天守には、籠城戦に必要な施設が備えられています。

籠城戦で多くの人々が天守に詰《つ》めることになれば、生活の場ともなります。城の天守の床は現在板張で畳が敷いてありませんが、創築当時は人々が生活しやすいように畳が敷いてありました。畳を敷くための敷居がない天守は、平和な時代に造られたものだといえましょう。

人が生きていくためにまず必要なものが水です。松江城天守の地階には井戸が残っています。また、姫路城の地階には雪隠《せっちん》（トイレ）がありますが、姫路城では籠城戦は行われませんでしたので、未使用のままです。多くの人が籠城してもいいように六つも備えられました。

さらに姫路城の地階には食事を作ることができるようにと、巨大な流しも造られていました。備中松山城天守の一階には長囲炉裏《ながいろり》があります。

POINT

天守は万が一の籠城戦に備えて、さまざまな工夫がされていました。

籠城するための施設

松江城地階の井戸
（写真＝加藤理文）
籠城戦に備えた井戸は、このほかに名古屋城や浜松城にもありました。

姫路城天守地階の雪隠
（写真＝加藤理文）
大天守地階の北東隅と南西隅の2か所に3つずつあります。

姫路城大天守地階の流し場
（写真＝三浦正幸）
ここで米や野菜などを洗うことができました。

備中松山城天守一階の長囲炉裏
（写真＝加藤理文）
囲炉裏の残る天守は、備中松山城だけです。

24

管理（かんり）

簡単には入れないシステム

天守に殿様が上って城下を見下ろしているのは、いかにもありそうな光景ですが、実際に城主が天守に上ることはあまりなかったようです。城主が天守に上るとなると、下見やら手続きやらで大変だったようです。

名古屋城の記録を見ると、天守の入口は穴蔵《あなぐら》（地階）の口御門《くちごもん》だけで、普段は鍵がかけられていました。城の鍵は、古くは城主の手元に置き、その許可がなくては開くことはできませんでした。参《さん》勤交代《きんこうたい》で城主が留守にするときには、城代（城主がいないときに代わって城を守る人）が鍵を預かりました。もっとも後には常に城代が鍵を管理するようになりました。天守を開くためには、御《み》鍵《かぎ》奉《ぶ》行《ぎょう》と同心が一緒に城代の屋敷に出向いて、鍵を受け取らなくてはなりません。

天守入口の鍵を勝手に使われないように、その鍵には当事者以外は極秘事項となっている方法で紫の紐を結びつけました。その結び方の違いで、使ったことがばれてしまうというわけです。

門扉の鍵は城代の実印を押した紙で封印され、さらに木箱で覆われていて、箱の上にはさらに御鍵奉行の実印《じついん》が押され、二重の封印を切らなくては開けることができなかったのです。その上、封印が切られていないか、日に三回の点検がありました。

しかし天守は全くの「開かずの間」ではなく、掃除や換気のために、月に数回開かれていました。名古屋城天守では、掃除日は月二回、六日と二十一日と決められていて、掃除担当の一〇人の同心によって朝から正午ごろまで行われました。

POINT

天守に入るためには、鍵の受け取りだけでも多くのきまりごとがありました。

名古屋城小天守内部

名古屋城小天守「御蔵之間図」（『金城温古録』名古屋市蓬左文庫蔵）

天守に入るためには小天守の穴蔵の地下通路を通らなければなりません。図右中にある「口御門」をくぐると穴蔵ですが、ここには「封番所」があり、天守に人が出入りするときには役人が詰めていました。

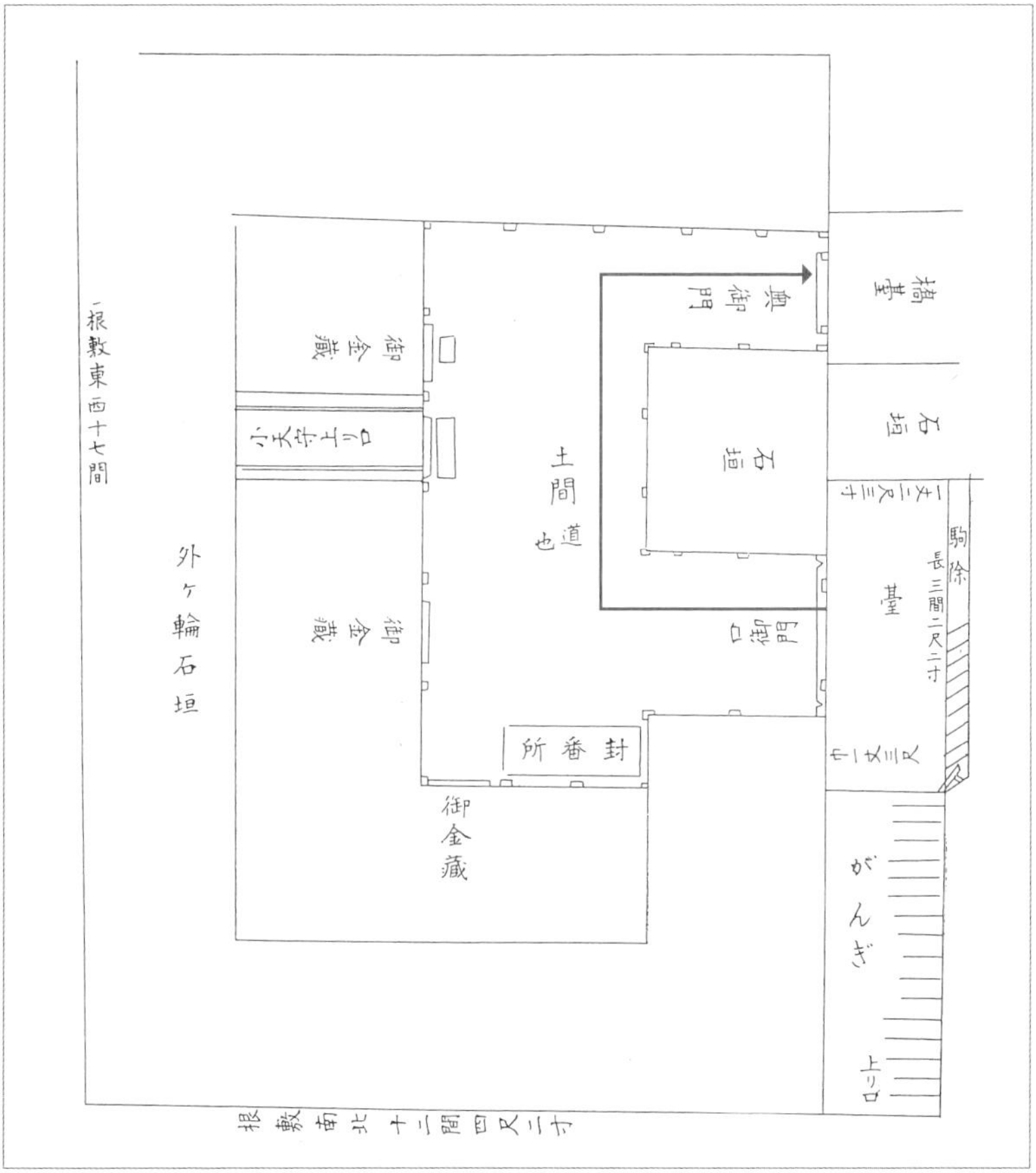

御窓台（写真=三浦正幸）

名古屋城天守五階の四隅に置いてあった台で、城主が天守に上ったときにこの台に上がったといわれています。

名古屋城天守奥御門の古写真（名古屋城総合事務所蔵）

天守穴蔵の入口である口御門を入って地下通路の奥にあった最後の関門でした。

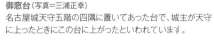

25

現存十二天守（げんぞんじゅうにてんしゅ）

江戸時代から現在に伝わる十二の天守

POINT

江戸時代には数多くの天守が造られましたが、十二基以外は失われてしまいました。

松本城天守（写真＝加藤理文）
慶長20年（1615）に造られた五重六階の層塔型天守です。

弘前城天守（写真＝加藤理文）
文化7年（1810）に造られた三重三階の層塔型天守です。

犬山城天守（写真＝加藤理文）
慶長6年（1601）ころに造られた三重四階地下二階の望楼型天守です。

丸岡城天守
慶長18年（1613）ころに造られたともいわれている二重三階の望楼型天守です。

姫路城天守（写真＝加藤理文）
慶長14年（1609）に造られた五重六階地下一階の望楼型天守です。

彦根城天守（写真＝加藤理文）
慶長11年（1606）に完成した三重三階地下一階の望楼型天守です。

松江城天守（写真＝加藤理文）
慶長16年（1611）に完成した四重五階地下一階の望楼型天守です。

備中松山城天守（写真＝加藤理文）
天和元年（1681）に完成した二重二階層塔型天守です。

宇和島城天守（写真＝石田多加幸）
寛文6年（1666）ころに造られた三重三階の層塔型天守です。

丸亀城天守（写真＝加藤理文）
万治3年（1660）に完成した三重三階の層塔型天守です。

高知城天守（写真＝加藤理文）
延享4年（1747）に造られた四重六階の望楼型天守です。

松山城天守（写真＝加藤理文）
嘉永5年（1852）に造られた三重三階地下一階の層塔型天守です。

26 復元天守（ふくげんてんしゅ）

かつての天守を忠実に再現することを目指す

現存する十二基の天守以外の天守は再建された天守で、大きく次の四つのグループに分けることができます。

復元天守…かつて天守があった場所に、外観だけでなく内部も同じ姿で再建したものです。

しかし、こうした復元天守を造ることはとても難しいことです。まず、かつての天守の外観や内部の詳しいことがわかる古写真や、天守が造られたときや修理を行ったときの指図と呼ばれる図面などから、再建するための図面を作成するのですが、こうした資料が残っている城は意外と少ないのです。

また、江戸時代に城が造られていたときと同じ工法で造らなければなりません。現在、伝統的工法を伝える職人は減り、必要な人数を揃えるのが非常に難しいのです。

現在そのような方針に基づいて建てられた復元天守は、白河小峰城（福島県）、白石城（宮城県）、掛川城、新発田城（新潟県）、大洲城（愛媛県）などがあります。

外観《がいかん》復元天守…平成三年に復元天守第一号の白河小峰城が建てられましたが、それ以前に建てられた天守の中で、鉄筋コンクリート造りながらも外観はかつての天守の姿に近づけようとして建てられた天守を指します。

松前城（北海道）・会津若松城（福島県）・高島城（長野県）・名古屋城・大垣城（岐阜県）・和歌山城・岡山城・福山城（広島県）・広島城・熊本城などの天守がこれにあたります。内部は地域の歴史資料館として使用されていることが多いようです。

POINT

史実に基づいた再現を目指した復元天守と外観のみ史実に近づけた外観復元天守です。

復元天守

白河小峰城天守
（写真＝古川敏夫）
平成3年に木造で再建され、平成の城復元ブームのさきがけとなりました。

白石城天守
（写真＝加藤理文）
白石城の天守は正確にいうと天守ではなく、大櫓（おおやぐら）です。しかし、現存する宇和島城や高知城の天守と同じくらいの規模があります。

掛川城天守空撮
（写真＝戸塚和美）
平成6年に木造で復元された外観三重、内部四階の天守です。

大洲城天守
（写真＝岡崎壮一）
写真中央の天守と、天守と右の台所櫓·左の高欄櫓を結ぶ多門櫓が平成16年に木造で復元されました。

27 復興天守（ふっこうてんしゅ）

規模や位置は同じだが、外観は異なる

復興天守…天守の規模や建っている位置はかつての天守とほぼ同じですが、外観が違っている天守のことをいいます。昭和六年（一九三一）にコンクリートで建てられた大阪城天守は、「大坂夏の陣図屛風」などをもとに建てられました。当時としては歴史にほぼ忠実に再建したはずだったのですが、その後、豊臣時代の天守台が別の場所から発見され、再建された大阪城は「徳川の天守台」の上に「豊臣の天守」が載った復興天守となってしまいました。

そのほかの復興天守には、高田城、越前大野城、大多喜《おおたき》城、小田原城、岡崎城、岐阜城、小倉城、島原城、杵築《きつき》城などがあります。

模擬《もぎ》天守…天守の規模・位置・外観などが史実とは大きく異なる場合や、天守があったかどうかわからないのに再建した場合、また天守がなかった時代の中世の城に建ててしまったものです。

こうした模擬天守と呼ばれる天守は数が多く、三戸《さんのへ》城、横手《よこて》城、上山《かみのやま》城、忍《おし》城、関宿《せきやど》城、久《く》留《る》里《り》城、館山城、富山城、勝山城、郡上八幡城、墨《すの》俣《また》城、浜松城、清洲城、小牧山城、伊賀上野城、長浜城、岸和田城、洲本《すもと》城、今治城、唐津城、平戸城、中津城などの天守がそれにあたります。

さて、これ以外にも「城」と名乗る「天守」があります。実際にはそういう名前の城がなかったのに、建てられている因島水軍城や八日市場城などにある天守風《ふう》展望台、また、近くにあった平安時代の砦の名前をつけた石下城といった商業施設があります。こういった建物は、「天守風建物」などと呼ばれます。

POINT

規模と位置のみ史実によった復興天守と史実とは異なって建てられた模擬天守。

復興天守

小倉城天守（写真＝石田多加幸）
かつての天守は破風のない層塔型天守でしたが、破風をつけた望楼型天守として造られています。

岡崎城天守（写真＝石田多加幸）
古写真を基に復興されましたが、史実では存在しない廻縁が造られています。

模擬天守

墨俣城天守（写真＝石田多加幸）
「ふる里創成基金」で造られました。史実とは大きく異なっています。

清洲城天守（写真＝加藤理文）
場所も形状もまったく史実とは異なっています。

28 日本の天守再建年表（にほんのてんしゅさいけんねんぴょう）

明治以降に再建された天守と代用三重櫓

POINT

明治以降再建された天守の一覧です。

城名	再建年	分類	外観	重・階	備考
岐阜城	明治四十三年（一九一〇）	復興	層塔型	三重	観光目的の天守再建としては初めてでしたが昭和十八年（一九四三）焼失しました
洲本城	昭和三年（一九二八）	模擬復興	層塔型	三重	昭和天皇の即位式を記念して展望台として建てられました
大阪城	昭和六年（一九三一）	復興	望楼型	五重	徳川大坂城天守台に豊臣大坂城を模して再建されました。歴史資料館として使われています
郡上八幡城	昭和八年（一九三三）	模擬復興	層塔型	四重	史実では天守はありません。当時現存していた大垣城天守を模して木造で再建されました
伊賀上野城	昭和十年（一九三五）	模擬復興	層塔型	三重	史実では未完成で倒壊した五重天守が木造三重で再建されました
岸和田城	昭和二十九年（一九五四）	模擬復興	望楼型	三重	史実では層塔型五重の天守が望楼型三重で再建されました。天守台の一部を使って小規模に建てられています
吉田城	昭和二十九年（一九五四）	復興	望楼型	三重	鉄三重櫓が復興されました。普段内部は非公開ですが、週末に公開されることがあります
富山城	昭和二十九年（一九五四）	模擬復興	望楼型	三重	史実では天守はありません。富山市郷土博物館として使われています
岐阜城	昭和三十一年（一九五六）	復興	望楼型	三重	復興天守として二代目。歴史資料館として使われています
和歌山城	昭和三十三年（一九五八）	外観復元	層塔型	三重	歴史資料館として使われています
広島城	昭和三十三年（一九五八）	外観復元	望楼型	五重	歴史資料館として使われています
浜松城	昭和三十三年（一九五八）	模擬復興	望楼型	三重	歴史資料館として使われています。天守台の一部を使って小規模に建てられています
名古屋城	昭和三十四年（一九五九）	外観復元	層塔型	五重	歴史資料館として使われています
岡崎城	昭和三十四年（一九五九）	復興	望楼型	三重	歴史資料館として使われています。史実にない廻縁を補加しています
大垣城	昭和三十四年（一九五九）	外観復元	層塔型	四重	歴史資料館として使われています
小倉城	昭和三十四年（一九五九）	復興	望楼型	四重	史実では破風のない層塔型でしたが、再建では破風で飾って望楼型にしました
中津城	昭和三十四年（一九五九）	模擬復興	望楼型	五重	史実では天守はありません。歴史資料館として使われています
小田原城	昭和三十五年（一九六〇）	復興	層塔型	三重	歴史資料館として使われています。史実にない廻縁を補加しています
松前城	昭和三十五年（一九六〇）	外観復元	層塔型	三重	松前城資料館として使われています
熊本城	昭和三十五年（一九六〇）	外観復元	望楼型	五重	熊本市立熊本博物館の分館として使われています
平戸城	昭和三十七年（一九六二）	模擬復興	層塔型	三重	史実では本丸は二重櫓のみで、二の丸に乾三重櫓が建っていました。現在の天守は本丸跡に建っています

岩国城	昭和三十七年（一九六二）	外観復元	望楼型	四重	史実上の天守台の位置より少し離れた場所に再建されました
伏見城	昭和三十九年（一九六四）	模擬復興	望楼型	五重	民間の遊園地施設でしたが、運営会社が倒産。
島原城	昭和三十九年（一九六四）	復興	層塔型	五重	島原城キリシタン史料館として使われています
会津若松城	昭和四十年（一九六五）	外観復元	層塔型	五重	博物館「鶴ヶ城天守閣」として使われています
横手城	昭和四十年（一九六五）	模擬復興	望楼型	三重	史実では天守はありません。歴史資料館として使われています
岡山城	昭和四十一年（一九六六）	外観復元	望楼型	五重	歴史資料館として使われています
福山城	昭和四十一年（一九六六）	外観復元	層塔型	五重	福山城博物館として使われています
唐津城	昭和四十一年（一九六六）	模擬復興	望楼型	五重	史実では天守台のみで天守はありません。歴史資料館として使われています
越前大野城	昭和四十三年（一九六八）	復興	望楼型	三重	歴史資料館として使われています
高島城	昭和四十五年（一九七〇）	外観復元	望楼型	三重	歴史資料館として使われています
杵築城	昭和四十五年（一九七〇）	復興	望楼型	三重	歴史資料館として使われています
涌谷要害	昭和四十八年（一九七三）	模擬復興	層塔型	三重	涌谷町立史料館として使われています
大多喜城	昭和五十年（一九七五）	復興	層塔型	三重	博物館として使われています
久留里城	昭和五十三年（一九七八）	模擬復興	望楼型	二重	検出された櫓の土壇・礎石をこわさないように、その隣に建てられました
今治城	昭和五十五年（一九八〇）	模擬復興	望楼型	五重	歴史資料館として使われている。層塔型を望楼型に変え、二重櫓跡に建てられました
上山城	昭和五十七年（一九八二）	模擬復興	望楼型	三重	歴史資料館として使われています
福知山城	昭和六十一年（一九八六）	外観復元	望楼型	三重	福知山市郷土資料館として使われています
長浜城	昭和六十二年（一九八七）	模擬復興	望楼型	三重	長浜市長浜城歴史博物館として使われています
忍城	昭和六十二年（一九八七）	模擬復興	層塔型	三重	行田市郷土博物館として使われています。本来の場所とは離れた位置に再建されました
清洲城	平成元年（一九八九）	模擬復興	望楼型	三重	歴史資料館として使われています。位置を大きく変えて建てられています
白河小峰城	平成三年（一九九一）	復元	層塔型	三重三階	木造による本格的な復元としては初めての試みです
高田城	平成五年（一九九三）	復興	望楼型	三重	木造で再建されました。歴史資料館として使われています
掛川城	平成六年（一九九四）	復元	層塔型	三重四階	掛川城天守は、創築者である山内一豊が後に築いた高知城天守のモデルといわれており、復元にあたっては現存の高知城天守が参考にされました
白石城	平成七年（一九九五）	復元	層塔型	三重三階	仙台の伊達家の家臣の城でありながら、復元された天守（大櫓）の規模は、現存する宇和島城天守や高知城天守より大きいです
関宿城	平成七年（一九九五）	模擬復興	層塔型	三重	博物館として使われています。位置を変えて建てられています
西尾城	平成八年（一九九六）	復興	層塔型	三重	丑寅三重櫓が木造で再建されました
大洲城	平成十六年（二〇〇四）	復元	層塔型	四重四階	木造による復元天守としては約一九mで最も高いです
新発田城	平成十六年（二〇〇四）	復元	層塔型	三重三階	自衛隊の敷地内に再建されたので内部は非公開

凡例　1．近代になって再建された近世城郭の天守（天守代用の三重櫓・三階櫓を含む）を採り上げました。2．天守の再建については、「復元」＝文化庁が定めた再建についての基準を満たし、史実と全く同じ位置に、同じ外観と内部構造で木造再建したもの。「外観復元」＝史実とおおよそ同じ位置に、外観のみほぼ同じ姿で再建したもの。「復興」＝位置や規模は史実とおおよそ同じですが、外観は史実と異なって再建したもの。「模擬復興」＝位置や規模も外観も史実と異なって再建したもの。なお、史実では天守をもたなかった近世城郭において、近代以降に建てられた天守風建築物を模擬復興に含めた場合もあります。3．近世城郭としての根拠に乏しい城の天守風建築物は採り上げませんでした。4．再建天守の重・階については、「復元」以外のものは外観の「重」のみを示しました。

より楽しくより深く知るための
ちょっと豆知識

廃藩置県で無用の長物となり、薪になってしまった城

明治維新後、明治四年（一八七一）の廃藩置県までは、多くの城が存在していましたが、財政難のため荒れるがまま、放置されているものが大半を占めていました。

廃藩置県というのは、それまで旧来の大名がそのまま治めていた藩を廃止し、代わりに県を置くことです。城主であった大名がいなくなり、かわって城を管理していた陸軍が、二〇〇以上の城を不要として廃城《はいじょう》としました。廃止となった城は、天守や櫓といった建物から立木に至るまで競売によって民間に払い下げられました。

しかし、天守や櫓などは移築に費用がかかります。薪《まき》として利用するため費用をかけて取り壊したということもあったようです。一方、高《こう》麗門《らいもん》や薬医門《やくいもん》などはほかの場所で門として使用できるため、移築されました。各地に残る城の門はこうしたものがほとんどです。

一方、陸軍が軍隊の駐屯地として利用するために存続させた城も、天守などの建物は不要だったので、取り壊されてしまいました。

しかし、公園として城の中心部が保存された城や、取り壊しに費用がかかるため放置された城、取り壊しに地元が反対した城、そのほか離宮や皇居となった城などが取り壊しを免れたのです。

佐倉城銅櫓（佐倉市教育委員会提供）
江戸城から移築されたという伝承のある建物でしたが、明治初年に壊されてしまいました。これは解体中の写真といわれています。

第2章

建築

29

三重櫓（さんじゅうやぐら）

規模が大きく最高の格式の櫓

三重櫓は最高の格式を持つ特別な櫓であり、その大きさは小型の天守と並ぶほどで、天守を持たない城では天守の代用とされました。現存天守として数えられている弘前城や丸亀城の天守は、もともと天守代用の三重櫓なのです。また、東日本では天守代用の三重櫓が普通で、「御三階《ごさんかい》櫓《やぐら》」などと呼ばれていました。

天守代用とする以外に三重櫓を建てることは珍しいことでした。多くの三重櫓を建てていた城に、江戸城、徳川氏大坂城、姫路城、岡山城、熊本城、高松城などがあります。

三重櫓は、天守と同じように、望楼型・層塔型がありました。建築年代の古い三重櫓の多くは、一重目と二重目を同じ大きさに造り、その上に入母屋造の大屋根を造り、小さな三重目をその上に載せた望楼型となっています。

新式の層塔型天守ができ始めた慶長（一五九六〜一六一五）後期以降になると、三重櫓も層塔型になっていきます。層塔型の三重櫓には望楼型のような細長い平面のものはなく、正方形や短い長方形の平面で、床面積の小さな三重櫓が建てられるようになりました。現在残る三重櫓のうち、もっとも大きなものは熊本城の宇土櫓です。三重五階、地下一階で、一階平面は九間に八間（一間は約二m）もあり、規模だけでは、姫路城、松江城天守に次ぐものです。

一方、現存する最小の三重櫓は弘前城二の丸辰《たつ》巳《み》櫓《やぐら》・未申《ひつじさる》櫓・丑寅《うしとら》櫓で、三つとも一階平面は最小限度の四間四方で、一階と二階を同じ大きさにすることで、三階を上げる（造る）ことができました。

POINT

三重櫓は天守にほぼ匹敵する大きさで、形式も天守と同じように造られました。

さまざまな三重櫓

現存する最小の三重櫓の弘前城二の丸丑寅櫓
（写真＝加藤理文）
一階が四間四方という最小規模の三重櫓です。

望楼型の三重櫓の福山城伏見櫓（写真＝加藤理文）
慶長15年（1610）以前に造られた、同じ大きさに造った一階と二階の上に、小さな三階を載せた古いスタイルの望楼型三重櫓です。望楼型の三重櫓としては唯一の現存例となります。

標準的な大きさの三重櫓の高松城旧東の丸艮櫓
（写真＝加藤理文）
一階の平面が五間四方あります。これが三重櫓の標準的な大きさです。

天守代用の三重櫓の丸亀城天守
（写真＝三浦正幸）
万治3年（1660）に建てられた層塔型の三重櫓で、近代になって天守と改称されました。

30

二重櫓

（にじゅうやぐら）

基本的な櫓

二重櫓は、近世城郭の櫓の基本です。曲輪《くるわ》の隅や城壁の折れ曲がった出隅《ですみ》に建てられていました。

また一階建ての多門櫓《たもんやぐら》や城門の屋根越しに城外をうかがうのに二階建ての二重櫓は都合がよく、防備上重要なところに配置されました。そのため数多く造られたので現存する例も多いのです。標準的な大きさは四間×五間（一間は約二m）で、二条城二の丸西南隅櫓《すみやぐら》や新発田城旧二の丸隅櫓などがこのくらいの大きさです。

しかし、一方で江戸城や徳川氏大坂城といった徳川幕府の造った大城郭では、巨大な二重櫓をいくつも配置しました。なかでも大坂城二の丸千貫《せんがん》櫓は八間×七間の規模で、小さな天守に匹敵するだけの大きさがありました。

三重櫓は、天守がない城では天守の代用となるだけに、櫓の中でも非常に格式の高いものでしたが、二重櫓はそれに比べれば格式が低いため、構造上の制約は少なかったのです。

そのためさまざまな形状の二重櫓が造られました。金沢城石川門二重櫓は、平面が歪んだ台形のため菱《ひし》櫓と呼ばれています。また大坂城二の丸乾《いぬい》櫓はL字形をしていて、城内側の一部を造らないことで、材料費などを節約したとも考えられます。そうした櫓は名古屋城二の丸にもありました。

岡山城（岡山県）西の丸西の手櫓や高崎城乾櫓などは一階と二階が同じ大きさ（一階が二階よりも大きいのが普通）なので、その形から重箱《じゅうばこ》櫓と呼ばれています。

POINT

物見の役割を果たすのに都合のよい二重櫓は、櫓の基本形としてもっとも多く造られました。

さまざまな二重櫓

標準的な大きさの二重櫓
二条城二の丸西南隅櫓（写真=加藤理文）
一階の平面の大きさが5間×4間で、これが標準です。二重櫓では平面が正方形のものは少ないといえます。

大きい二重櫓
江戸城桜田巽櫓（写真=加藤理文）
現存する二重櫓としては最大級の7間×6間です。

城内側から見た大坂城二の丸乾櫓
（写真=近藤　勲）
内側から見るとL字形ですが、城外からでは巨大な二重櫓に見えます。

一階と二階の大きさが同じ二重櫓
岡山城西の丸西の手櫓（写真=乗岡　実）
一階と二階とを同じ大きさにすることで、二階を最大限に大きくしています。

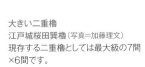

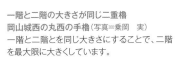

31

平櫓と多門櫓（ひらやぐらとたもんやぐら）

土塀代わりに建てられた櫓

平《ひら》櫓《やぐら》は一重の櫓です。もっとも簡単な形式の櫓で、屋根は格式の低い切妻造とするものも少なくありません。大きさも二重櫓よりも小型で、高さも低いため、物見としての機能は低かったのです。

そのため、一般的に土塀などのない三の丸や、外郭に多く建てられました。天守や三重櫓、二重櫓、櫓門などに付属する付櫓として建てられるものも多かったのです。また構造にまったく制約がないため、姫路城には平面形状が鈍角に折れ曲がった「ロ」の櫓や、不等辺四角形の「ト」の櫓などが現存しています。

城壁の上に長く続く平櫓を多門櫓《たもんやぐら》といいます。その名前の由来は多聞城に初めて建てられたからという説と、毘沙門天《びしゃもんてん》（多聞天《たもんてん》）を祀っていたからという説があります。現在の表記では「多聞櫓」と書くこともありますが、江戸時代の記録では、「多門」「多門櫓」と書かれています。

多門櫓は土塀などの代わりに、本丸や二の丸といった重要な曲輪の城壁の上に長く建て連ねられ、天守や櫓どうしを結んで鉄壁の守りとなっていました。

江戸城、大坂城、名古屋城など大きな城のほぼ全部の城壁に多門櫓が建てられていました。長さは非常に長くなり、徳川氏大坂城では総延長八七三間（約一七二〇m）にもなりましたが、そのうち現存するのは大手門《おおてもん》脇の二八間のみです。

通常の多門櫓は一階建てで、五間（一間は約二m）ごとくらいに壁を造って仕切り、普段は倉庫として使われることもありました。

POINT

平櫓は簡単な一重の櫓、多門櫓は城壁の上に長く続く櫓です。

平櫓と多門櫓

松山城一の門南櫓
（写真＝三浦正幸）
3間×2間の最小の平櫓です。松山城では天守の周辺の門ごとに、防備のため平櫓を建てました。

府内城の宗門（しゅうもん）櫓
（写真＝三浦正幸）
城外から見ると平櫓で城内から見ると二重櫓に見えますが、平櫓に地階を造ったものです。

長大な多門櫓
姫路城西の丸多門櫓
（写真＝加藤理文）
西の丸の多門櫓は城壁の屈曲に沿って複雑に折れ曲がり、要所に二重櫓を構えています。

二重の多門櫓
金沢城三十間長屋
（写真＝石田多加幸）
多門櫓は一重が普通です。しかし金沢城では複数の二重の多門櫓が建てられました。極めて厳重な造りとなっていました。

32 櫓の名称（やぐらのめいしょう）

名称によってわかる使用目的

櫓は、その広さや形、設置場所、納められていたもの、機能などにより、いろいろな名称で呼ばれています。

西日本の有力大名は城の敷地内にたくさんの櫓を建てており、広島城には七八棟、岡山城で五一棟もありました。これらは籠城のために建てられたと思われます。

戦いのないとき、櫓は主に貯蔵庫として使われていました。特に武器や武具などの軍需物資が多く、櫓の名前にも、鉄砲櫓、弓櫓、槍《やり》櫓、焔硝《えんしょう》櫓、旗櫓などの名称が残っています。さらに籠城などの際の非常食を蓄えるための干飯《ほしいい》櫓、塩櫓、荒和《あら》布《め》（海藻のこと）櫓などがあります。

物資を蓄える以外にも櫓は使われました。特殊な使われ方をした櫓では、太鼓《たいこ》櫓があります。これは時間を知らせる太鼓を打つための櫓で、普通は二重櫓の二階部分に太鼓を置いて、音を遠くまで響かせるために、二階の窓を大きくしました。この太鼓の音を合図に、城門の開け閉めが行われたのです。城によっては太鼓ではなく、鐘《かね》をつくところもあり鐘櫓と呼ばれました。

そのほか、海上を監視するための潮見《しおみ》櫓、内部に井戸を造った井戸櫓があります。

櫓に入ることができたのは、基本的に藩の担当者だけでしたが、城主が入るための櫓もありました。ほとんどが風景や情緒を楽しむためのもので、代表的なものが月見《つきみ》櫓です。名前のとおり、月見のための櫓で、月を見るために最上階を開放的に造り、内部を座敷とするものが一般的で、破風や長押で飾って格式を高めたものが多く見られます。

POINT

城内にはさまざまな用途の櫓が造られました。

さまざまな名称の櫓

太鼓櫓　掛川城太鼓櫓（写真＝近藤　勲）
時刻を知らせる太鼓を置く櫓で、遠くまで音が届くように二階の窓が大きく造られていました。鐘を使った城では鐘櫓といいました。

潮見櫓　福岡城伝潮見櫓（写真＝加藤理文）
潮見櫓は海上の様子を監視するために建てられました。このほかにも赤穂城や宇和島城など、海に近い城に置かれていました。

月見櫓　岡山城月見櫓（写真＝三浦正幸）
城主が月見をするための櫓なので、ほかの櫓よりも格式が高く造られています。また最上階は満月がよく見えるよう東側の窓を大きくしています。

井戸櫓　姫路城井郭（いぐるわ）櫓
櫓の中に井戸があります。城にとって井戸は水を確保するために必要な施設でしたが、防備のため櫓の中に造られることも多かったのです。

33 櫓の配置

（やぐらのはいち）

攻撃に備えて櫓を造る

櫓は城にとって、防衛上の大きな役割がありました。防衛のための建物としての櫓の歴史は非常に古く、弥生時代の吉野ヶ里《よしのがり》遺跡（佐賀県）からも物見櫓《ものみやぐら》の遺構と思われる柱穴が見つかっています。

櫓は、城を守るための拠点であるために、その配置には戦術的な配慮がされています。一般的に城壁の隅の部分に造られることが多く、これは隅《すみ》櫓と呼ばれますが、隅に建てることによって、二方向に視界が開けるため、敵に**横矢を掛ける**《よこやをかける》（側面から射撃をする）ことが可能になるのです。四角形の曲輪の場合には、四隅に建てられることが多くなります。この場合、櫓の名称の多くは建っている方位で呼ばれます。江戸時代には、北から時計回りに三〇度ごとに十二支の名前を方位につけました。たとえば、北東の場所にある櫓は、丑《うし》と寅《とら》の間にあるため、艮《うしとら》（丑寅）と呼ばれ、同様に南東は巽《たつみ》（辰巳）、南西は坤《ひつじさる》（未申）、北西は乾（戌亥）となります。

また城門の脇など、虎口《こぐち》や登城道などに面した場所に建てるのも有効でした。たとえば金沢城では、枡形門《ますがたもん》を防御する形で二重櫓が建てられています。また、大坂城二の丸に千貫櫓《せんがんやぐら》が現存していますが、これは大坂城の前身である石山本願寺《いしやまほんがんじ》に横矢のよく掛かる櫓があり、寺を攻めた織田信長が、「千貫の賞金を褒美《ほうび》にしても、あの櫓を攻め取りたい」と言ったことに由来するといわれています。

要所に櫓を配置することの大切さを伝えるエピソードです。

POINT

城内に多くの櫓があったのは、より有効な攻撃をするためでした。

櫓の配置の実例

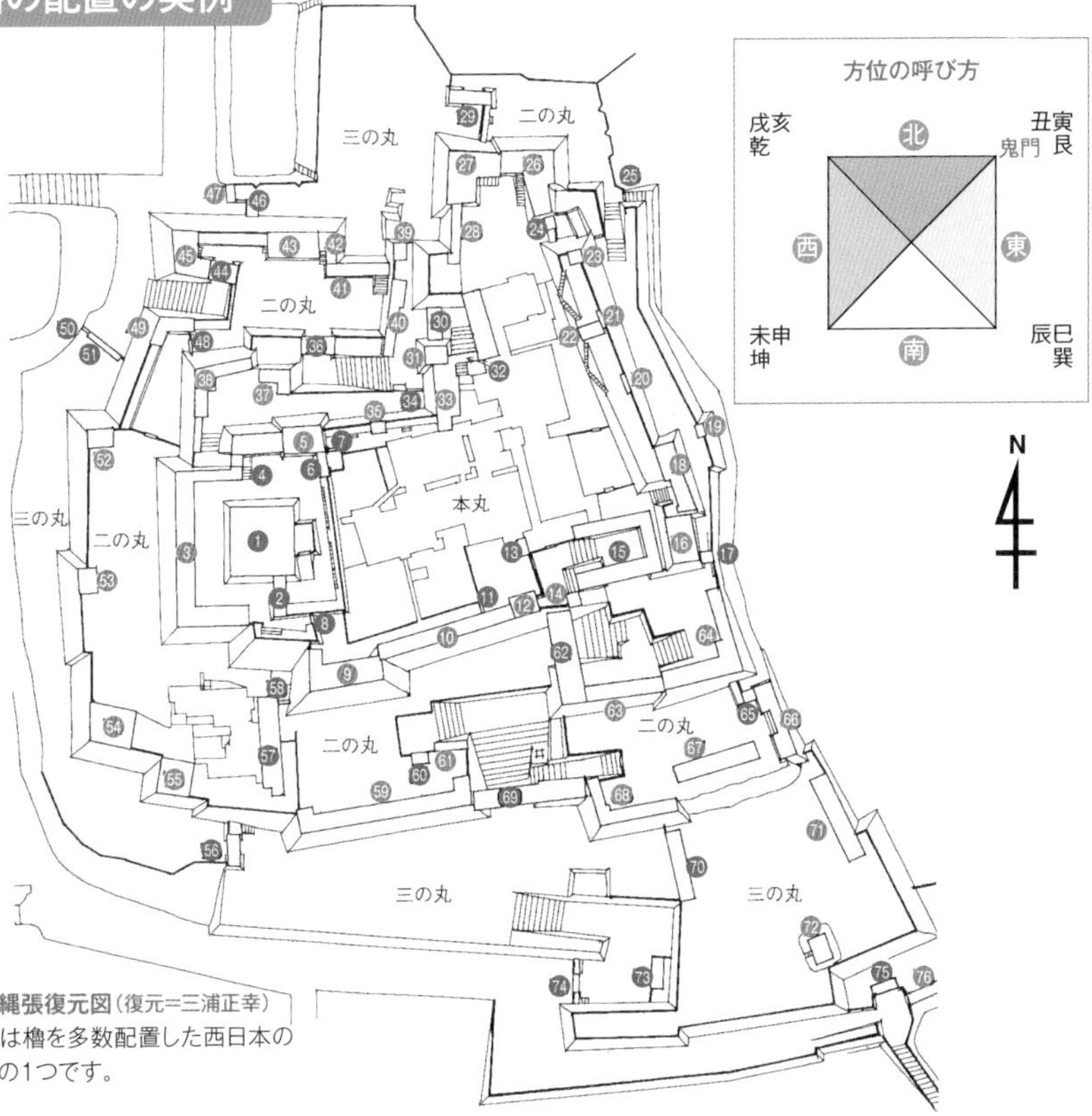

津山城縄張復元図（復元＝三浦正幸）
津山城は櫓を多数配置した西日本の大城郭の1つです。

1 天守
2 六番門
3 多門櫓（多門櫓、二か所が二重櫓）
4 七番門
5 長櫓（二重櫓）
6 八番門
7 九番門
8 五番門
9 備中櫓（二重櫓）
10 長局（多門櫓）
11 十番門
12 到来櫓（二重櫓）
13 台処門
14 使者櫓（平櫓）
15 表鉄門
16 包櫓（平櫓）
17 十四番門
18 太鼓櫓（二重櫓）
19 瓦櫓（平櫓）
20 走家
21 走家
22 矢切櫓（二重櫓）
23 月見櫓（平櫓）
24 十一番門
25 十二番門
26 粟積櫓（二重櫓）
27 大戸櫓（二重櫓）
28 長屋櫓（多門櫓）
29 桜門
30 裏鉄門
31 腰巻櫓（平櫓）
32 埋門
33 七間廊下（多門櫓）
34 十三番門
35 涼櫓（二重櫓）
36 裏中門
37 小姓櫓（二重櫓）
38 色付櫓（二重櫓）
39 麦櫓（平櫓）
40 長屋（多門櫓）
41 荒和布櫓（二重櫓）
42 道明寺櫓（二重櫓）
43 干飯櫓（平櫓）
44 裏下門
45 紙櫓（二重櫓）
46 池上門
47 番所（平櫓）
48 格子門
49 肘櫓（二重櫓）
50 十九番門
51 腰掛
52 白土櫓（二重櫓）
53 塩櫓（二重櫓）
54 昇櫓（二重櫓）
55 長柄櫓（二重櫓）
56 十八番門
57 二の丸台所
58 十七番門
59 鉄砲櫓（多門櫓）
60 四足門
61 毛櫓（平櫓）
62 切手門
63 弓櫓（多門櫓）
64 辰巳櫓（二重櫓）
65 十六番門
66 玉櫓（二重櫓）
67 塩櫓
68 見付櫓（二重櫓）
69 表中門
70 長屋門
71 火縄櫓（多門櫓）
72 煙硝埋蔵
73 番所
74 冠木門
75 二階門
76 長屋（多門櫓）

※●は城内にあった櫓

34 櫓門（やぐらもん）

大手などを固めた最強の城門

城は軍事施設なので、敵の侵入を防ぐために要所要所で空間を区切る門は城にとってなくてはならないものでした。そのため城には櫓門《やぐらもん》・薬《や》医門《いもん》・高麗門《こうらいもん》・長屋門《ながやもん》など数多くの種類の門があります。

しかし、門の基本構造はみな同じで、門の正面に二本の柱（鏡柱《かがみばしら》）を立て、その上に太い冠木《かぶき》を渡し、倒れるのを防ぐための控柱《ひかえばしら》を後ろに立て、二段か三段の貫でつなぎます。その上に櫓を置いて、下を城門、上を櫓としたのが櫓門です。櫓門は二階建てあるいは三階建てで、「門櫓」といわれて櫓として扱われることもありました。櫓門の上の建物を渡櫓《わたりやぐら》といいます。

櫓門は、門の中でも最も格式が高く、厳重な構えの門です。そのため、大手門などの主要な場所に使われました。とくに枡形門を構える場合には城内に近い方の門は櫓門とするのが一般的でした。

櫓門の防備力はとても高く、上の櫓には窓や狭間が造られ、外の様子を常に監視し、攻撃することができました。さらに、櫓の張り出した部分の床を開いて石落とすれば、門の近くまで迫ってきた敵も攻撃できたのです。

櫓門は格式も高いため、天守と同じくらいの装飾を施したものが多くあります。屋根に鯱を上げたり、外壁に長押形を見せたりしました。慶長期（一五九六～一六一五）以前の古い形式の櫓門では、柱の形を浮き出させたりする塗籠にしたり、白木の柱を見せる真壁造にしたりしました。特に格式が高いものは舟肘木《ふなひじき》という船底形の木の棒を置い

POINT

門の中で最も格式が高い櫓門は、より効率的に攻撃ができる門として数多く造られました。

櫓門

丸亀城大手門
（写真＝竹重満憲）
櫓門は二階建の城門で、二階部分が櫓、一階部分が門となっています。門を閉めた状態でも櫓部分から城外を監視したり、攻撃したりすることができます。

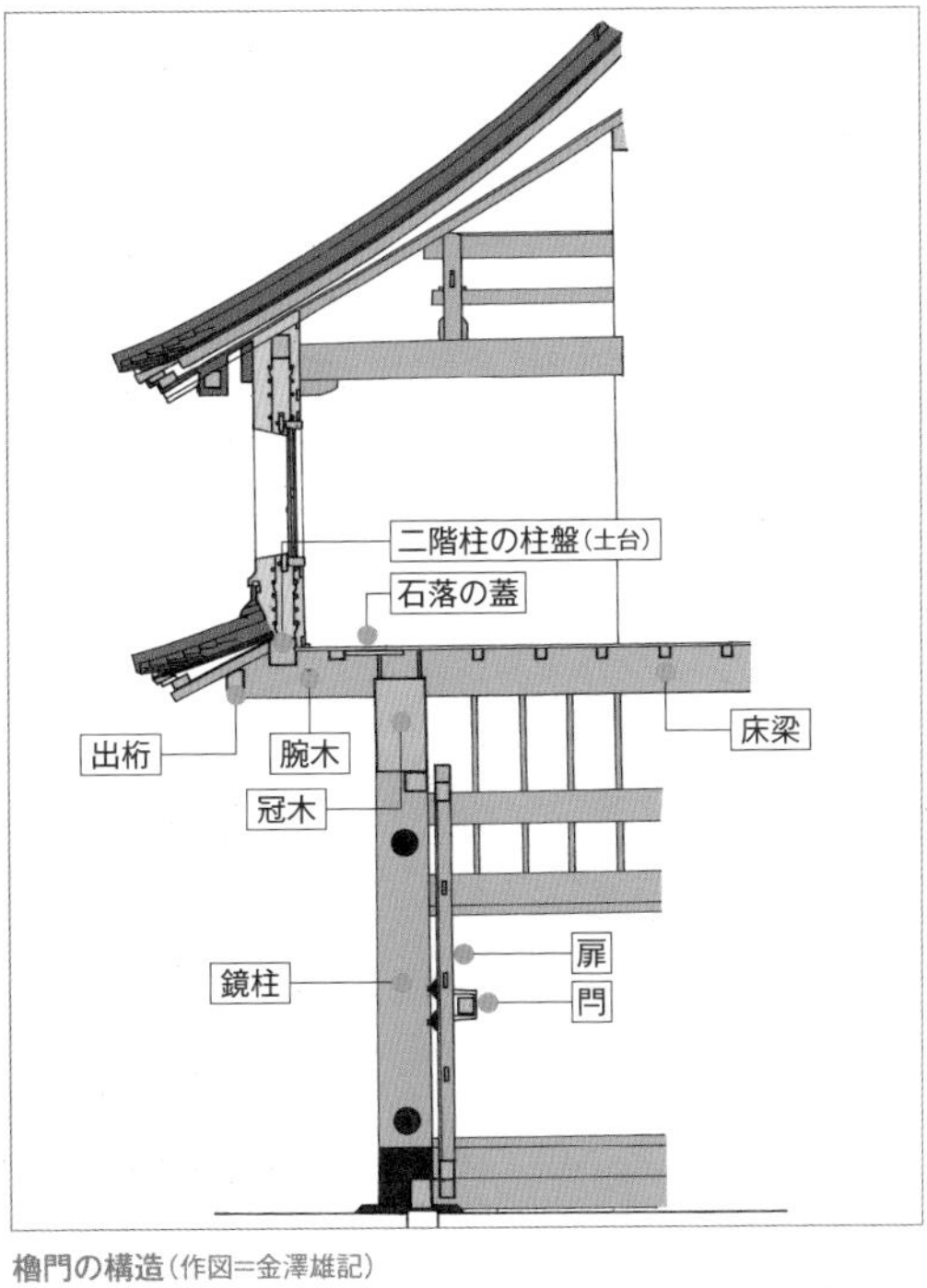

櫓門の構造（作図＝金澤雄記）
門の正面に鏡柱と呼ばれる柱を立て、その上に冠木という横材を渡すのが門の基本的な構造です。櫓門では冠木の上に床梁（ゆかばり）を架（か）けてその上に櫓を載せています。床梁の先端部分は、腕木という張り出した二階の外壁を支える部材となっています。

新発田城本丸表門の櫓門の石落部分
（写真＝加藤理文）
櫓門は二階が門扉から前へ張り出しています。その部分に石落が造られて、ここから門に接近した敵を攻撃することができました。

て、書院造《しょいんづくり》のような様式にしているところもあります。姫路城の菱《ひし》の門は、これらのほかに華頭窓があるなど、高級な寺院建築のようでもありました。

櫓門の形式

櫓門の形式には二つあって、櫓が両脇の石垣（土塁）の上に延びているものと延びていないものがあります。

延びている形式では、上の櫓の間口が広くなり、下の門は石垣の間で開かれることになります。門に続く石垣を袖石垣《そでいしがき》ともいいます。この形式は、石垣を多く使った西日本の城郭に多く見られます。二条城二の丸東大手門、福山城本丸筋鉄門《すじがねもん》、丸亀城大手門など現存している例も多くあります。また、大坂城二の丸大手門や、佐賀城鯱の門など、上の櫓に続櫓を接続し、横矢を掛けるさらに厳重な例もあります。また、まれに上の櫓を二重にしたものも見られ、姫路城「ぬ」の門・水の五門などが現存しています。

一方の石垣の上に延びない形式は、土塁を主に使っている東日本の城に多くみられます。これは、土塁の切れ目に総二階建ての櫓を建て、下の階を門とする構造です。この場合、一階の幅と二階の渡櫓の幅が揃う形となります。弘前城追手門《おうてもん》、高知城黒鉄門《くろがねもん》などが現存しています。この造りでは土塁と門の隙間《すきま》があいてしまうため、土塀でふさぎました。

また、姫路城菱の門は、片側だけが石垣の上に乗る特殊な形式の櫓門です。

姫路城菱の門

姫路城内郭部の正門。長押形や船肘木、華頭窓を設けるなど極めて格調高い門としています。

さまざまな櫓門

二条城二の丸東大手門
（写真＝近藤　勲）
二条城の正門で、櫓が両側の石垣に渡る形式の櫓門です。

佐賀城鯱の門
（写真＝加藤理文）
佐賀城本丸正門で、階上の渡櫓に続櫓が付いていて、門に向かう敵を横から攻撃できる厳重な門です。

姫路城「ぬ」の門
（写真＝三浦正幸）
姫路城本丸への近道に建つ門で、二階建ての櫓が載っています。

弘前城追手門
（写真＝三浦正幸）
弘前城三の丸の正門で、土塁の切れ目に建つ東日本に多い形式です。

35

薬医門と高麗門（やくいもんとこうらいもん）

平屋建ての代表的な城門

二階建ての城門は櫓門だけですが、平屋建ての門の種類は多くあります。その代表的な門が薬医門《やくいもん》と高麗門《こうらいもん》です。

平屋建ての門の中で、最も格式が高い門が薬医門です。室町時代から武家の門に使われていた正式な門の様式で、鏡柱と控柱という柱の上に切妻造の屋根を架《か》ける形式です。扉が雨にぬれるのを防ぐため、屋根を前にずらして、正面側の軒を長くするように造られます。

けれどもそれでは、大きな屋根のために城内からの視界が遮られ、門のすぐそばにいる敵に対して射撃ができないという欠点がありました。そのため城門には向かず、防備よりも格式を重視した場所に使われる程度になりました。宇和島城上り立ち門などが現存しています。

そうした薬医門の欠点を改良したのが高麗門です。高麗門は屋根の奥行きをぎりぎりまで狭めて、鏡柱から控柱に別の小さな屋根を架ける方式です。屋根が小さくほとんど遮られないため、城内からの監視ができます。さらに門を開いた状態でも両脇の小屋根の下に扉が収まるので、門扉が雨にぬれることがなく、使い勝手のよい門でした。

高麗門は屋根の架け方によって、新旧二種類に分けられます。旧式の高麗門は、鏡柱上に載せた冠木の上に直接屋根を架けるもので、高麗門が出現しはじめた慶長年間に見られる形式です。

一方の新式は元和《げんな》年間以降に改良された形式で、鏡柱を屋根まで高く伸ばすものです。冠木を鏡柱の側面に差し込むことになり、冠木の上に壁ができるのが特徴です。

POINT

薬医門は視界が遮られるため、城門として、その点を改良した高麗門が造られました。

薬医門と高麗門

薬医門（やくいもん）

鏡柱と控柱の上に1つの切妻屋根を架けた門で、横から見ると、背面側よりも正面側の方が屋根が長いのがわかります。

宇和島城上り立ち門正面
（写真＝三浦正幸）

宇和島城上り立ち門背面
（写真＝三浦正幸）

高麗門（新式）（こうらいもん）

元和年間以降になると鏡柱が屋根まで延びて冠木は鏡柱の横に突き刺すようになり、冠木の上に小さい壁ができるようになりました。このため冠木の上に小さい壁ができ、門の高さが土塀より高くなりかっこうがよくなりました。

江戸城清水門二の門背面
（写真＝三浦正幸）

江戸城清水門二の門正面
（写真＝三浦正幸）

36 さまざまな城門（さまざまなじょうもん）

多彩な形式の城門

城門そのものの構造は、鏡柱、冠木、控柱など、ほとんど変わりはありませんが、門の中には、基本構造を省略した形式や、特殊な形式の門も存在します。

控柱を省略した門が棟門《むなもん》です。鏡柱と冠木の上のみに屋根を架ける構造で、門が開いた状態では門扉が雨にぬれ、控柱がないために構造が不安定で、小さなものが用いられただけでした。現存例も姫路城水の一門・水の二門などごくわずかです。

さらに屋根を省略したものが冠木門です。冠木門は江戸時代には平屋建ての城門の総称でしたが、現在では鏡柱と冠木、扉だけの門を指します。扉が風雨にさらされるため城門として使われることはまれでした。現存例はなく、今日見られる冠木門は再建されたものです。

冠木も省略した非常に簡単な門が塀重門《へいじゅうもん》で、御殿の前庭への入口に設けられましたが、これは御殿前庭で行われる閲兵の際に、旗指物《はたさしもの》（鎧《よろい》の背に指して戦場などで目印とした小旗）を背に差した騎馬武者が冠木に当たらないように通るためです。

門の中にはさらに特殊な造りの門もあります。城門を石垣に中に造ったものを埋門《うずみもん》といいます。石垣を狭く切った間に、城門を建て、上に土塀を通す形式と、石垣に穴を開けて通路とし、そこに城門を設ける形式の二種類があります。防御性は非常に高く、裏口や非常口として造られました。

長屋の一部を城門としたものが長屋門です。近世の城郭では、曲輪の仕切りのほかに、御殿や家臣の屋敷、土蔵などの周りに長屋が建てられており、それらへの入口として使用されました。

POINT

石垣中に造られた埋門や、旗がひっかからないようにした塀重門などもありました。

さまざまな城門

冠木門（かぶきもん）

松代城真田邸の冠木門（写真＝三浦正幸）
屋根を持たない門で、明治以降に役所などの表門として多用されました。

棟門（むなもん）

姫路城水の一門背面（写真＝三浦正幸）
鏡柱と冠木の上だけに屋根がある門です。開いた扉が雨にぬれるのが欠点です。

埋門（うずみもん）

高松城埋門
（写真＝三浦正幸）
石垣の間や石垣に開けた穴に造った小さな門です。一度に大勢が通れないことから、非常口などとして造られました。写真は石垣に開けた穴を門にした例です。

長屋門（ながやもん）

大型の長屋門・彦根城馬屋
（写真＝毛利寿行）
城内には奉公人の住居のほかに物置や馬屋などとして使うために、長屋が多く建てられていました。この長屋の途中を通路として使うために門が造られました。

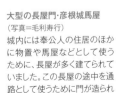

37

門扉の構造

（もんぴのこうぞう）

頑丈な扉

門には頑丈な扉が取り付けられました。正式な扉の構造は、框《かまち》（四方の枠）に縦格子をはめ込み、横に貫を通して固定し、表側に厚い板を張るもので、どの門にも共通しています。格子の太さは三寸（約九㎝）にもなり、現代の住宅の柱くらいの太さになっています。骨組となる格子が縦向きなので、板は横向きに張られるのが基本ですが、松山城のように扉の上部などを張り残して、そこから外の様子を見られるようにしたものもあります。また、強度は落ちますが、縦格子の代わりに横桟《よこさん》を入れた扉も存在します。小型の城門に多い略式の扉です。

特に厳重な場合には、扉の表面に短冊状の鉄板を隙間なく打ちつけます。このような城門を鉄門と呼びます。また、隙間を開けて鉄板を張った筋鉄門、鉄板の代わりに銅板を張った銅門などもあり、いずれも当時の大砲弾の直撃にも耐えたといわれています。

門扉は肘壺《ひじつぼ》と呼ばれる金具を使って門に取り付けます。肘壺は肘金《ひじがね》と壺金《つぼがね》からなり、扉には壺金を横から縦格子に差し込み、八双《はっそう》と呼ばれる金物を取り付け、その上から目釘を打ちこんで固定します。

一方、肘金は鏡柱に後ろから差し込み、横から目釘を打って留め、さらに突き出た先は乳金物《ちちがねもの》と呼ばれる饅頭《まんじゅう》形の金物で隠されます。鏡柱は普通の住宅の柱とは違って、門の正面を長辺とする長方形の形をしていますが、それは肘金を通すためです。そして、肘金の芯棒を壺金の穴に通して、扉を吊ります。肘壺は扉一枚につき二か所か三か

POINT

城への入口を守るため門の扉はとても頑丈にできていました。

門扉の構造

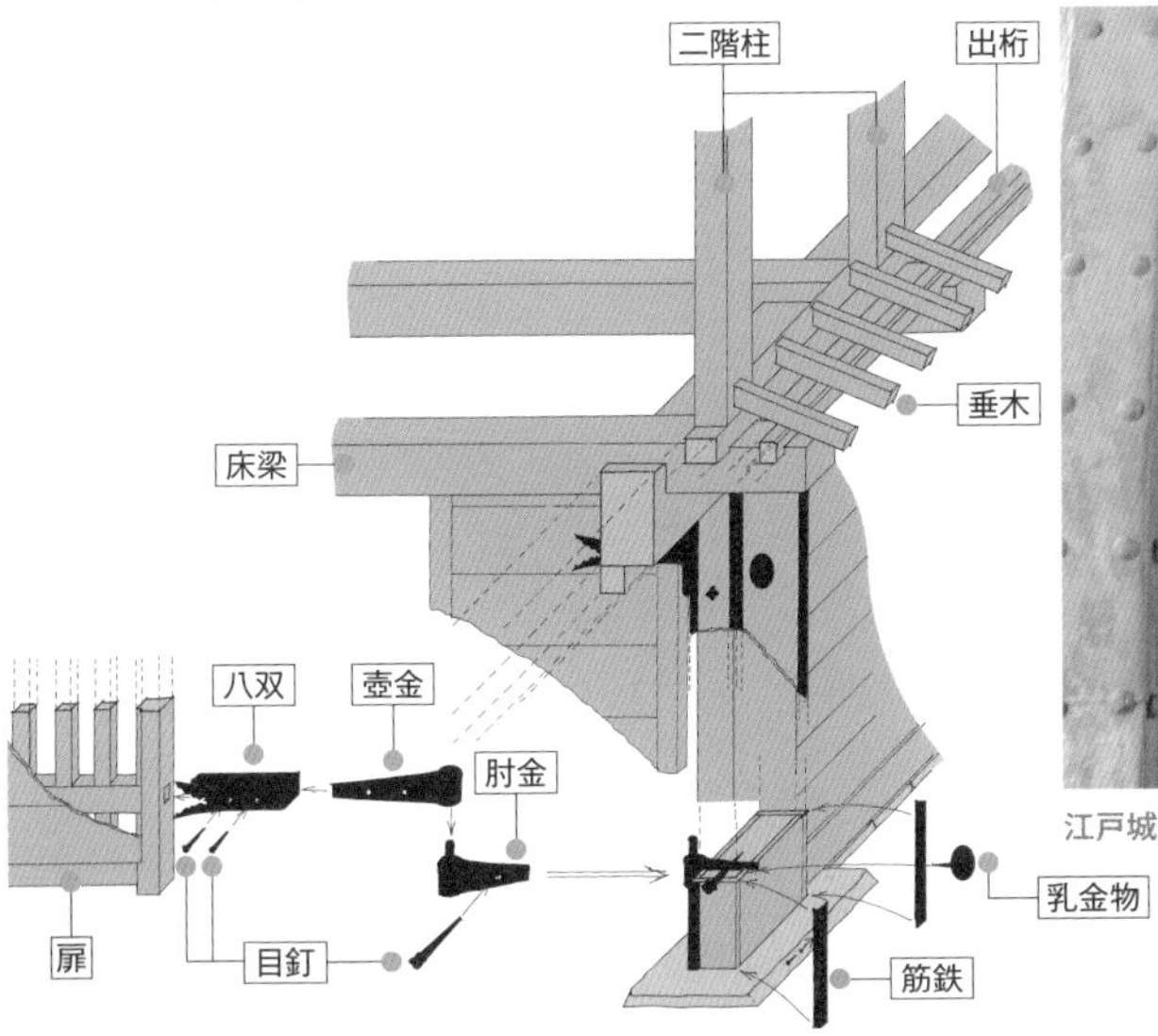

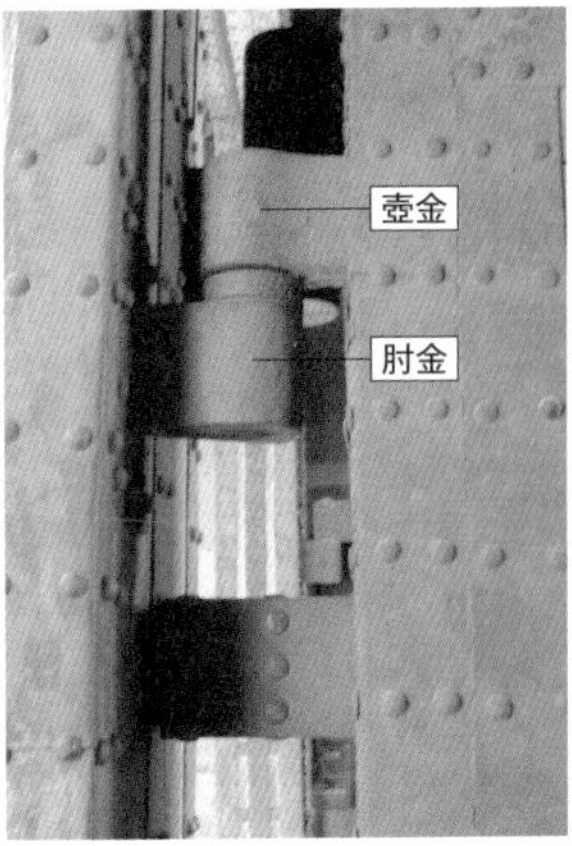

江戸城田安門の肘壺

城門の構造（作図＝三浦正幸）
城門の門扉は、肘壺という金具で鏡柱から吊るします。鏡柱には肘金を背面から打ち込んで正面に貫通させ、横からは目釘を打ってそれぞれの先端を乳金物で隠します。扉には壺金を横から差し込んで八双の上から目釘を打って固定します。

所取り付けられ、この回転によって扉の開け閉めができるのです。

　門の戸締りには閂が使用されます。閂《かんぬき》は閂鎹《かんぬきかすがい》という金物を使って扉の内側で支えられ、閂鎹の先は肘金と同じく乳金物を打って隠します。閂の太さは大きな城門では、現代の住宅の柱の倍くらいの太さがありました。

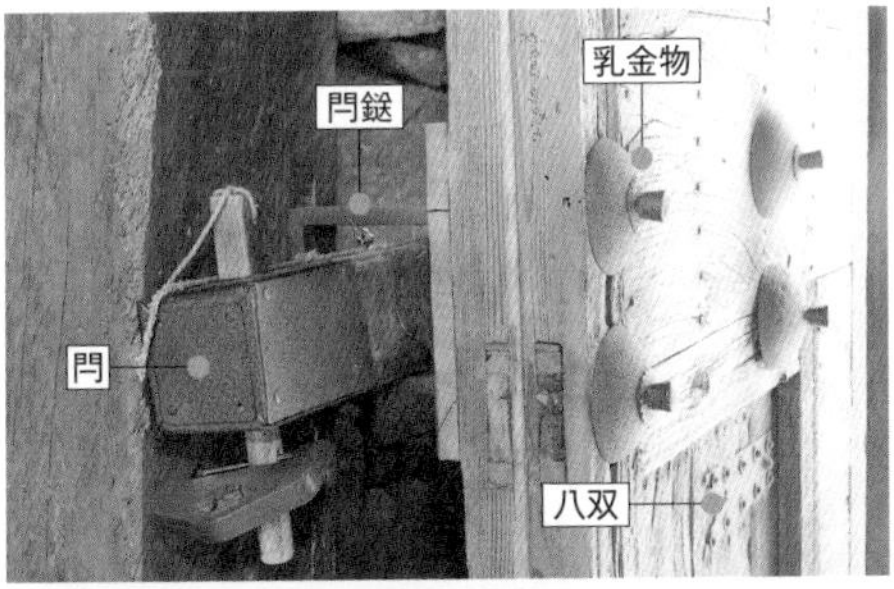

松山城隠門の閂、閂鎹、乳金物
（写真＝三浦正幸）

丸亀城大手門の閂
（写真＝加藤理文）

38

土塀の構造（どべいのこうぞう）

骨組を持つ土塀と持たない土塀

城に用いられる塀は、盾《たて》を何枚も並べたものや柵に板を打ち付けたものから始まりました。そのため最初は板塀でした。

その後、丸太を掘立柱《ほったてばしら》にして、その間に土壁を造っていく後の土塀とほぼ同じ構造の塀が登場してきました。さらに、屋根をかけ、転倒防止のための控柱を設けた厳重な土塀へと変化していったのです。

近世城郭の広がりとともに、土台や柱からなる骨組のある土塀が主流になっていきます。石垣の上に木の土台を置き、五尺（一尺は約三〇cm）間隔くらいで親柱《おやばしら》を立てていきます。主柱どうしの間には竹の小舞《こまい》（細い竹を編んで造った格子）を結んで、二〇cm程度の厚さに土を塗って仕上げます。屋根は主柱の上部に表から裏へ通した腕木《うでぎ》を利用しました。

屋根は最初は板葺や草葺きでしたが、やがて瓦葺が主流になりました。控柱は垂直に立てて、主柱との間に貫と呼ばれる木をさして独立させたものと、主柱に控柱を斜めに傾けて突っ張りにしたものと二種類あります。

このほかに骨組を待たない土塀も存在します。ブロック塀のように、一定の大きさに作っておいた粘土の塊を積み上げ、粘土で接着して造られた土塀です。姫路城の大塀に用いられています。

さらに、表と裏に板の型枠を立て、その間に壁土を少しずつ入れながら棒で突き固め、最後に板をはずすという築地塀《ついじべい》があります。姫路城の築地塀は、油、石灰、糊などを混ぜ、普通の土塀より耐久性を持たせたといわれています。

POINT

木の骨組の上に土を塗ったものと、粘土のブロックを積んだものなどがありました。

土塀の構造

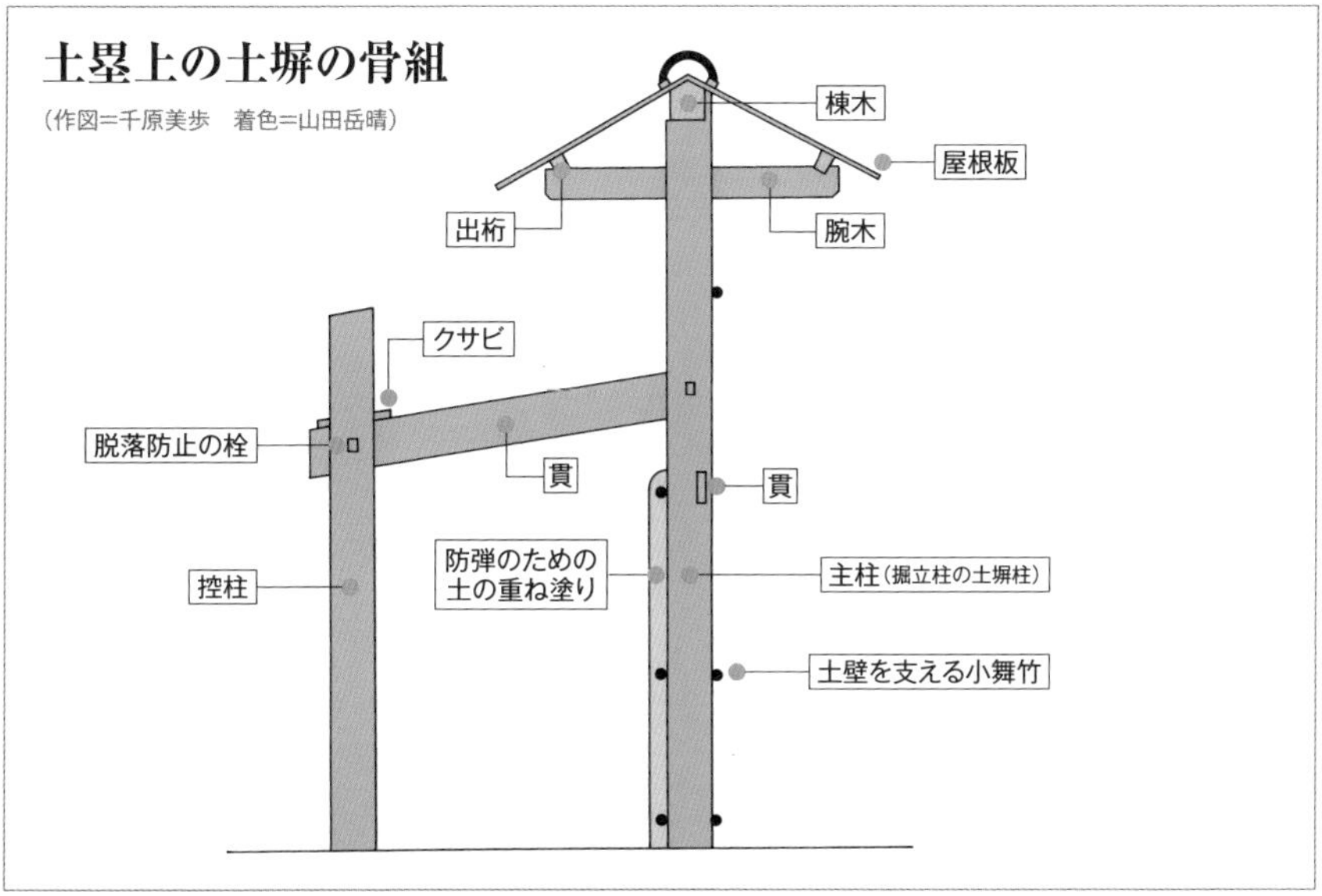

骨組のある土塀
松山城の土塀の裏側
（写真＝三浦正幸）
木造の土台を敷いて親柱（おやばしら）を立て、ところどころに控柱を斜めに立てかけて土塀を支えています。

骨組のない土塀
備中松山城の土塀
（写真＝加藤理文）
石垣の上に、直接粘土のブロックを積み上げた土塀。

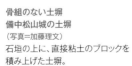

39

土塀の種類（どべいのしゅるい）

塗塀だけではない城の塀

城の一般的な土塀は、壁の内側に木造の土台や柱といった骨組を持つものが多く、柱の間に土を塗った、いわゆる**塗塀**《ぬりべい》です。骨組のない土塀は土砂や瓦礫《がれき》だけで造られていて、土塀の厚さによって建っている塀です。

　骨組のない土塀は、構築方法の違いによって、**築地塀**《ついじべい》と**練塀**《ねりべい》に分けられます。

　築地塀は、奈良時代以来、大寺院の周囲を囲む塀に使用されたほか、奈良・平安時代には、皇居や貴族の邸宅の周囲にも造られました。城に用いられた例はほとんどありません。近世になって城内に造られたもので現存するものは、姫路城の「ほ」の門と水の一門の間の五・二mの部分のほかには、二条城二の丸御殿の築地塀などがあります。築地塀の原料は砂と粘土を混ぜた土砂で、造る予定の位置に木の板で型枠を造り、土砂を数cm入れて棒で固め、さらに数cm入れて固める、という作業を繰り返します。この作業を版築《はんちく》といい、それを繰り返し、最後に型枠を外すと、厚さ一m高さ三mもの土塀ができあがるのです。塀が頑丈になるぶん、時間と労力を必要としたので、城では御殿の塀にしか使われませんでした。

　一方練塀は、古瓦や小石を粘土で接着しながら積み上げ、仕上げに土壁を塗ります。築地塀よりは労力がいらないため、近世には城の土塀のほかに、城下町の侍屋敷の塀などにも多く用いられました。骨組がないので、厚さは約三〇cm以上になりましたが、築地塀よりは薄くできるため一般によく使われました。名古屋城の南蛮練塀《なんばんねりべい》も練塀の一種です。

POINT

城の土塀には、寺院などで使われる築地塀や練塀がありました。

さまざまな土塀

姫路城の練塀
土台や親柱、控柱のない練塀で、壁が厚く防弾性に優れています。

姫路城の築地塀（写真＝加藤理文）
この門の左にある水の一門を城外側から隠すために高い塀を造る必要があり、城には珍しく築地塀が造られました。

金沢城の土塀
（写真＝加藤理文）
土塀の下の部分が瓦を張り付けた海鼠壁（なまこかべ）となっています。

名古屋城の南蛮練塀
（写真＝加藤理文）
名古屋城二の丸北側に残っています。粘土と砂利に石灰を加えて造られた築地塀です。

40

橋（はし）

城内と城外を結ぶ

城の堀を渡る橋には、土橋と木橋があります。土橋とはいっても、厳密には橋というより、堀を渡る狭い通路で、川の堤防の土手道のような構造です。重要な城門の前の橋は、どんなことがあっても落ちては困るため、土橋が多かったのです。防備の点からいっても、狭い土橋上の敵は城内から狙いやすかったため、城内のほとんどの橋は土橋でした。

木橋は木造の橋で、本当に堀にかけてあったため掛《かけ》(懸)橋とも呼ばれます。敵の軍勢が多い場合、橋板をはずして渡れなくするようにできたため、搦手《からめて》(城の裏口)や普段は使わない補助的な橋として使われました。しかし、敵に火をかけられて焼き落とされる危険があるため、特に重要な橋には使用されないことが多かったようです。

石橋は木橋を石で造った橋で、土橋とは異なります。城の中ではごく短い場所にかけられる橋でしたが、平戸城には元禄《げんろく》十五年（一七〇二）にかけられた長いアーチ型の幸橋が残っています。

橋は軍事上重要な防御拠点なので、軍学上の工夫もなされました。土橋では両側に土塀を造って廊下橋《ろうかばし》とするものもあります。廊下橋には、渡っているときには敵から見えにくく、敵が渡るときにはあたりを見渡せないという利点がありました。名古屋城天守と小天守間の橋台《きょうだい》も廊下橋の一種です。木橋では、橋の上に多門櫓のような建物を載せて廊下橋としました。

また、木橋を堀に対して斜めにかけて、城内から横矢を掛けやすくする筋違橋《すじかいばし》は軍学上の傑作ともいわれています。

POINT

城の橋にはおもに土橋と木橋があり、必要に応じて使い分けられていました。

さまざまな橋

筋違橋（すじかいばし）

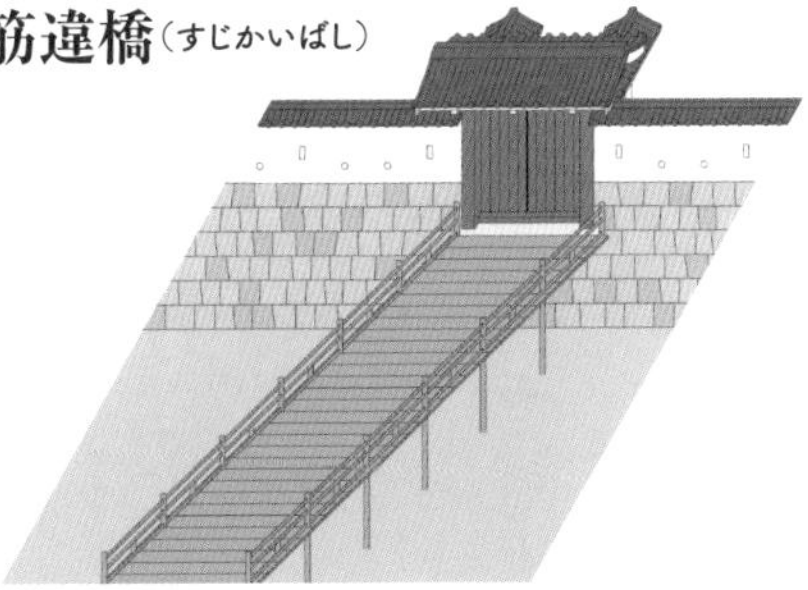

土橋（どばし）

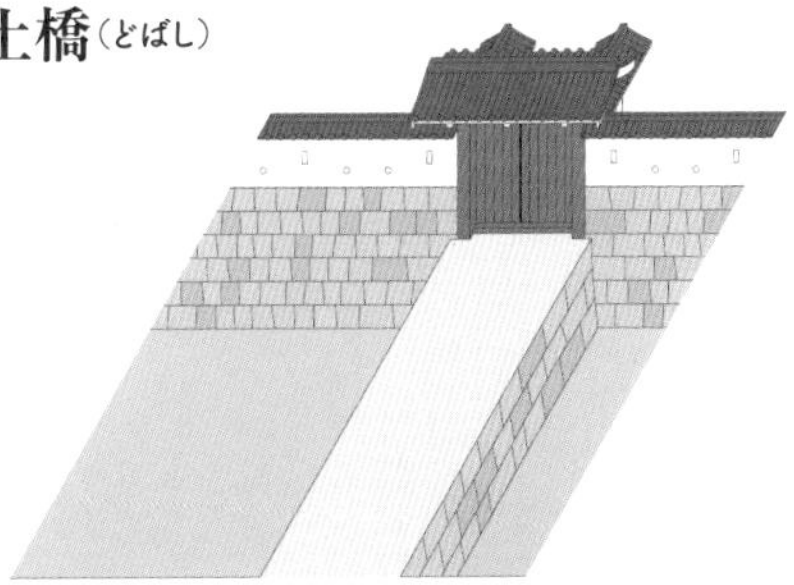

引橋（ひきはし）

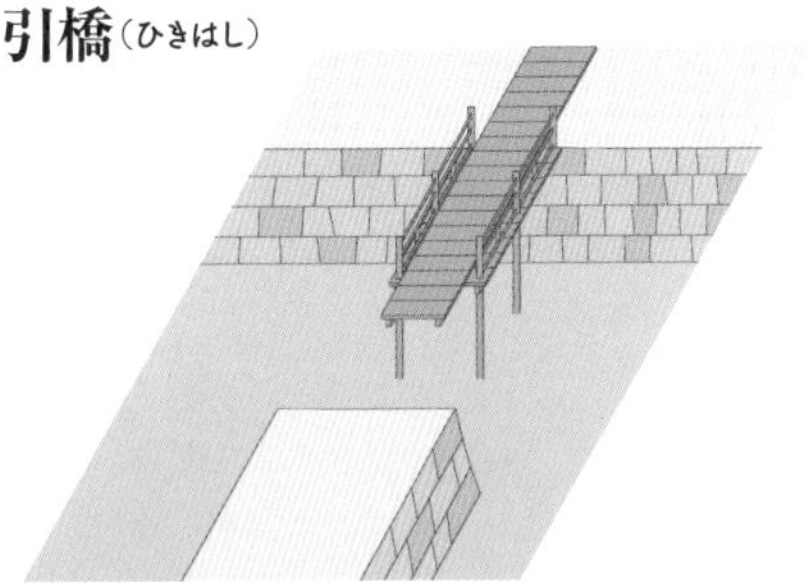

桔橋（はねばし）

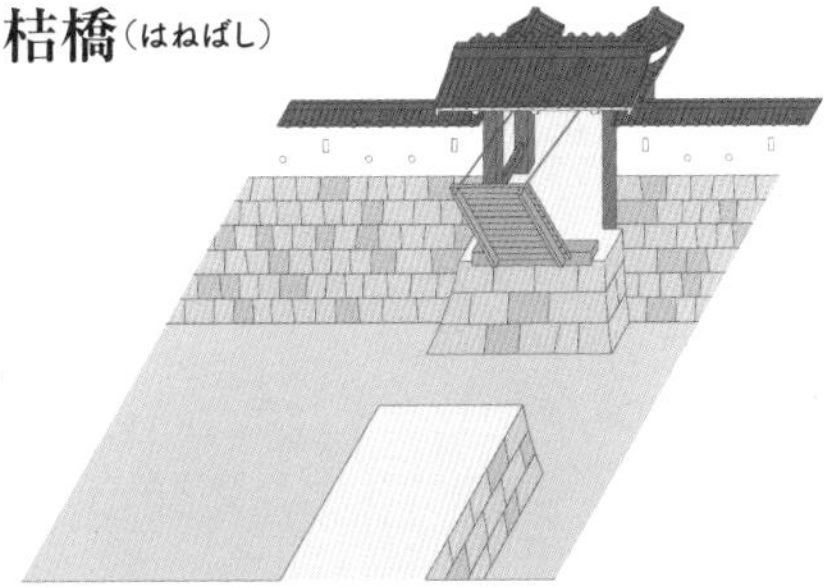

橋の種類（作図＝山田岳晴・佐藤大規）
橋は主に土橋と木橋に分けられます。実際に造られたのは土橋が多く、木橋は軍学という学問上で様々な形態のものが考え出されましたが、実際にはあまり造られませんでした。

江戸城半蔵門の土橋
（写真＝加藤理文）
土塁のある城では、堀を渡る通路は土橋となります。

名古屋城天守の橋台
天守と小天守は長さ約20mの剣塀（つるぎべい）に挟まれた橋台で結ばれています。たとえ敵がここまで至っても、小天守と天守から猛攻撃を受けることになります。

41

御殿の構成（ごてんのこうせい）

城の重要な建物群

近世の城の御殿《ごてん》は城主の住居です。同時に、家臣との対面や政治を行う場所でもあり、城の中でも最も重要な部分でした。御殿が多く建てられたのが、近世城郭と中世城郭との大きな違いともいえます。中世は山城が多かったため、広い御殿を建てるだけの余地はなかったのです。

御殿は大小様々な殿舎《でんしゃ》（御殿の建物）によって構成されていました。殿舎の数は、中小の大名でも十から数十、大大名になると一〇〇棟以上になりました。それぞれの殿舎は廊下などでつながれて一体となっていて、大きなものでは二〇〇〇坪にもなりました。

御殿は本来本丸に建てるのが望ましいとされていますが、慶長期（一五九六〜一六一五）以前の城では、本丸が御殿の機能を満たすには狭かったため、二の丸、三の丸に御殿を置く城が多かったのです。

御殿はその用途から、**表**《おもて》（表向《おもてむき》）と**奥**《おく》（奥向《おくむき》）の二つの部分から成ります。表は城主の政治的な公邸で、**表御殿**《おもてごてん》、**中奥**《なかおく》、役所、台所などからなっていました。奥は城主の休息の場で、表の役人は基本的に出入りが禁止されており、御殿女中が仕切っていました。ちなみに「大奥」と呼ばれていたのは、江戸城と名古屋城の奥だけでした。

「君主は南面する」という中国の思想に基づき御殿を建てる敷地は南向きがよいとされていて、対面の儀式を行う表御殿は南側に置かれました。また採光を考えて表御殿の建物は入口右手前から左奥にかけて、少しずつ中心を斜めにずらしながら建てられています。これを雁《がん》が飛ぶ形に似ていることからこの配置を「雁行《がんこう》形」といいます。

POINT

御殿は藩の政治を行い、城主が生活する場所で、多くの建物で構成されていました。

御殿の建物

二条城二の丸御殿全景(写真=中田眞澄)　将軍の正式な御殿の唯一の現存例です。左手前が遠侍(とおざむらい)と呼ばれる玄関、その奥に来客用の玄関である式台、対面所の大広間、黒書院、中奥の白書院があります。遠侍、式台(しきだい)、大広間、黒書院、白書院が斜めに雁行形に並びます(赤い矢印を起点)。

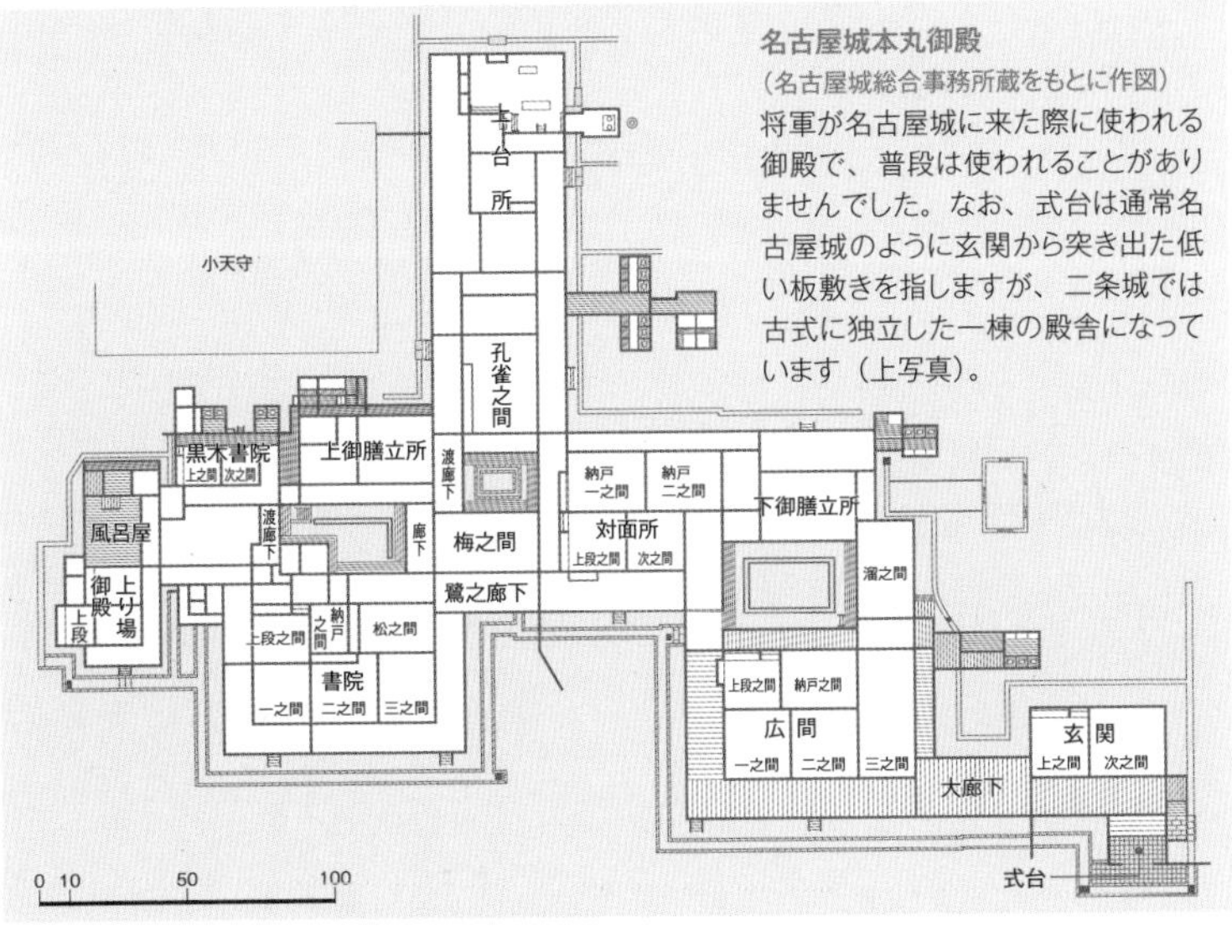

名古屋城本丸御殿
(名古屋城総合事務所蔵をもとに作図)
将軍が名古屋城に来た際に使われる御殿で、普段は使われることがありませんでした。なお、式台は通常名古屋城のように玄関から突き出た低い板敷きを指しますが、二条城では古式に独立した一棟の殿舎になっています(上写真)。

42

御殿 表（ごてん おもて）

対面の儀式の場

表《おもて》御殿《ごてん》は、基本的には玄関、広間、書院の三棟からできています。正式な対面の場所であるため、障壁画や彫刻で飾られ、最も豪華です。

玄関は古い呼び名で遠侍《とおざむらい》といい、正面に式台《しきだい》という低い板敷が突き出ています。正式に登城するときは、式台から広間に入りました。

広間は表御殿の中でも特に贅沢《ぜいたく》な造りで最高級の建築です。一番奥が一段高い上段の間という造りで、城主が着座するので着座の間ともいいます。

上段の間にしつらえられた座敷飾《ざしきかざり》は、俗に床《とこ》の間《ま》と呼ばれる床と、その脇の棚、縁側《えんがわ》に面した出窓の付書院《つけしょいん》、敷居を一段高くして襖《ふすま》を立てた帳台《ちょうだい》構《がまえ》からなり、その豪華さは城主の威厳を高めるためでした。また、多くの御殿で上段の間と、それに続く次の間の境に細かい縦格子を入れた欄間《らんま》がありましたが、欄間は君主と臣下との身分差を表す結界のような役割を持っていました。

広間の奥に位置する書院は、広間を小型にしたような造りで、上段の間も座敷飾も備えられていました。これらの似たような二棟があるのは、家臣の身分の違いに応じて対面の場を変えるためで、格式が高いのは奥にあった書院のほうです。

御殿では、天井も身分差を意図して造られていました。天井板を水平に張った普通の天井と、丸く中央をせり上げた折上天井《おりあげてんじょう》とがあり、後者が格式の高い造りでした。さらに天井板を支える縁《ふち》の通し方にも、縁を平行に並べただけの竿縁《さおぶち》天井、縁の断面を縦長の六角形にした猿頬《さるほお》天井、正方形の格子《こうし》に組んだ格天井《ごうてんじょう》、格天井をさらに細かい格子で区切った小組格天井《こぐみごうてんじょう》の四種があります。

POINT

表御殿は藩主が正式な対面を行うための建物群で、豪華に造られました。

川越城本丸御殿

本丸御殿玄関
(写真=加藤理文)

玄関内部
(写真=加藤理文)
幕末に再建されたため簡素な造りとなっています。正面の大きな唐破風造の玄関は、江戸時代に造られた御殿に共通する特徴です。

二条城二の丸御殿

二条城二の丸御殿大広間(元離宮二条城事務所提供)
次の間(手前)から上段の間(奥)を望む。上段の間は床、棚、付書院、帳台構などの豪華な座敷飾りを備えています。天井も極めて格式の高い二重折上格天井となっています。

43

御殿 中奥・奥（ごてん なかおく・おく）

城主の生活の場

POINT

奥と中奥は城主の私的空間で、生活に必要な居間、寝所や風呂屋などがありました。

中《なか》奥《おく》は城主の日常の生活の場で、基本的には居間と寝間の二棟から成っていました。居間は城主が座る御座間《ござのま》（御座所《ござしょ》）は上段の間となっていて、重臣たちが城主にお伺《うかが》いをたてるための次の間が二、三室あり、警備の侍がいる部屋もありました。居間は書院造の格式の高い建物でしたが、日常生活の場でしたので、表御殿に比べて簡素でした。

寝間には城主の寝所と警備の侍がいる部屋があり、居間と棟続きとなっていましたが、小さな城では居間と寝間とを一棟にまとめてしまうこともありました。また、中奥には城主のための遊興施設もありました。代表的なものに風呂屋《ふろや》（風呂場）、数寄屋（茶室）、能舞台《のうぶたい》などがあります。

中奥の後ろには、奥《おく》が続いていました。中奥も奥も、城主の生活の場で、奥にも居間と寝間がありました。中奥にあるものを表居間、表寝間、奥を奥居間、奥寝間といって区別しました。中奥と奥は、ともに城主の個人的な生活の場ではありましたが、中奥が政務をとる公的な色合いが強かったのに対し、奥は完全に政務から離れた個人の空間でした。そのため、中奥と奥とは厳密に区別されていて、中奥の役人は原則として奥には立ち入り禁止となっており、奥は御殿女中と呼ばれる女官たちが仕切っていました。

奥御殿の最も奥にあるのが長局《ながつぼね》で、大勢の御殿女中たちが暮らす大きな建物です。長局は、六畳から八畳の主室と、次の間、専用の台所と便所がついた住戸をいくつも並べ、一人のお局《つぼね》様と、数人の侍女に対して、一戸があてがわれました。

御殿の奥部分

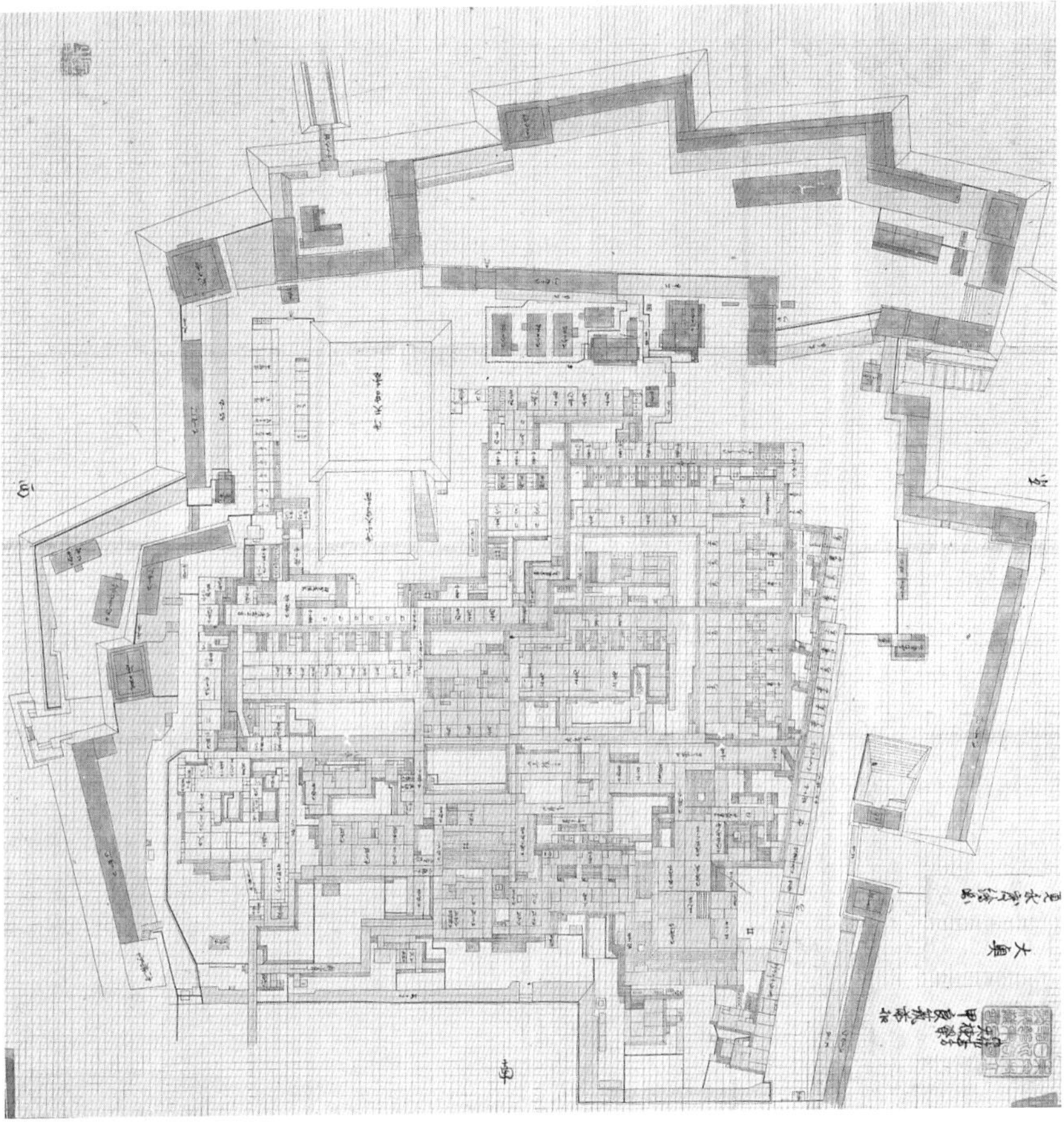

江戸城本丸御殿大奥指図
(「寛永度絵図　大奥」)
(東京都立中央図書館東京誌料文庫室蔵)

江戸城の大奥は、広大な江戸城の本丸御殿の北半分を占めるほど、多くの建物が建てられていました。この指図(図面)の下端には表と大奥を厳重に仕切るための銅塀が描かれています。表と大奥をつなぐのは長い御鈴廊下(おすずろうか)だけでした。

44

馬屋（うまや）

城内の車庫

馬屋は、今風にいうと車庫のようなものです。かつてはどの城にも必ずあった馬屋ですが、現存するのは彦根城の馬屋だけになってしまいました。

馬屋の造りは簡単で、馬を一頭ずつつないでおくための仕切りが一列に並んでいます。馬は後ろに下がれないので、頭から馬屋に入れて、中で向きを変えさせなくてはなりません。ですから、馬屋の仕切りの間は、馬が回転できる程度の広さが必要になりますので、間口は八尺（約二・四m）ほどの広さがよいとされていました。そのために馬屋は結果的に長くなり、長いものでは一〇〇mに及ぶものもありました。

馬屋には特に飾りは必要ありませんでしたが、現存する彦根城の馬屋では、仕切りの貫の先（木《き》鼻《ばな》）は猿の姿をした飾りがついています。馬屋には猿はつきもので、馬をつないでおく木を猿《さる》木《き》と呼ばれていました。

馬屋と猿の関係は、猿が馬の病気を取り除くなど、守り神と考えられていたためで、中世の絵巻物などには、馬屋に本物の猿をつないでいた図もあります。「見ざる聞かざる言わざる」で有名な日《にっ》光《こう》東照宮《とうしょうぐう》の「三猿」も、実は東照宮の神馬のための馬屋に施された彫刻だったのです。

彦根城馬屋の木鼻（写真＝近藤　勲）
貫の先端が猿の姿をかたどったものになっています。

POINT

馬をつないでおくための施設ですが、使いやすいように工夫がこらされていました。

城の馬屋

彦根城馬屋（写真＝加藤理文）
城郭の馬屋として現存する唯一の例です。馬を1頭ずつ1列につなぐため細長い建物で、外観は侍屋敷の周りに造られた長屋と同じになります。

彦根城馬屋内部（写真＝加藤理文）
馬をつなぐための仕切りの柵が並んでいます。柱と柱の間は、馬を入れるためやや広くなっています。

45

番所（ばんしょ）

城内の見張り小屋

城内には多くの番所《ばんしょ》が置かれていましたが、建物としての格は低く、現存するものもわずかです。櫓や門の一部を仕切って番所としたものもありましたが、ほとんどは一戸建ての独立した建物でした。一般的な番所は、畳敷きの二室程度の平屋で、正面に低い縁側《えんがわ》を設け、本体の屋根より一段低い下屋の庇がかけられていました。屋根は瓦葺きでしたが、番所は格の低い建物だったため、略式の桟瓦もよく使われていました。

番所には、様々な種類があります。御殿や主要な城門付近にあって、出入りする者を監視する番所、曲輪の見回りや管理を担当する番所、城内の辻々に置かれた番所などで、大きな城では当然数も多く、名古屋城には四八か所も番所がありました。

特に重要な番所には、役人が常駐していて、現在の交番のような施設といえますが、警備のほかにも城の運営に関係するさまざまな仕事を行っていました。たとえば、主要な門に造られた番所では、毎日朝夕の門の開け閉めが重要な仕事でした。また、城門付近で体調を崩した者などの看護や、門の保守管理、周辺の見回りや、はては土塁や門の屋根の雑草取りまで、さまざまな役割が定められていました。

久保田城御物頭番所（写真＝石田多加幸）
御物頭（おものかしら）の詰所として造られました。御物頭は門の管理や消火、城下の警備を担当していました。

POINT

番所には城内でさまざまな仕事をする人たちが詰めていました。

現存する番所

掛川城大手門番所（写真＝加藤理文）
一般的な番所の例です。大手門の出入りなどに関連した仕事をしていた番所です。

弘前城与力番所（写真＝加藤理文）
弘前は冬は寒いため瓦が割れてしまうので柿葺です。下屋の庇がないのも特徴です。

江戸城同心番所
（写真＝三浦正幸）
入母屋造の屋根に一段低い下屋の庇を架けた番所独特の外観です。内部は8畳ほどの畳敷の部屋が2～3室並んでいるのが一般的です。

江戸城百人番所
（写真＝加藤理文）
鉄砲百人組と呼ばれた甲賀（こうか）組・伊賀（いが）組・根来（ねごろ）組・二十五騎組が交代で詰めていました。

江戸城二の丸番所のうち、大番所（再建）
（写真＝三浦正幸）
江戸城の二の丸にあった同心番所・百人番所（上写真）よりも身分の高い与力や同心たちが詰めていました。

46

蔵（くら）

兵糧や武器を保管した建物

城内には多くの蔵があり、膨大な物資が蓄えられていました。その大部分を占めていたのは兵糧《ひょうろう》や武器で、いつ籠城戦になるかもしれないので保管していました。櫓も一種の蔵でしたが、それ以外にも、たくさんの蔵がありました。

城内の蔵は一般的に土蔵で、多門櫓と構造はほぼ同じです。多門櫓は石垣や土塁の上に建ち、石落や狭間などの攻撃装置を持つというだけの違いでした。

城の土蔵は平地に建ち、農家などの土蔵よりは大きくて立派なものでした。広さは奥行きが二間（一間は約二m）から三間、間口は三間から数十間と大小様々あり、間口の長いものは内部で五間くらいごとに仕切ってありました。土蔵には、石を並べた布基礎《ぬのぎそ》（一直線に続く基礎）が設けられ、その上に木の土台を敷き、半間ごとに柱を立てました。屋根は切妻造が圧倒的に多かったようです。

蔵の多くを占めたのが米蔵でした。大勢の兵が数か月間食べられるだけの量を蓄えるために、長く、高い建物が何棟も建てられていました。兵糧米は毎年半分が入れ替えられていました。

武器や武具を収める蔵のなかでは、足軽たちが扱う鉄砲を入れた鉄砲蔵が大きい建物でした。ときどき鉄砲を取り出して磨く必要があったので、磨部屋《みがきべや》がついているものもありました。また、足軽《あしがる》に貸す具足《ぐそく》（鎧）を保管する蔵もありましたが、ほとんどの場合は隅櫓や多門櫓に納められていました。鉄砲や大砲に使う火薬を納めたのが煙硝蔵で、土蔵ではなく、燃えにくい石蔵や穴蔵でした。大坂城の焔硝蔵が現存しています。

POINT

万が一のときに備えて城の蔵には、食料や武器などが保管されていました。

現存する蔵

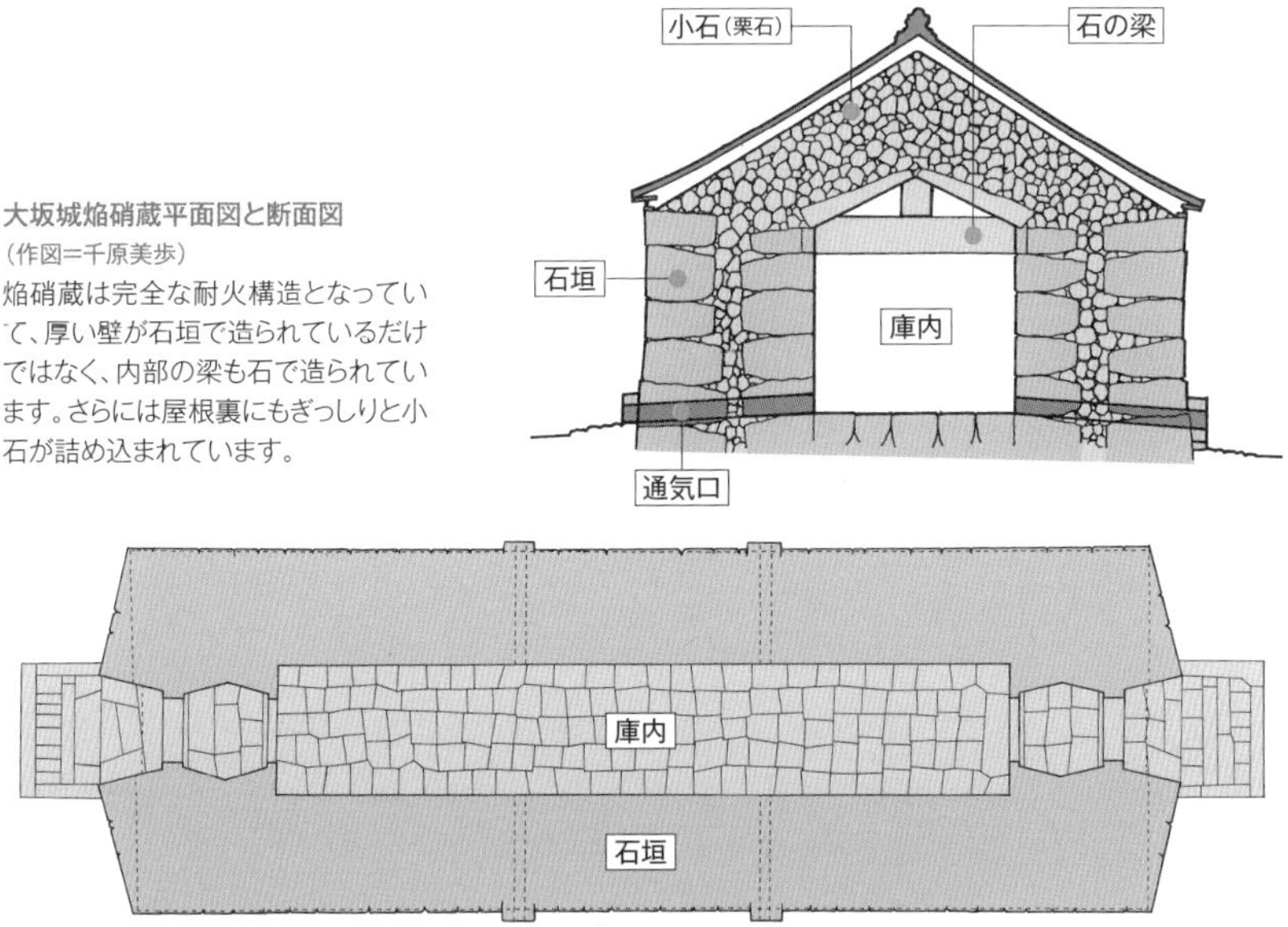

大坂城焔硝蔵平面図と断面図
（作図＝千原美歩）
焔硝蔵は完全な耐火構造となっていて、厚い壁が石垣で造られているだけではなく、内部の梁も石で造られています。さらには屋根裏にもぎっしりと小石が詰め込まれています。

二条城二の丸米蔵
（写真＝加藤理文）
二条城には米蔵が二つ残っていて、これは小型のほうのものです。屋根は入母屋造で、格式が高いものになっています。

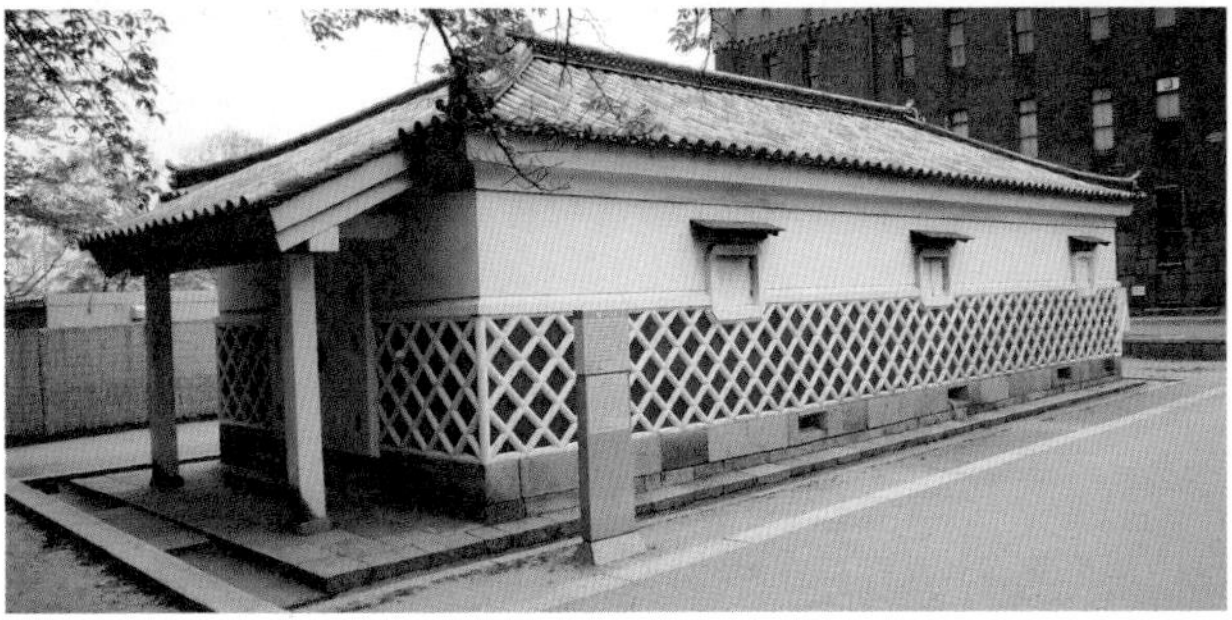

大坂城金蔵
（写真＝加藤理文）
金蔵はお金を入れておいた蔵です。土壁に瓦を張った海鼠壁で、内部の床は石が敷いてあり、盗賊が侵入しにくくなっています。

より楽しくより深く知るための
ちょっと豆知識

明治時代から戦争がはじまるまでに再建された天守

明治時代には、維持管理が難しいなどの現実もあり、廃城令が出たのち、多くの天守が取り壊されて行きました。

しかし、それから間もなくして天守が再建されるようになりました。

明治以降の再建天守第一号は明治四十三年（一九一〇）に建てられた岐阜城天守です。しかし、岐阜城天守はどんな姿をしていたか詳しい資料は残らないため、想像をまじえた姿で建てられました。

昭和三年（一九二八）には洲本《すもと》城天守が、昭和天皇御大典（即位式）記念として建てられました。明治に建てられた岐阜城天守は、昭和十八年に焼失してしまったので、洲本城天守は模擬天守としては最古となります。

昭和六年には、大阪城天守と羽衣石《うえし》城天守が再建され、昭和八年には郡上八幡《ぐじょうはちまん》城天守が、大垣城をモデルに建てられました。

昭和十年には地元出身の衆議院議員川崎克が私財を投じて、伊賀上野城天守を建てました。先に造られた大阪城天守が最新技術を使ったコンクリート造なのに対し、郡上八幡城天守や伊賀上野城の天守は、城が造られていた時代と同じ木造でした。

これ以降天守が造られることは、昭和二十四年（一九四九）までありませんでした。きっと戦争で城どころではなくなってしまったのでしょう。

洲本城天守（写真＝加藤理文）
明治以降再建されたなかで最古の模擬天守です。かつては彦根城と同じくらいの一階平面を持った天守が建っていたと考えられています。

第3章

縄張

47 縄張とは（なわばりとは）

城の平面プラン

城の平面設計のことを縄張《なわばり》といいます。一定の長さごとに印をつけた縄を使って長さを測っていたことから、こう呼ばれるようになったといわれています。中世の城は山を利用した山城がほとんどでした。山の中なので平らな部分が少なく非常に狭いもので、一般的には頂上部分を削って本丸、その下の尾根に二の丸、三の丸と造っていきました。

中世の城の特徴は、山城部分に城主の居館（近世の城の御殿にあたる）がないことと、城の周囲に城下町がないことでした。

近世に入って城が平地に造られるようになると、平らな部分が多くなり、縄張も広くなっていきました。城主の居館である御殿や櫓や城門、水をたたえた堀も造られ、また城の敷地の周囲に城下町を構えるようになりました。

江戸時代になると、縄張を研究する「軍学《ぐんがく》」という学問が盛んになりました。儒学などの学問と同様に大名の教養とされ、荻生徂徠《おぎゅうそらい》や山鹿素行《やまがそこう》といった当時の有名な儒学者たちによって大名たちに教授されました。

こうした軍学によって考え出された城の縄張は、武家諸法度（元和元年、一六一五）によって新しい城を造ることが禁止されていたため、実際に造られることはほとんどありませんでした。

幕末に松前城や五稜郭といった、軍学者が縄張をした城が造られましたが、どちらも戊辰戦争で実戦が行われたものの、落城してしまいました。軍学は、あまり実戦的な学問ではなかったようです。

POINT

一つの城全体の平面設計のことを縄張といいます。

縄張の例

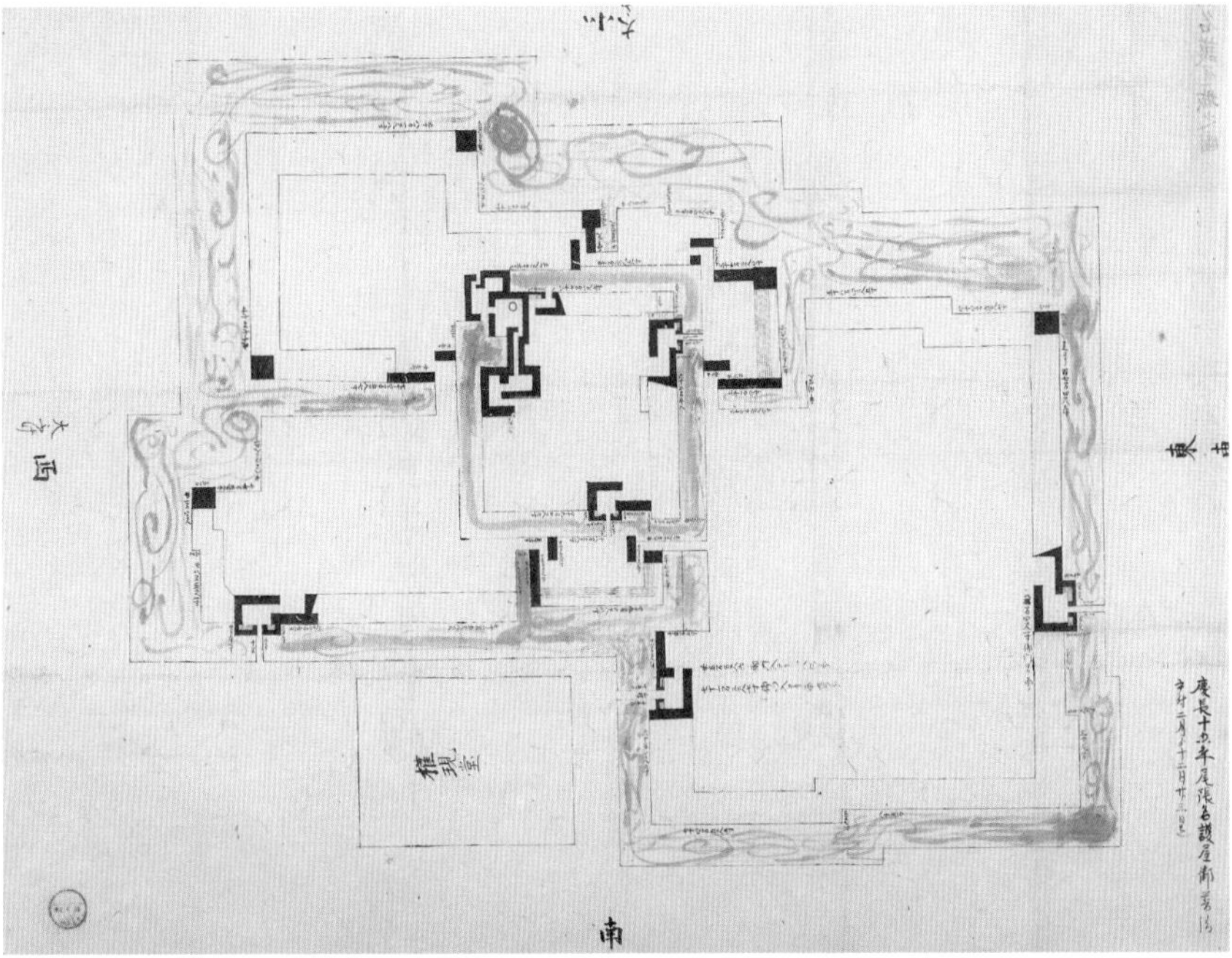

「尾州名古屋城之図」
（金沢市立玉川図書館蔵）
城の縄張図は、軍学の教材とされました。

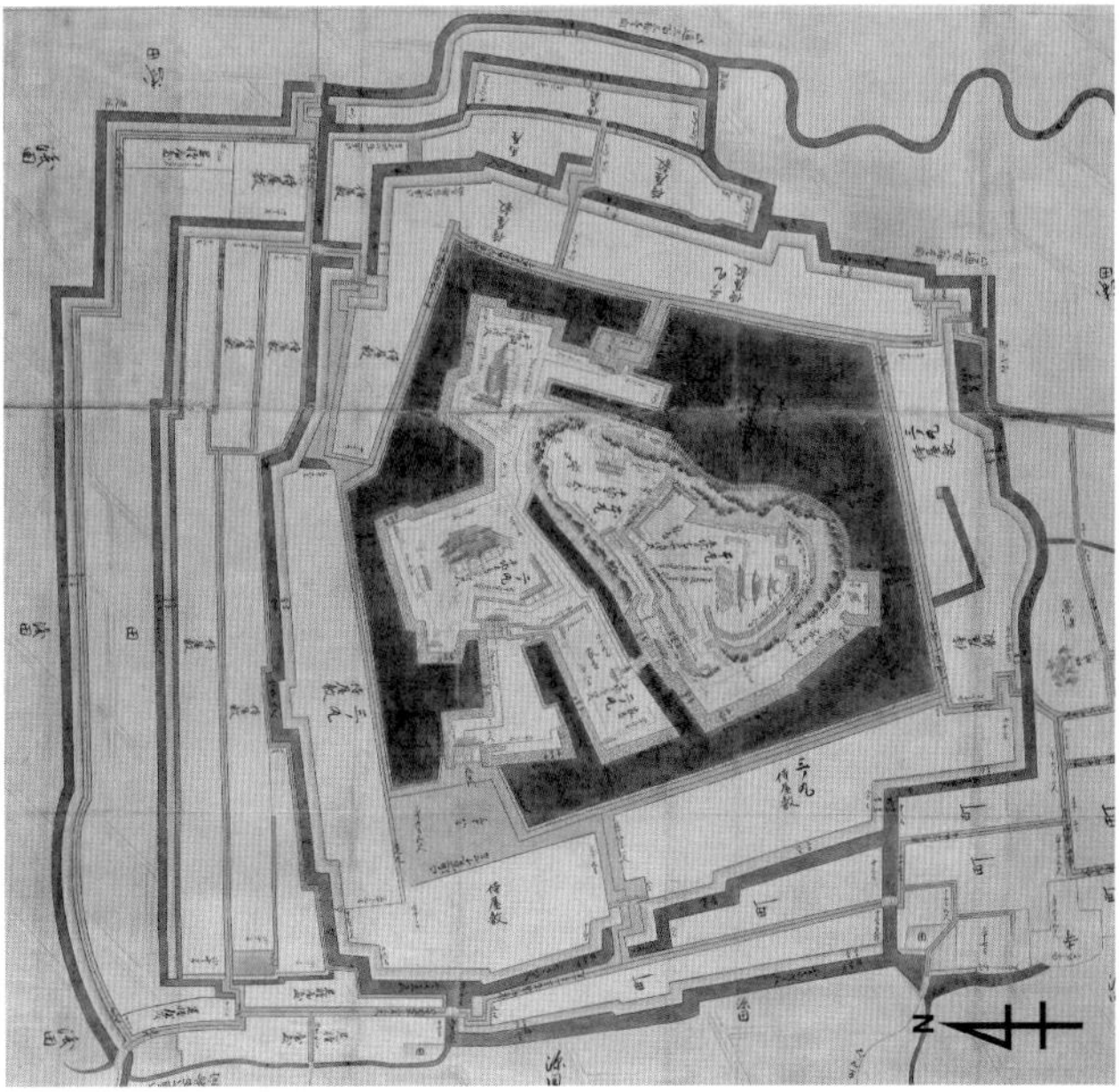

「越前国丸岡城之絵図」
（国立公文書館内閣文庫蔵）
丸岡城とその城下町の様子を描いた典型的な縄張絵図です。天守、石垣、城門などを立体的に表し、堀を青、道を黄色で示し、主な登城ルートを赤で引いています。

48 曲輪と縄張（くるわとなわばり）

縄張の形式

縄張の本丸・二の丸などの区画を曲輪（郭）と書き、「くるわ」と読みます。軍学書では、守りやすいように曲輪は丸く造るのがよいとされ、円形なので曲輪と名付けられたようです。

中世の山城では曲輪はとても狭く、一つの区画が一〇坪や二〇坪といったものがほとんどで、一〇〇坪を超えるものはまれでした。そのかわり数が多く、一〇を超えることはざらで、一〇〇以上もある城もありました。名称についても、近世の城郭の本丸にあたる部分を城によっては「詰丸《つめのまる》」「甲丸《つめのまる》」「本城《ほんじょう》」「実城《みじょう》」などと呼んでいたようです。中世城郭では当時の呼び方が不明なので、「本郭《ほんかく》」「主郭《しゅかく》」と仮に呼んでいます。

近世城郭は平城が主になり、曲輪の形も基本的には四角形で、しかも複雑に折り曲げられていて、丸くなっていません。一つずつの曲輪は巨大で二〇〇〇坪を超えることもあり、数は数郭と非常に少なくなります。

主に近世の城郭では、縄張は曲輪の並べ方によって三つの基本となる形式に分けられます。

輪郭式《りんかくしき》

本丸の四方を輪のように二の丸や三の丸で完全に取り巻いた形式で、四方に対して均等な防備能力をもつ理想の形式とされます。けれども、城の規模が大きくなるわりには、梯郭式や連郭式にくらべて二の丸や三の丸は狭くなってしまいます。

平城に多く、典型的な例は、山形城、米沢城、高田城（新潟県）、田中城（静岡県）、駿府城、二条城、篠山城（兵庫県）などです。

POINT

城の縄張は立地条件などによって、曲輪を巧みに組み合わせてできていました。

縄張の形式

輪郭式（りんかくしき）

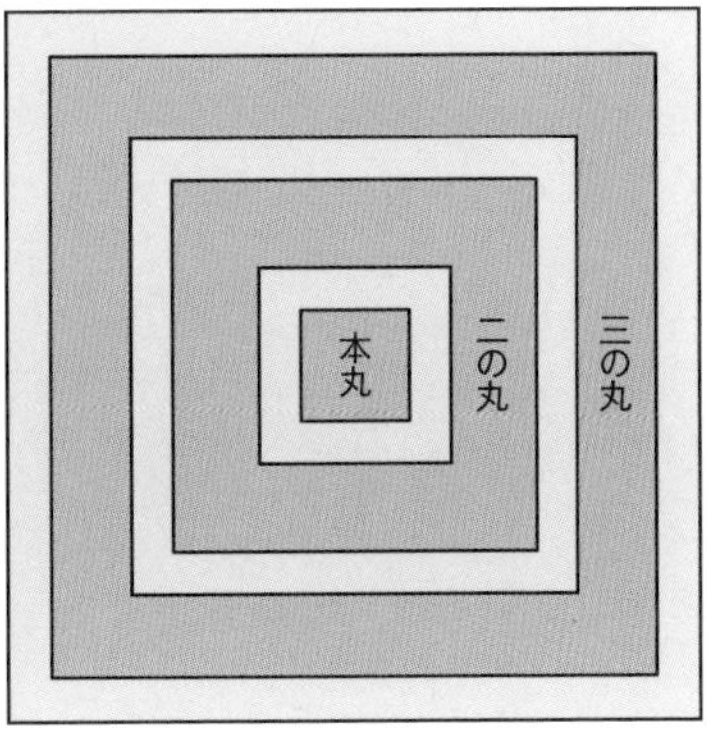

空から見た米沢城
（日本地図センター提供）

梯郭式（ていかくしき）

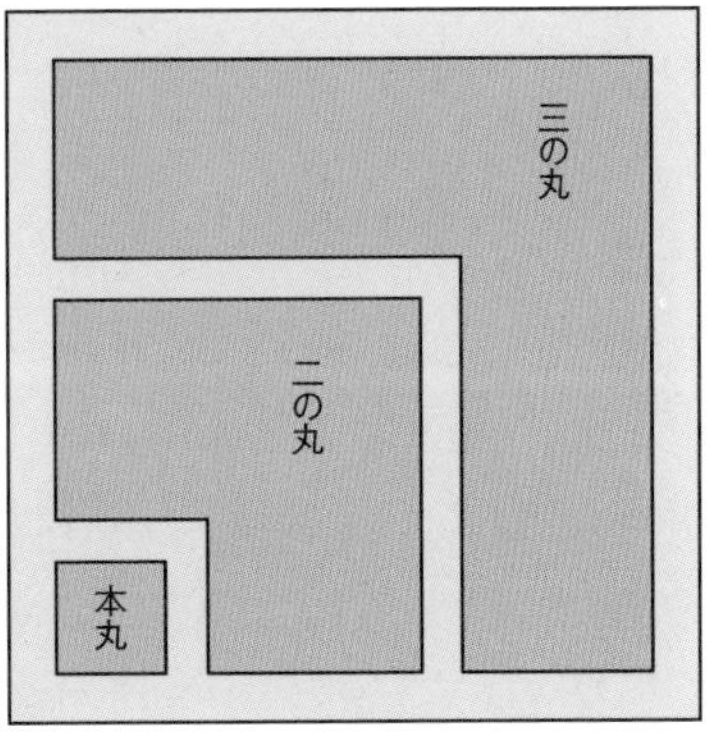

空から見た岡山城
（日本地図センター提供）

この中で、田中城は破壊が著しいのですが、郭がほぼ円形をしていて、縄張も同心円状だったため、円郭式《えんかくしき》と呼ばれることもあります。

梯郭式《ていかくしき》

本丸の二方や三方を囲む曲輪の配置形式で、本丸が中心ではなく偏った位置になります。この形式では本丸が外と直接接する部分に河川や断崖など、天然の要害を配置することが多くなっています。こうした自然地形を利用することで、輪郭式の一部を省略した形ともいえます。近世の平城や平山城に多く、弘前城、小田原城、岡山城、萩城などの実例があり、それぞれ背後に川や山があります。

連郭式《れんかくしき》

本丸と二の丸、三の丸を一直線に、串団子のように並べた形式です。本丸の三方が外と直接に接するために、守りはやや手薄になるといえます。山の尾根に曲輪を築く山城や平山城に多く、また年代の新しい城郭にも多く採用されています。盛岡城、水戸城、大垣城、彦根城、高知城、島原城などが現存しています。

しかし、これらの分類は縄張を類型化したもので、実際の縄張はもっと複雑です。自然地形や築こうとする城の規模など様々な条件によって、輪郭式、梯郭式、連郭式を組み合わせたり、変形させたりして城の縄張はできていることが多いのです。

稜堡式《りょうほしき》

幕末になって現れた縄張の形式に稜堡式があります。これは西洋の築城技術書をもとにして造られた洋式の城郭で、城壁を剣の先のように尖らせたものを城の外側に向けて配置しています。五稜郭がもっとも有名ですが、龍岡城や四稜郭があります。しかし、これらの城は曲輪が一つしかない単郭なので、曲輪配置から見た縄張の分類の輪郭式・梯郭式・連郭式と同列に扱うのは正しくありません。

縄張の形式

空から見た水戸城
（日本地図センター提供）

単郭式（たんかくしき）

龍岡陣屋の曲輪（佐久市教育委員会提供）
曲輪がほぼ1つのものを単郭式といい、龍岡陣屋は1つしかなかった星形の曲輪の形がよく残っています。

連郭式（れんかくしき）

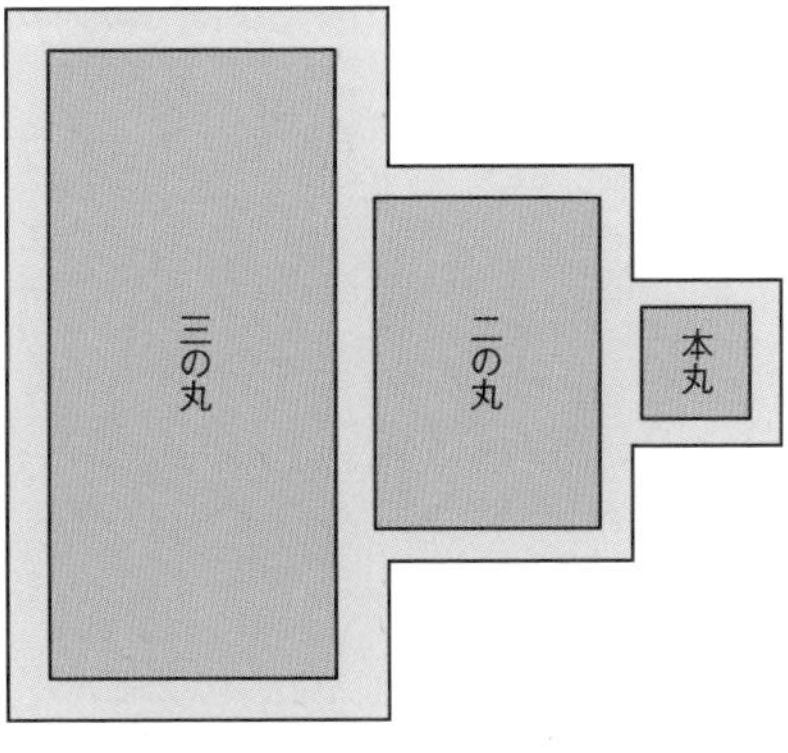

49

曲輪の名称

（くるわのめいしょう）

城の区画の名称

曲輪には役割や方位によってさまざまな名称がつけられています。

詰丸・甲丸…主に中世の山城での本丸の名称のひとつ。近世城郭では、本丸が山麓にある場合、山上の曲輪をいいます。

本丸…天守や御殿が建つ城の中心となる曲輪のことです。

天守丸《てんしゅまる》・天守曲輪《てんしゅぐるわ》…天守が建つ曲輪が比較的小さい場合に、本丸と呼ばないで天守丸、天守曲輪と呼ぶことがあります。

二の丸…本丸に次ぐ中心的な曲輪で、二丸、二ノ丸とも記します。二の曲輪と称することもあります。

三の丸…本丸、二の丸に次ぐ曲輪です。

方位名のついた曲輪…本丸から見た東西南北などの方角が使われますが、西の丸は将軍の隠居所や世継の住居となる場合が多く見られます。そのほか、東の丸、北の丸、南の丸もありますが南の丸はあまり見られません。

出丸《でまる》・出の丸…城郭の縄張の本体から突き出した曲輪、もしくは離れて置かれた曲輪です。

帯曲輪《おびぐるわ》・腰曲輪《こしぐるわ》…本丸などの主要部分の周囲にある細長い曲輪の一般名称です。山城や平山城に多く見られます。

水手曲輪《みずのてぐるわ》…井戸などの水源を含む曲輪の一般名称です。

その他の名称

曲輪内の施設の名称によるもので、太鼓や鐘の置かれた太鼓丸や鐘丸、馬屋がある馬屋曲輪などがあります。

POINT

曲輪には使われ方や場所によって、さまざまな名前がつけられました。

曲輪の名称

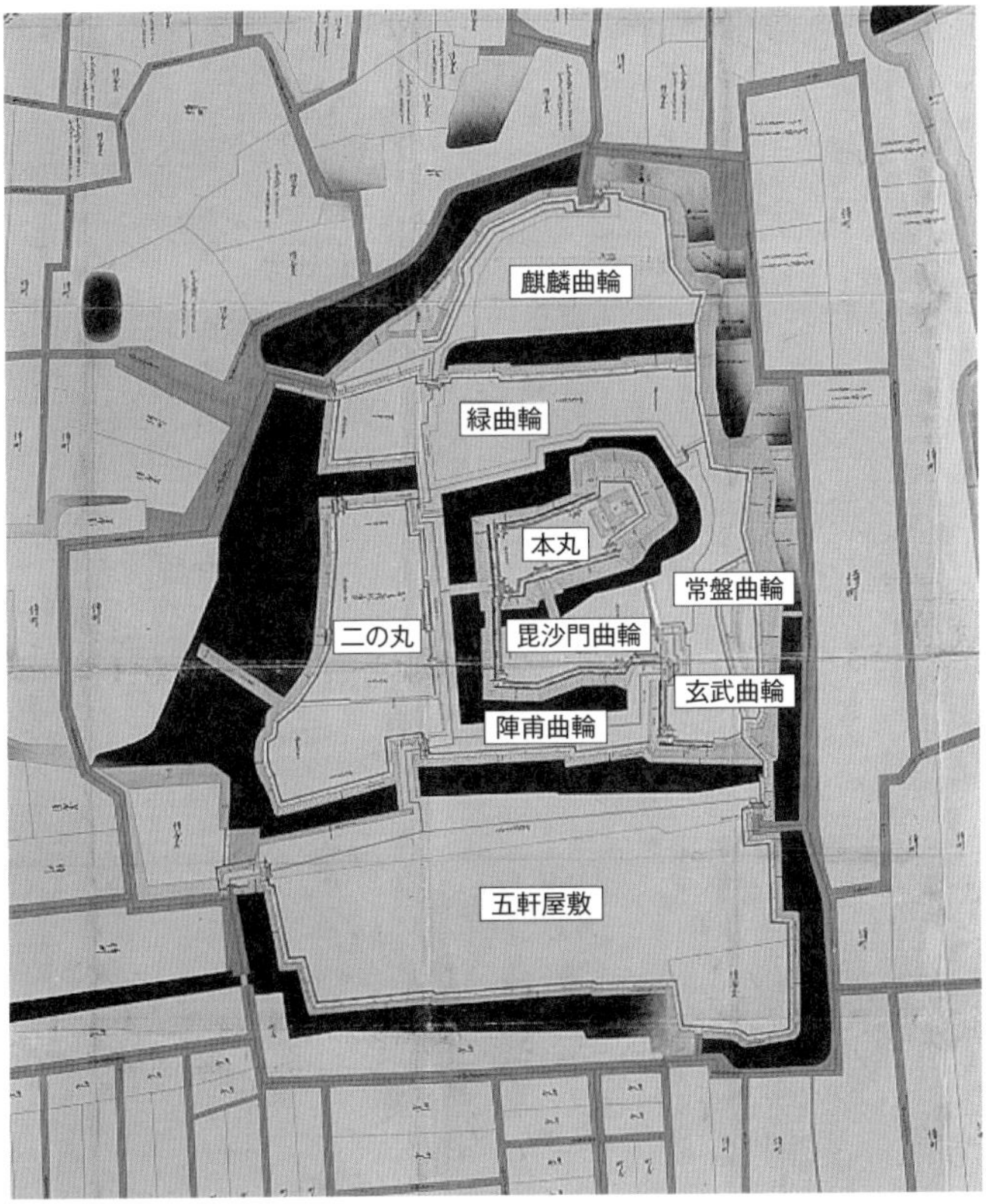

「和州郡山城絵図」
（国立公文書館内閣文庫蔵）
大和郡山城には数多くの曲輪があり、さまざまな名称がつけられていました。

天守曲輪（てんしゅぐるわ）

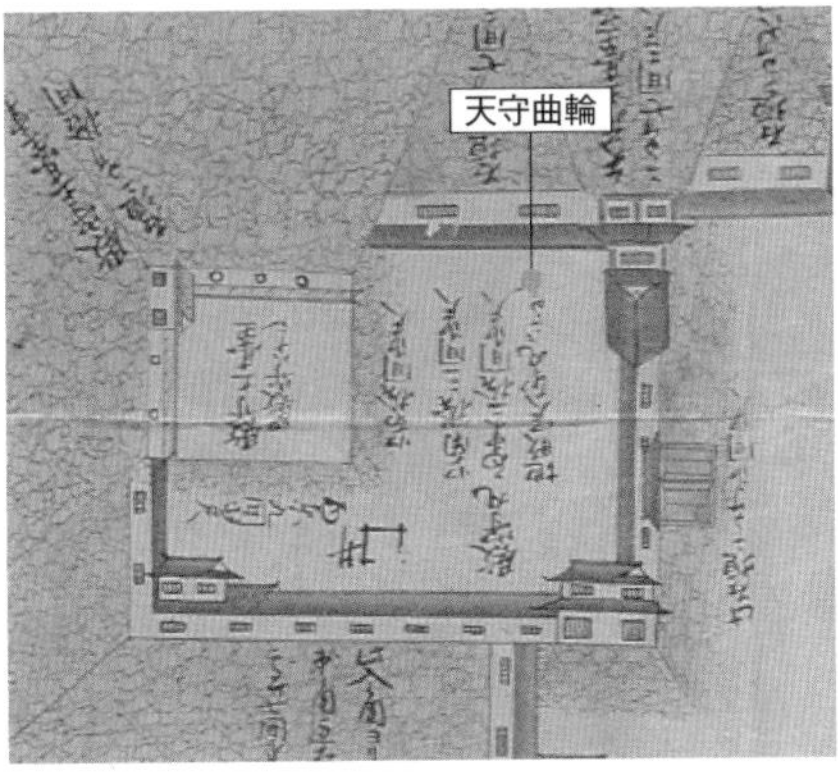

「丹波国篠山城絵図」（国立公文書館内閣文庫蔵）
図中に殿守丸と書いてあるところが天守曲輪です。

出丸（でまる）

「津和野城絵図」（国立公文書館内閣文庫蔵）
絵図の右側の山の上の織部丸（おりべまる）が出丸です。

50

空堀（からぼり）

山城を守るために生まれた水のない堀

中世の城において城域に敵を入れないようにするためには、土塁《どるい》を高くするか、深い堀を掘る必要がありました。

中世の城はほとんどが山城で、山の上では水を溜めておくことができないため、堀は水のない空堀《からぼり》でした。

中世の空堀は、山の尾根《おね》を切って敵の侵入を防ぐ堀切《ほりきり》や、山の斜面を縦に切って、横からの侵入を防ぐ竪堀《たてぼり》が主なもので、幅はせいぜい五間（約一〇m）でした。竪堀を連続して掘ったものを畝状竪堀《うねじょうたてぼり》といいます。

このような堀を掘るには両側から四五度の角度で切り込んでいき、深さが幅の半分になったところで両側の斜面がぶつかって堀ができあがります。堀底は狭く歩くことさえできなくなります。

こうした堀は漢方薬を粉末にする薬研《やげん》という道具の底に似ていることから薬研堀《やげんぼり》といいます。

ところが、近世に入って鉄砲が普及してくると堀は大きく変わります。鉄砲は射程距離が長く、五間程度の堀では弾速が衰えず、城内に着弾する被害が大きくなります。鉄砲の攻撃を防ぐために広い幅の堀が必要になりました。薬研堀のような狭い堀底ではなく、平らで広い堀底ができるようになりました。こうした堀を箱堀《はこぼり》といいます。

しかし、こうした幅の広い堀は山城では掘ることができないため、平野に築かれた平城や平山城の堀に多用されました。

近世の平野に築かれた城の堀幅は広く、水堀が多くなりますが、名古屋城内堀や大坂城内堀の一部には巨大な空堀が現存しています。

POINT

山城では堀切や竪堀、近世城郭では箱堀の空堀などが造られました。

空堀

高遠城の竪堀（写真＝加藤理文）
三峰川に接する南側に、4条（4本）の竪堀を造ることで防備を高めていました。

大坂城の空堀（写真＝加藤理文）
大坂城は広大な二重の堀で囲まれていて、その大部分が水堀ですが、一部が空堀となっています。地形上の制約で、水が湧き出るほど深く掘ったようです。

復元された高根城（写真＝加藤理文）
山の尾根に設けられた本曲輪、二の曲輪、三の曲輪を堀切や切岸（斜面を削り込んで急な崖としたもの）によって防御していた。

51

水堀（みずぼり）

平城に多く見られる堀

近世になって平城が多く造られるようになると、堀も水堀が中心になっていきます。なお、かつては水堀《みずぼり》を「濠」、空堀を「壕」と書いて区別することもありました。読み方は両方とも「ほり」です。

山では水を溜めることができませんが、平地ならば海や川から水を引いてくることもできましたし、堀を掘れば自然に水が湧いてくることもありました。

近世の城では、堀を何重にも巡らすことが多く、二重の場合には内側から内堀、外堀、三重の場合には内側から内堀、中堀、外堀と呼ばれることが多いようです。総堀は一般には外堀を指しますが、城によっては、外堀のさらに外側に造られた城下町を囲う堀を指すこともあります。この堀のことを「総構《そうがまえ》」と呼ぶこともあります。

こうした城下町に巡らされた堀も、近・現代の都市開発によって、中堀と外堀を失い、内堀のみを残す城が大半を占めています。

水堀は堀の幅が広ければ広いほど防備能力が上がります。

重い鎧兜に身を包み、刀や槍で武装した武者は簡単には堀を泳いで渡ることはできません。重さのために沈んでしまうこともあれば、動きが鈍くなっているため城内からの鉄砲や矢の攻撃でやられてしまうこともありました。

水堀の中には菱という丈夫な蔓を伸ばす植物を植えるのがよいとされました。この蔓が堀を泳ごうとする敵兵にからみついて動きを封じてしまうからです。

POINT

近世の城は幅の広い水堀が何重にも巡らされていました。

水堀の例

広島城の水堀

（写真＝加藤理文）

太田川の三角州に築かれた広島城は、工事中水に悩まされました。完成した城はこの水をとりこみ二重·三重の堀で囲まれた姿となりました。内堀幅は最大で100mもありました。

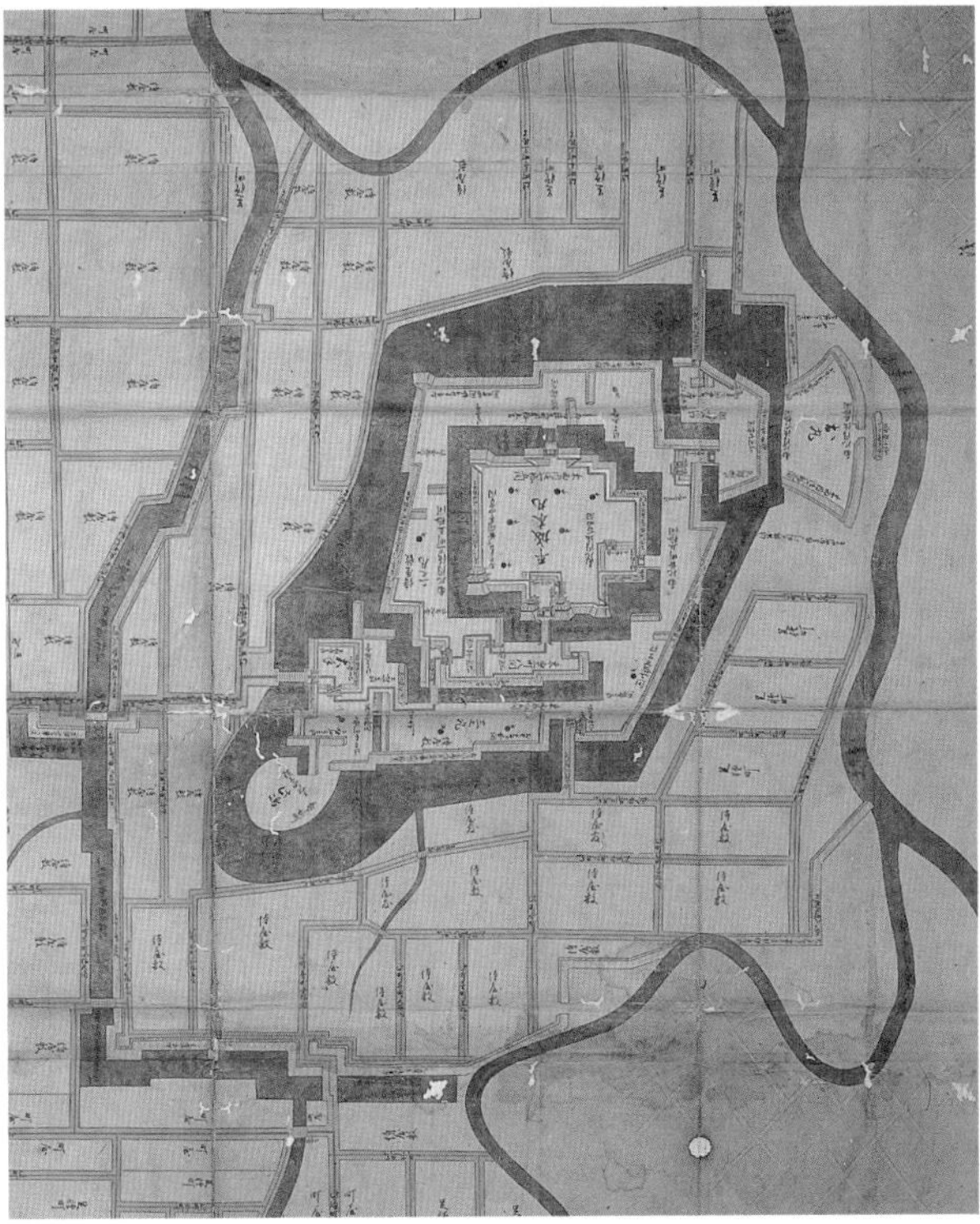

「高田城下絵図」

（上越市立高田図書館蔵）

高田城は石垣のない土塁造の城でしたが、二重、三重の水堀で囲まれていました。外堀の幅は最大200mもあったといいます。

52

堀底（ほりぞこ）

敵の侵入を防ぐため工夫された堀底

堀底の形には、薬研堀《やげんぼり》、片薬研堀《かたやげんぼり》、毛抜堀《けぬきぼり》、箱堀《はこぼり》などがあります。箱堀など堀底が平らな堀で、しかも空堀となると、堀内に侵入した敵は自由に動くことができ、なかなか狙い撃つことができません。水を溜めていても侵入は可能です。

そこで考案されたのが、後北条氏がよく用いた堀障子《ほりしょうじ》もしくは土手や畝《うね》と呼ばれる堀の仕切りです。これは田畑の畦《あぜ》のように幅の狭い土手を造り、堀の底を数間ごとに細かく仕切ったものです。そうすると、堀を越えようとする敵が仕切りの一つに落ちたとき、その中でしか移動できず、容易に狙い撃ちすることができました。しかも堀障子の上は非常に幅が狭く平均台の上を歩いているようなものなので、これも容易に狙い撃ちすることができました。

堀障子は水堀の底にも用いられています。堀障子は泥を溜めやすく、敵の動きを封じることに役立つと同時に、味方は堀のどこに畦があるのか知っているので、その上を歩いて渡ることもできました。

堀障子は、後北条氏の小田原城、山中城（静岡県）などに見られましたが、豊臣大坂城の三の丸にもあったことが確かめられています。大坂の陣に備えるために急きょ造られたと考えられています。

山中城の堀障子
山中城の西櫓と西の丸の間に残る堀障子。畦状の土手が組み合わさり、複雑な仕切りを造っています。

POINT

城を守るために複雑な形の堀底も造られました。

堀底の形状

片薬研堀（かたやげんぼり）

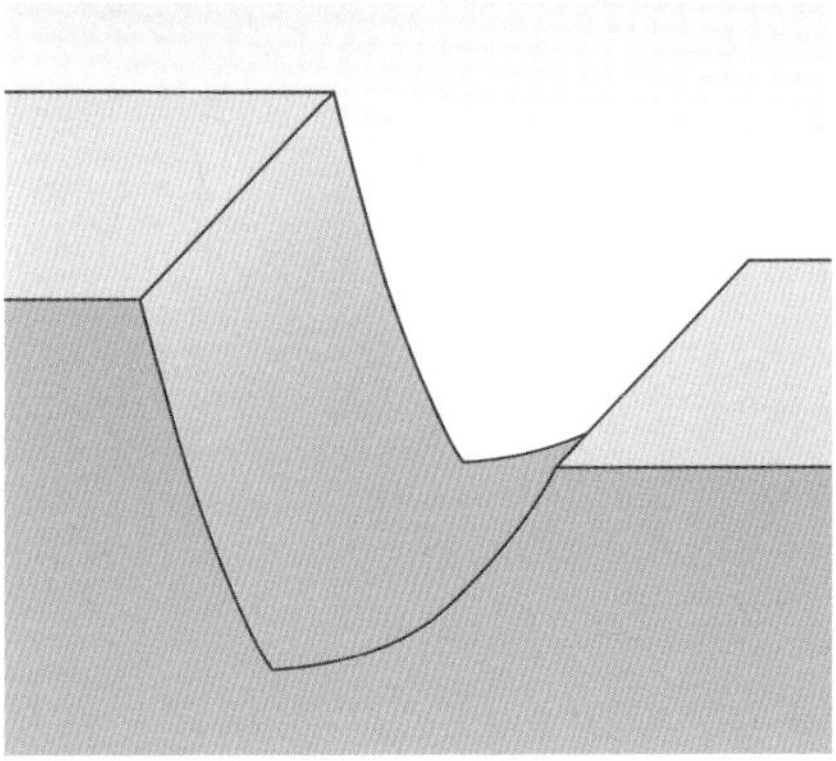

薬研堀（やげんぼり）

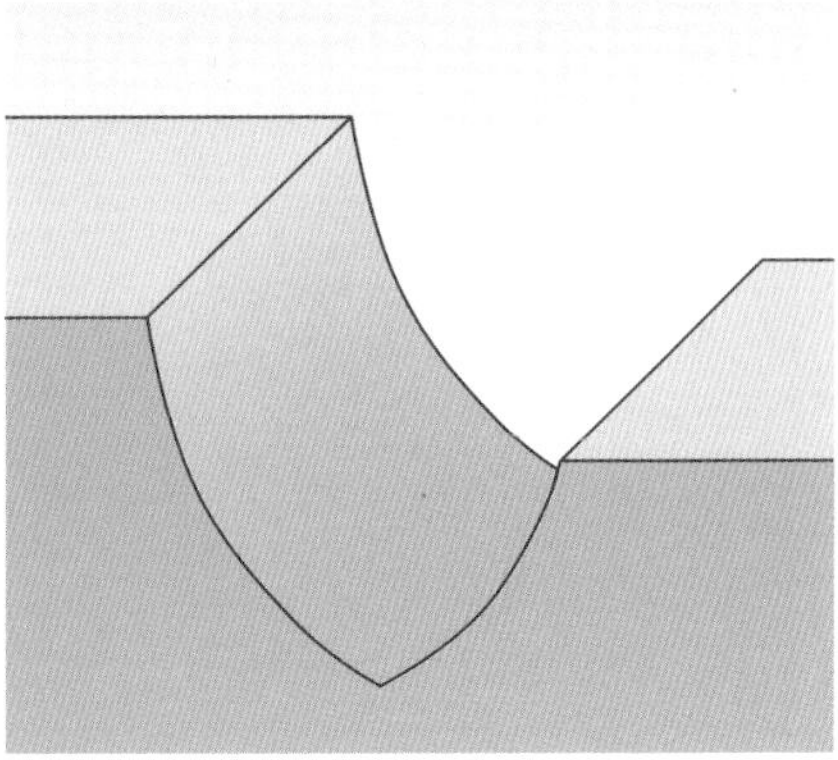

箱堀（はこぼり）

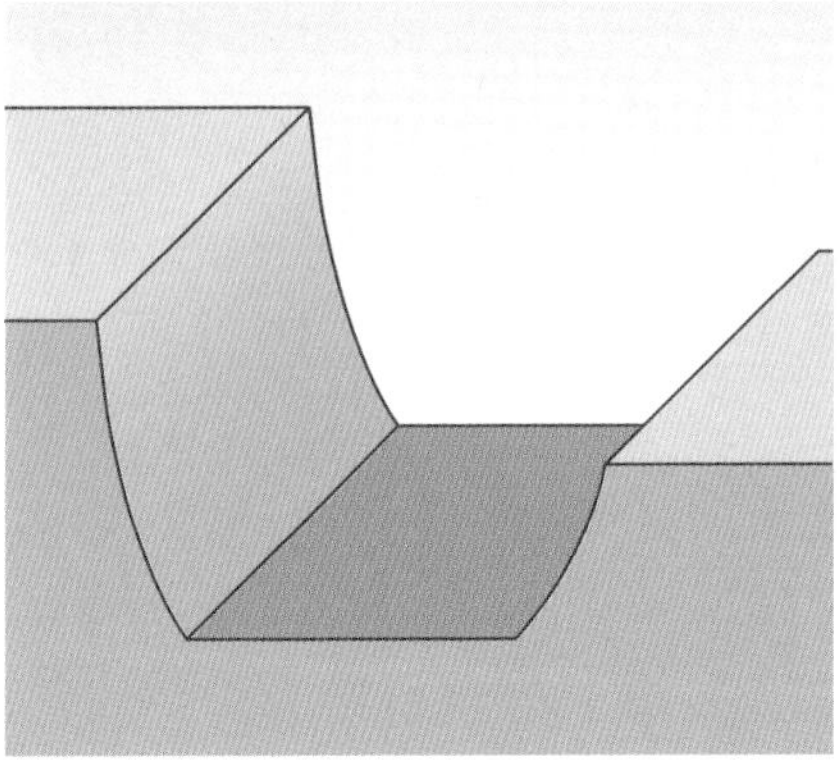

毛抜堀（けぬきぼり）

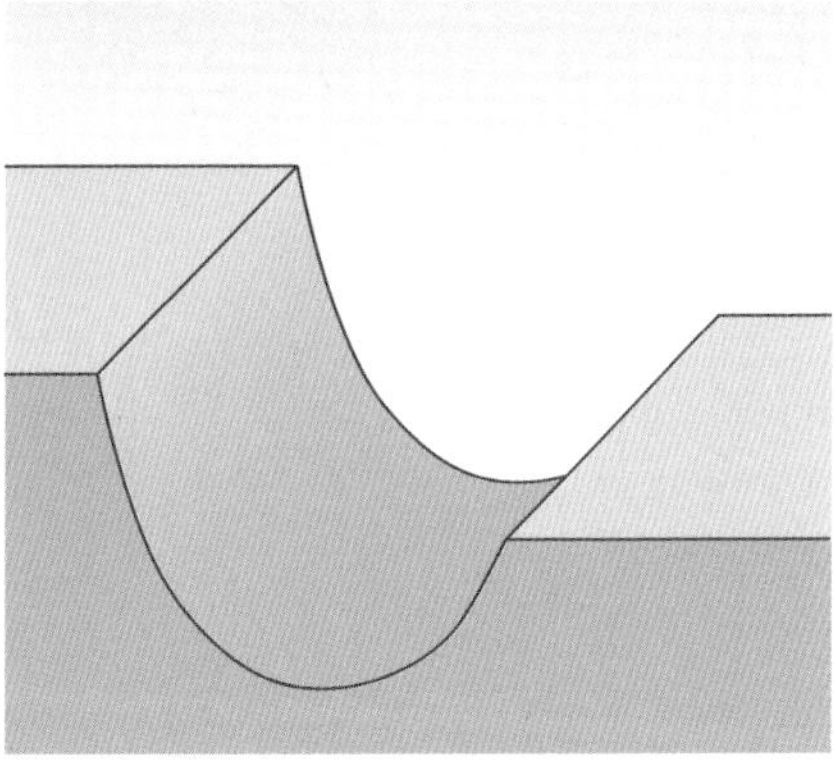

堀は断面の形から薬研堀、片薬研堀、毛抜堀、箱堀に4種類に区別されました。どの堀も掘った土は城内側（各図の左側）に積まれました。この土を利用して造られたのが土塁です。山城や戦国時代の城は薬研堀が主流で、近世の城では箱堀がほとんどでした。

53

土塁の構造

（どるいのこうぞう）

城を守るための土の堤防

近世の城の防備の主役は石垣よりも土塁《どるい》でした。

土塁は文字通り、土を堤防のように盛って造ったもので、土居《どい》とも呼ばれます。曲輪の外側に設けられ、敵の侵入を防ぎました。平城では、堀を掘って余った土を土塁に使うことも多かったようです。この工法を掻上《かきあ》げといいます。斜面の角度（勾配）は四五度程度が普通で、それよりゆるいと敵が上りやすくなり、急だと雨などによって崩れやすくなります。中には、自然の断崖や崖《がけ》を土塁にする場合もありました。山城ではこうした自然の地形を切り崩《くず》して土塁とするものが多く、切岸《きりぎし》と呼ばれています。

土塁の名称は、土塁の上部分を褶《ひらみ》、底辺を敷《しき》、斜面を法《のり》（矩）といいます。城内側の法を内法《うちのり》、城外側を外法《そとのり》と呼びます。

土塁の上にあたる褶は馬踏《まぶみ》とも呼び、兵隊や馬が動きまわる場所になります。ここに塀や柵を作った場合、塀や柵を挟んで内側と外側に平坦な場所ができます。城内側の平らな部分を武者走《むしゃばしり》といって武士の通路とされ、外側を犬走《いぬばしり》と呼びました。犬走が狭いのは、敵の足掛かりとなることを防ぐためです。

城の内側から土塁の上に上るために坂や階段が造られました。土塁や石塁の城内側を全面的に階段にしたものを、雁木《がんぎ》と呼びます。坂や階段を向かい合うように造ったものを合坂《あいざか》、二本の雁木を平行に並べたものを重《かさ》ね坂《ざか》といいます。

POINT

城の防御の主役は石垣ではなく土塁だったのです。

土塁の構造

大坂城大手門付近の雁木
大坂城の石垣の城内側には雁木が多く見られます。

会津若松城の合坂
（写真＝近藤真佐夫）
雁木のように場所をとらずに、一度に多くの兵を登らせることができます。

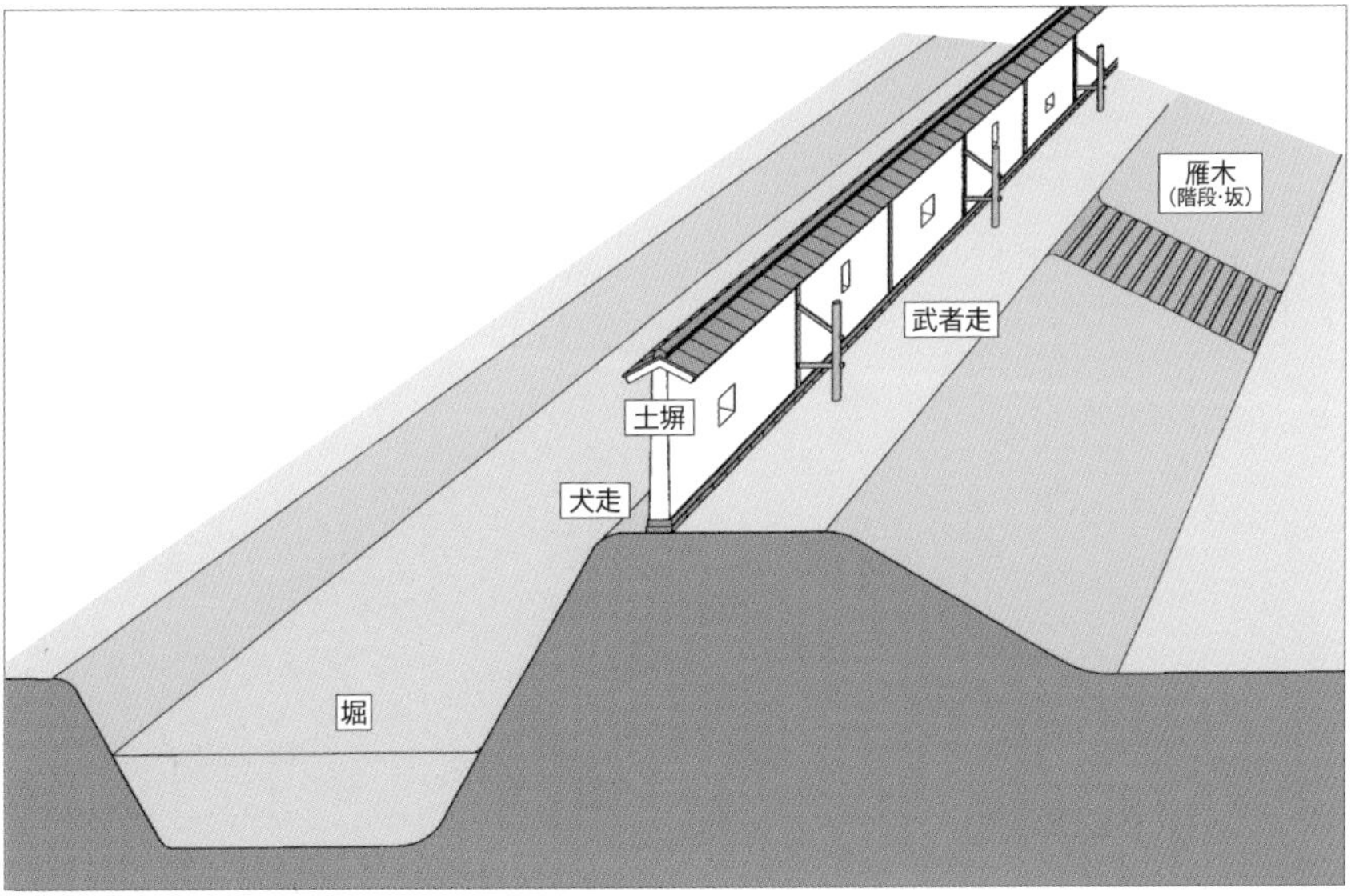

褶の活用と雁木（作図＝千原美歩）
土塁上の褶には土塀や柵が設けられた。土塀・柵の城内側の平坦部分は武者走と呼ばれ、城を守るときの拠点となった。城内から武者走へ上り下りするために雁木という階段（坂）が設けられました。

54

土塁の種類（どるいのしゅるい）

強度を増すための工夫

土塁は古くは土居と呼ばれ、土を盛り上げた土塁は、その造り方によって、種類が分けられます。**たたき土居**《どい》は粘土や小石を土に混ぜて、突き固めて築いたものです。**芝土居**《しばどい》は、法面の崩れを防ぐために、芝を植えて築いた土塁です。芝土居については、林子平《はやししへい》の『海国兵談《かいこくへいだん》』に「土居には香附子《こうぶし》、麦門冬《ばくもんとう》、冬芝と小笹の類を植えるべし、土止の為なり、根方は枳殻《からたち》を植えるもよし」とあります。

土塁の勾配について、『武教全書』には、「たたき土居は敷八間、しば土居は敷六間、石垣は六間の内にてもくるしからざる事。但し高さいずれも三間」とあるように、たたき土居では敷は八間で勾配四五度、芝土居では敷六間で勾配約六〇度となり、芝土居のほうが傾斜が急になります。これは芝の根が張って、法面《のりめん》の崩れを防ぐことができるからです。

土塁を補強するために、土塁の下の部分のみ石垣とする場合や、石垣を節約するために土塁と石垣を併用することもありました。土塁の上部だけに石垣を築いた場合を**鉢巻**《はちまき》**石垣**、土塁の下部だけに石垣を築くと**腰巻**《こしまき》**石垣**と呼ばれています。

鉢巻石垣は高さ一間（約二m）程度のものが多く、石垣の上に建てられる櫓や土塀の基礎の役割をもっていました。腰巻石垣は、土塁の崩れや土の流れを止めるための土留めの役割がありました。そのため、腰巻石垣は、鉢巻石垣よりも低くなっています。水堀の中から土塁が立ち上がるところに多く造られており、堀の水の増減によって土塁が崩れる部分だけを石垣としたのです。

POINT

斜面に植物を植えたり、石垣を組み合わせたりして土塁を強化しました。

土塁と石垣の併用

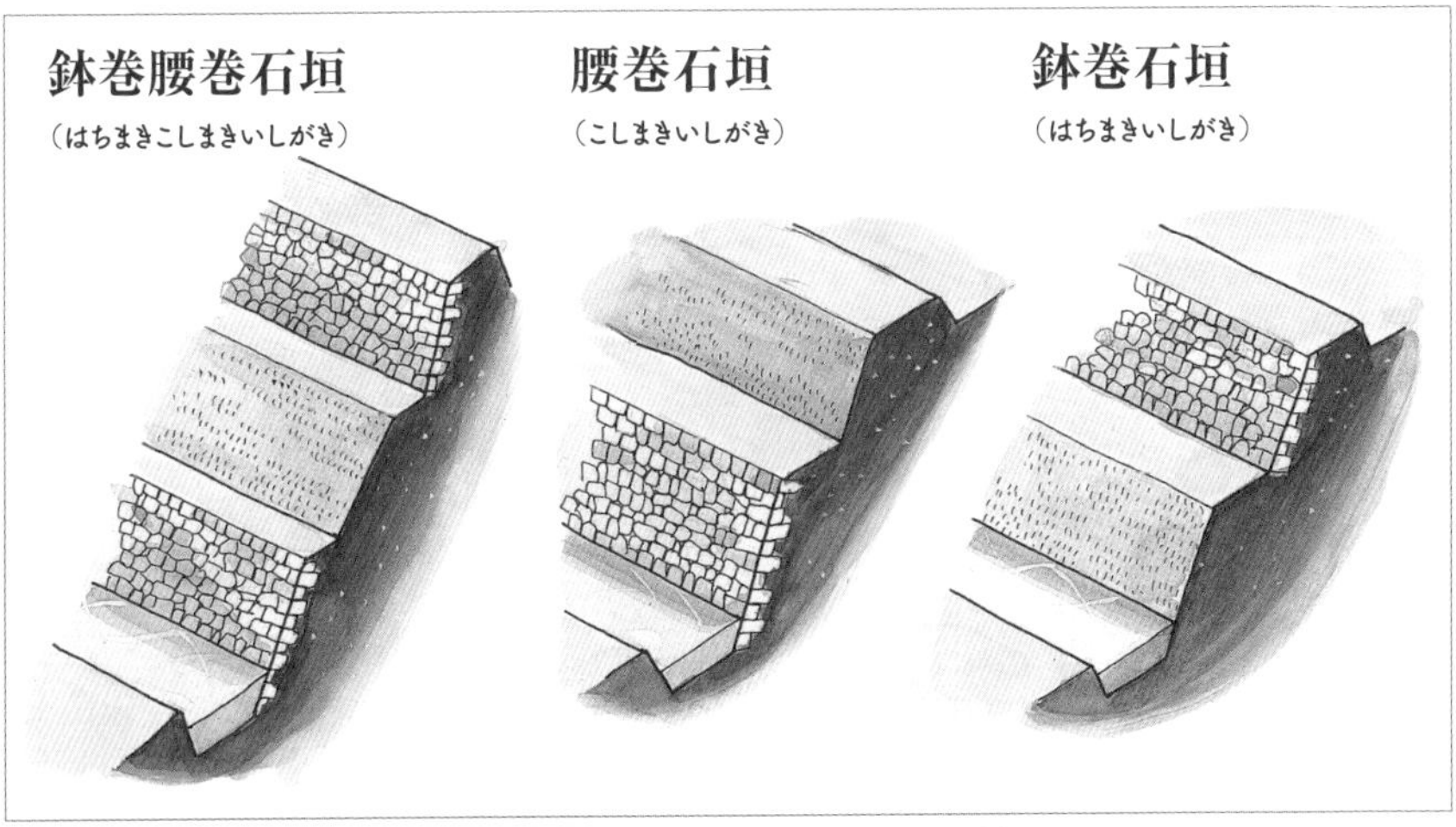

江戸城鉢巻石垣
（写真＝加藤理文）
近世城郭最大の江戸城では、土塁の上に石垣を築いた鉢巻石垣（腰巻土塁）が多用されています。

彦根城鉢巻腰巻石垣
（写真＝加藤理文）
石垣に使う石が確保できないような場所に城を築く場合、下と上を石垣にし、その間の部分を土塁にしました。こうしてもすべて石で築いた石垣と同じ効果を得ることができました。

55

石垣の構造（いしがきのこうぞう）

複雑に組み合わせられた石

石垣の基礎は地盤によって変わります。山城のような強固な地盤の場合、地面を掘り、根石《ねいし》（石垣の基礎となる石）を固定して、そこから石を積み上げていきます。基礎をより強くするために、小石を根元に詰めることもあります。

しかし平城の場合は、水堀の中から石垣を立ち上げることが多いため、工夫が必要になります。堀の底に太い松の胴木《どうき》を敷いて、その胴木がずれないように、短い松丸太の杭を打って留めます。そして、胴木の上に直接に根石を据えて石を積んでいくのです。胴木の上に根石を揃えて載せることで、石垣が崩壊する大きな原因である不同沈下《ふどうちんか》（まちまちに沈んでいく）を防いだのです。

次に根石の上に積石《つみいし》を積み上げていきます。積石は、石垣表面から少し後ろでお互いに接して支え合っていますが、完全な固定と角度の調整のため、後方に飼石《かいいし》を入れます。飼石は隙間に合わせた大小さまざまの石です。

積石の背後には裏込石《うらごめいし》をぎっしりと詰め込みます。裏込石は石垣を裏から支えるほかに、石垣中の排水を容易にするという重要な役割を持っています。石垣に降り注いだ雨はただちに裏込石の間を流れ落ちて、石垣には余分な水圧がかからないのです。

また、野面《のづら》や打込接《うちこみはぎ》などの石垣で、表面にできる石どうしの隙間は、石垣を上る足掛かりなどにならないように、また見栄えをよくするために、間詰石と呼ばれる小石が詰められました。

こうして一番上の天端石《てんばいし》まで積み上げられて、石垣は完成します。

POINT

石垣はさまざまな役割を持つ石から成っていました。

石垣の構造（断面図）

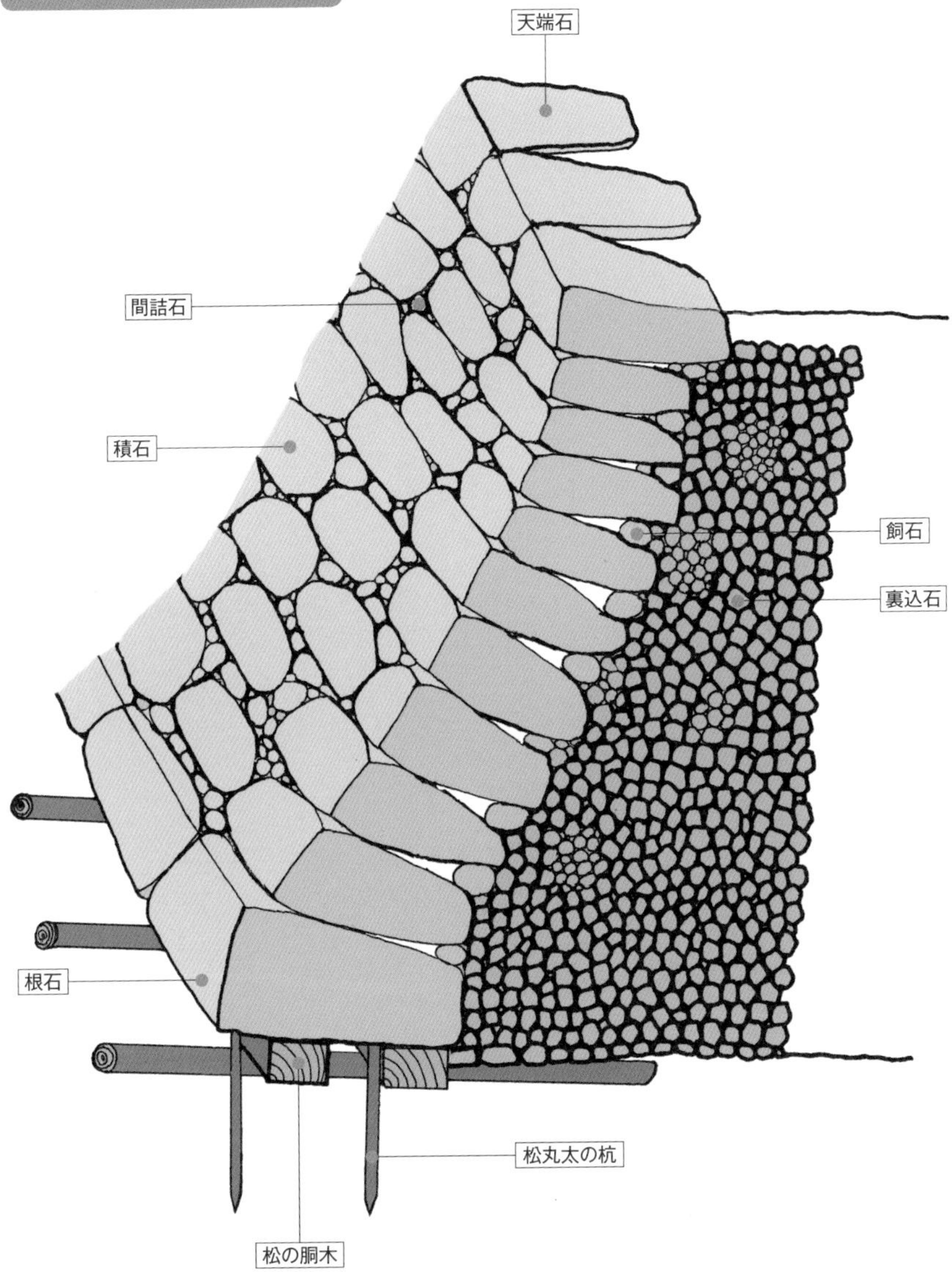

石垣の内部構造

（作図＝佐藤大規）

石垣はくずれにくく、そして高く積み上げるためにさまざまな工夫がこらされていました。後方で石どうしを固定する飼石や、背後に詰められて水はけをよくする裏込石などが、積石を支えていました。

56

石垣の種類（いしがきのしゅるい）

石の加工程度と積み方による石垣のさまざま

POINT

石垣は石の加工の程度や積み方などによっていくつかの種類に分けられます。

一つの城でも、さまざまな種類の石垣が混在しています。石垣は石の加工の程度と積み上げ方によって種類が分かれます。石垣に使われている石の加工の程度は三種類に分類でき、さらに積み方から、二種類と変則二種類に分類することができます。

積石の加工程度

積石の加工の程度による分類では、野面《のづら》（野面積）、打込接《うちこみはぎ》、切込接《きりこみはぎ》の三種類に分かれます。

野面《のづら》は自然の石をそのまま、もしくはあまり加工しないで使用したもので、石と石の間に隙間が空くので、間詰石《まづめいし》という小石を詰めます。もっとも原始的な石垣であまり高く積むことはできませんが、積むには高度な技術が必要で、今日では野面を積める石工はほとんどいないといわれています。目が粗く、手掛かり足掛かりができて上りやすくなるという欠点があります。

打込接《うちこみはぎ》は積石の接合部分（合端《あいば》）を加工して、隙間を減らした方法です。「接《は》ぐ」というのは接合するという意味です。文禄《ぶんろく》年間（一五九二～一五九六）以降に造られた城の石垣のほとんどはこの打込接です。石どうしの隙間がなくなって上りにくくなりました。

切込接《きりこみはぎ》は積石を徹底的に加工して隙間がないようにしたものです。最初はおもに角の部分に使われていました。慶長年間（一五九六～一六一五）後半に広まった石垣です。

このように石垣の積み方は、野面→打込接→切込接という段階で発展してきましたが、必ずしも

石垣の積み方Ⅰ

野面乱積

（のづららんづみ）

大和郡山城天守台の石垣

（写真＝加藤理文）

加工していない石を積み上げた石垣。石の大きさが異なるため横の目地が通りません。

野面布積

（のづらぬのづみ）

浜松城天守台の石垣

（写真＝加藤理文）

加工していない石を積み上げていますが、石の大きさをほぼそろえているので、目地が通っています。

打込接乱積

（うちこみはぎらんづみ）

南関城本丸の石垣

（写真＝加藤理文）

粗く割った石の接合部分を加工して、石と石の隙間を減らしています。隙間には間詰石が詰められました。

打込接布積

（うちこみはぎぬのづみ）

大坂城本丸の石垣

（写真＝加藤理文）

大きさをそろえて加工した石を使っているので、横の目地が通っています。石と石の間には間詰石が丁寧に入れてあります。

野面だから古いというわけではありません。石垣の加工は、石の種類や採石方法、あるいはそのときの経済状況によって異なってきます。砂岩のようなものは加工しやすいので切込接の石垣として使いやすいのです。しかし、古い石垣を解体して再利用した場合は、時代が下っても野面となります。ですから、幕末期の野面も、江戸初期の切込接もあります。

石の積み方

石の積み方という分け方では、大きく二種類あります。布積《ぬのづみ》と乱積《らんづみ》です。

布積《ぬのづみ》は石垣の横方向の並び方を見たとき、横にほぼそろっているものをいいます。石材を一段ずつ横に並べて置き、横目地が通るように積みます。同じような高さの石を選ばなくてはなりませんが、技術的には簡単な方法です。

逆に横方向の目地がそろっていないものが**乱積**《らんづみ》です。不規則な形の石どうしを積み上げているので、横目地がそろいません。雑然と積み上げたように見えますが、高度な技術を必要としました。目地が縦にそろっている石垣は、崩れやすく、多くが明治以降に積まれたものです。

石垣を詳しく分けると石垣は以上の石の加工程度と、積み方を組み合わせておよそ六種類に分けられます。たとえば、「打込接布積《うちこみはぎぬのづみ》」といった具合にです。

これらのほかに、変則的な積み方があります。石を斜めに積む**谷積**《たにづみ》（落積《おとしづみ》）と、石を六角形に加工して積む**亀甲積**《きっこうづみ》です。亀甲積は江戸時代後期の比較的低い石垣に、谷積は江戸末期の新しい石垣に使われました。谷積は技術が低くても積めるため幕末期や明治以降に積み直された石垣でも見ることができます。

さらに昭和になって積み直されたものに、規格化された小さな石（間知石）を谷積にする**間知石**《けんちいし》**積**《づみ》が現れてきます。そのほかにも、丸い河原石（玉石）を積み上げた**玉石積**《たまいしづみ》や、江戸城など大きな城の石垣には、巨大な石（鏡石）の周りを小さな石で固める積み方も見られます。

石垣の積み方Ⅱ

切込接乱積

（きりこみはぎらんづみ）

金沢城石川門の石垣

（写真＝加藤理文）

石を徹底的に加工して隙間をなくしていますが、石の大きさを統一していないので横目地は通りません。

切込接布積

（きりこみはぎぬのづみ）

仙台城本丸の石垣

（写真＝加藤理文）

石垣の横目地が通るように、大きさをそろえた石を隙間なく積み上げました。

谷積（落積）

（たにづみ）（おとしづみ）

小島陣屋表門付近の石垣

（写真＝加藤理文）

石を斜めに積んだ石垣です。石自体の重みによって石が下がるため、比較的に積みやすく、江戸時代末期以降に多く使われました。

亀甲積（きっこうづみ）

小松城御三階櫓台の石垣

（写真＝加藤理文）

石を六角形に加工して積んだ石垣です。石垣全体が亀甲積というものだけではなく、一部分だけ亀甲積が施されているという例も見られます。

玉石積（たまいしづみ）

横須賀城本丸の石垣

（写真＝加藤理文）

河原の石（玉石）を積み上げた野面積の石垣です。普通の石を手に入れることが難しかったために玉石が用いられました。

石垣の仕上げ

城の石垣は表面を美しく見せるために、仕上げ段階で「化粧」が施されることがありました。石垣に仕上げが施されるのは関ヶ原の戦い（慶長五年、一六〇〇）以降で、江戸期に多く行われました。最初に石垣の表面を平らに仕上げて見栄えをよくしようとしたのは、加藤清正といわれています。清正が手がけた南関城の石垣は、一枚岩のように仕上げられています。

化粧の仕上げの目的は美的な問題で、表面の凸凹を消して、石の表面を美しく見せるためでした。

そのやり方は、石の表面を少しずつ鉄のノミで打ち欠く（「はつる」といいます）だけなのですが、根気のいる仕事でした。

打ち欠く方法には二種類あり、一cmほどの小さなはつりをまんべんなくしていくはつり仕上げと、すだれ状の縦すじに削っていくすだれ仕上げです。

すだれ仕上げのものは、今日でもはっきりと見えますが、細かいはつり仕上げの石垣は風化によってほとんど見られなくなり、よほど注意して見ないとわかりません。江戸城の天守台や名古屋城の天守台などで見ることができます。

隅石《すみいし》の化粧は特に念入りで、石垣の隅の稜線《りょうせん》が石垣の最下段から頂上まで一本の線になるように仕上げてあり、みごとです。

なお、近年再築された石垣は、化粧などはほとんど施されておらず、はつり仕上げもすだれ仕上げも残念ながら見ることはできません。

石割の模型（仙台城）（写真＝加藤理文）
大型の石材の割り方を示した模型。石材に開けた矢穴に、石材を割るための楔（くさび）が打ち込まれている。

福山城の石垣に残る矢穴の痕（写真＝近藤　勲）
大型石材を割って石垣用の石材にするときの矢穴が残る石も見られます。

石垣の仕上げ

江戸城天守台の石垣
（写真＝三浦正幸）
よく見ると細かいノミ痕がびっしりと並んでいます。

江戸城本丸汐見坂の石垣
（写真＝三浦正幸）
斜め方向にすだれ仕上げをしており、最上級の仕上げです。

江戸城の石垣
（写真＝加藤理文）
すだれ仕上げの石垣。縦方向と横方向の筋状に石の表面を削り取っている。

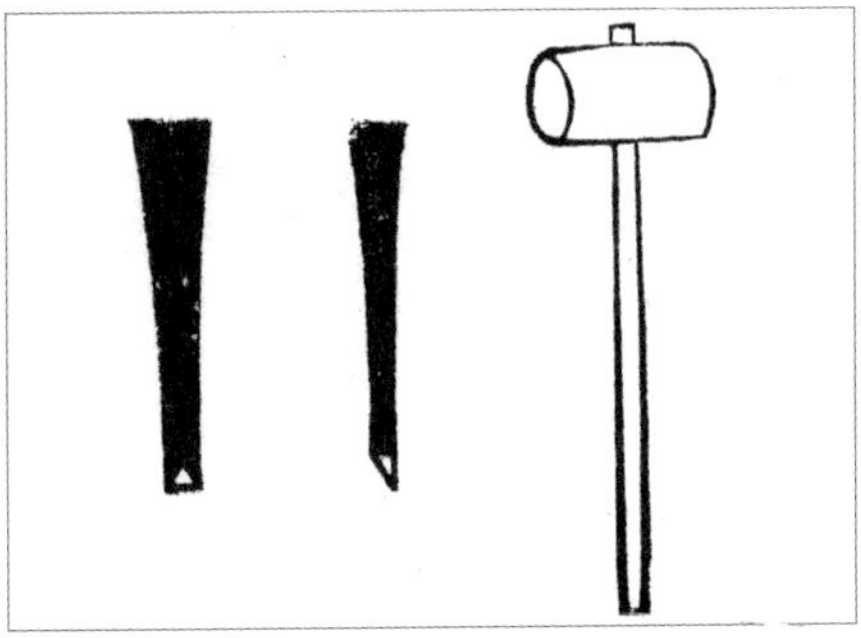

『和漢三才図会』に描かれたノミと玄翁
はつり仕上げとすだれ仕上げに用いられる工具。この二つの道具で石の表面を根気よく削りました。玄翁（げんのう）とは大きなかなづちのことです。

57

算木積の石垣（さんぎづみのいしがき）

石垣の隅を強化する

算木積とは、長辺が短辺の二～三倍ある細長い直方体の石を、長辺と短辺が互い違いになるように石垣の隅部《すみぶ》に積み上げていく方法です。短辺の隣には隅脇石《すみわきいし》を置き、上下の長辺側で挟み込むので、隅部が一体化して非常に強度が高くなります。

算木積《さんぎつみ》の算木とは、算盤《そろばん》が伝来する前に中国から伝わり、江戸時代にも計算に使われていた棒のことです。隅石《すみいし》の形が算木に似ていることから、この名がつけられました。

石垣の隅部を強化することは、石垣の出現したころから考えられていて、最初のころ隅部の石が巨大だったのはこのためでした。また、一番下の段だけに巨石を積むことも行われました。

やがて、ほぼ直方体にした粗割石《あらわりいし》が利用されるようになりました。隅部のところどころで石の長辺と短辺を交互にしていますが、意識的に積んだというわけではありませんでした。広島城天守台や熊本城天守台の石垣が算木積を試してはいますが、完成しているとはいえません。

関ヶ原の戦い（慶長五年、一六〇〇）後、石垣の組み方は格段に進歩しました。これにあわせて、規格加工された石材が利用されるようになり、算木積が完成していきます。

また、幕府による天下普請は、石垣構築技術が全国へ広がっていくきっかけとなりました。

算木積の次の段階は、完全加工した石材を使用することでした。隅の部分以外の石垣は打込接でありながら、隅部だけ切込接にする手法です。こうしてより高く強固な石垣が完成したのです。

POINT

石垣の最も重要な隅部を強化するための積み方で、時代により進歩していきました。

算木積の構造

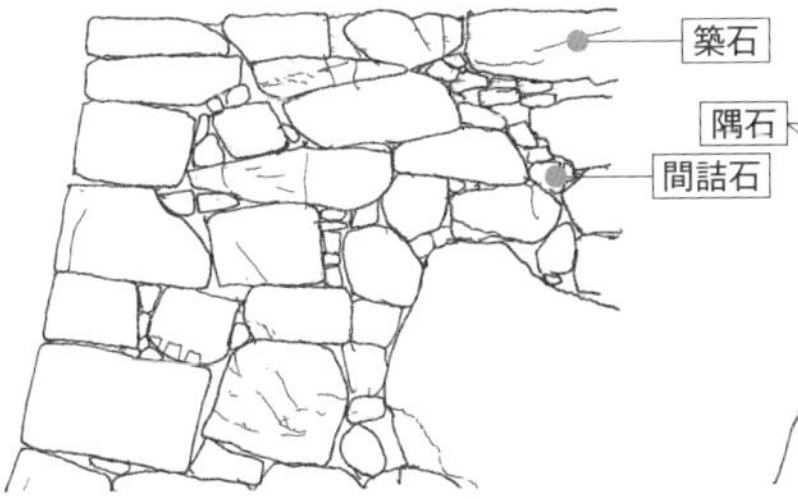

算木積ではない隅
隅に直方体の石を使用していますが、不ぞろいでしかも交互になっていません。隅脇石もところどころにしか入っていません。

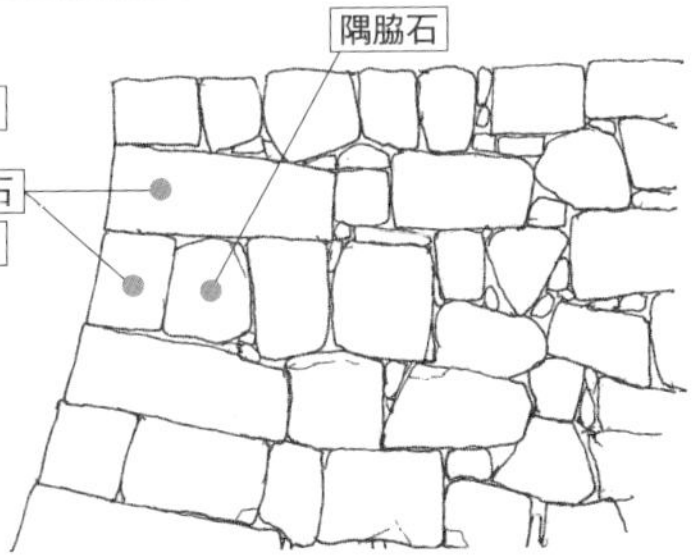

算木積の隅
直方体に加工した石の長短辺を交互になるように積んでいます。隅脇石も納まっています。

（作図＝三浦正幸）

江戸時代前期の完成した算木積（写真＝近藤　勲）
大坂城山里丸の石垣は、隅部のみ直方体に加工した切込接の石を使って、算木積としています。他の部分は打込接ですが、ほぼ同じ大きさに加工した石が使われています。

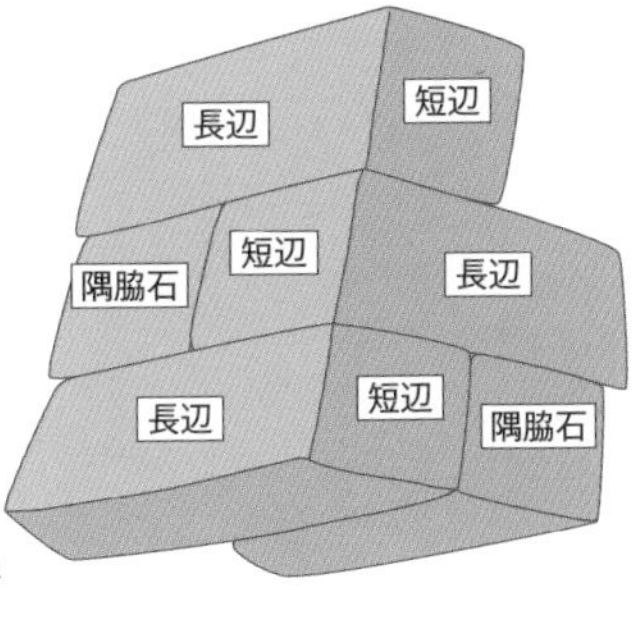

算木積の仕組み

58

石垣の反りと勾配（いしがきのそりとこうばい）

清正の石垣と高虎の石垣

初期の石垣はあまり高さがなく、ほとんど垂直に立てられていました。その後、高さを求めるようになってくると、ゆるい勾配《こうばい》ができるようになっていきます。垂直な石垣では高く積むことができず、地震や台風などの自然災害には崩れやすかったためです。石垣の勾配は、関ヶ原の戦い以前がゆるやかで、慶長期（一五九六〜一六一五）には急になっていく傾向があります。

石垣の下の部分がゆるやかで、上に行くに従って急勾配になり、最後はほぼ垂直になる勾配を、寺院建築の屋根に見立てて寺勾配《てらこうばい》（扇《おうぎ》の勾配）とも呼びます。最後の垂直に立つ部分がない、ゆるやかなままの勾配は宮勾配《みやこうばい》と呼ばれました。寺勾配の石垣は熊本城によく見られ、加藤清正が築いたため清正流石垣《せいしょうりゅういしがき》とも呼ばれています。

石垣に反《そ》りをつける場合、最下部から徐々に反らしていくことはしません。頂部だけを急にするのが目的だからです。石垣の二分の一まではゆるやかな直線で、残りの二分の一に反りを入れるのが通常です。反りは一石ごとに急にし、その数値が大きいほど急勾配となります。こうした急勾配の石垣は上りにくいため、武者返《むしゃがえし》・忍返《しのびがえし》となります。萩城天守台の石垣が好例です。

石垣には反りのないものもあります。まったく反りがなく、直線の勾配のものは、清正に並んで築城の名手と言われた、藤堂高虎《とうどうたかとら》が好んで使用しています。伊賀上野城、今治城、津城など、高虎が築いた城には反りのない石垣が見られます。一直線で高く積んだほうが、作業的にはより効率的ともいえます。

POINT

石垣をより高く積むために、勾配と反りに工夫が凝らされました。

反りと勾配

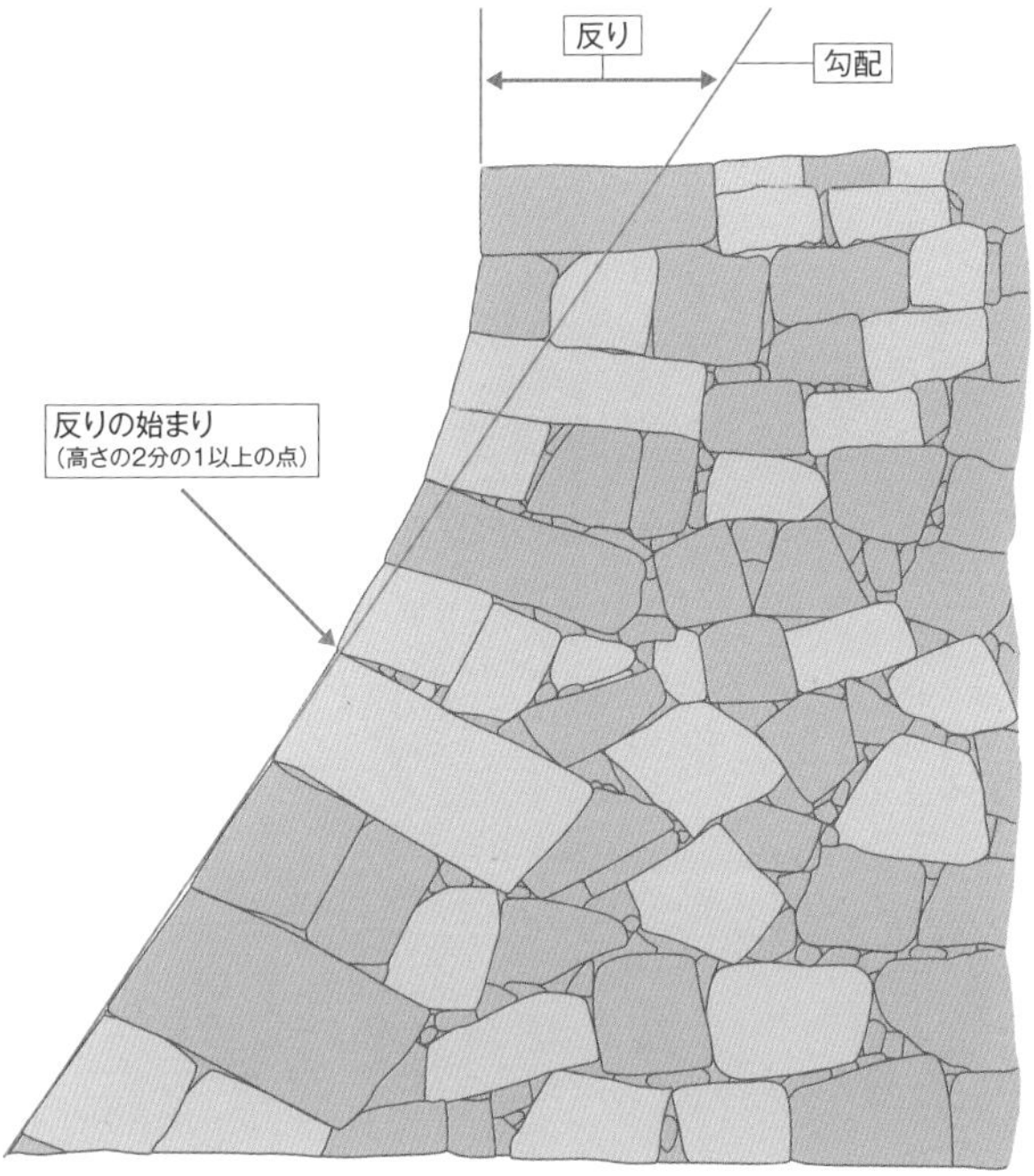

おおよそ石垣の2分の1までは直線の勾配で、2分の1を超えたあたりから反りを付けて天辺でほぼ垂直になります。

反りをもつ石垣（写真＝加藤理文）
上部3分の1あたりから反りをもたせて築いています。写真は丸亀城の石垣です。

反りのない石垣（写真＝加藤理文）
築城名人のひとりに挙げられる藤堂高虎の築いた石垣は、反りがないのが特徴です。写真は伊賀上野城の本丸の石垣です。

59 虎口（こぐち）

防備重視の城の出入口

城の曲輪の出入口を虎口《こぐち》といいます。普通虎口には城門を建てます。虎口は「小口」の当て字のようで、古い時代には曲輪への狭い出入口のことをいいました。

本丸の虎口は、表口の大手と裏口の搦手の少なくとも二か所に開きました。城外から本丸へ行く道筋は、小城でも二本、大きな城だと数本あり、その道筋を途中で複雑に折り曲げて、要所要所に門などで仕切って虎口を造りました。その中で、もっとも大切な表口にあたる虎口を**大手**《おおて》（城によっては追手《おうて・おって》とも）、次に重要な裏口にあたる虎口を**搦**《からめ》**手**《て》といいました。

厳重な虎口は、通路を折り曲げるだけでできます。直線ですと、城門を突破した敵は簡単に中へ侵入してしまいます。通路を曲げることで敵の勢いをそいだのです。

さらに大きな目的は、通路を折り曲げることで、敵兵に横矢を掛ける（二方向以上から攻撃すること）ことができるようにするためでした。通路に沿って城壁を曲げたり張り出させたりすることで、敵の横や後ろから攻撃することができたのです。

大手の虎口は正面入口にあたるため、特に厳重に造らなくてはなりませんでしたが、それと同時に、城主の威厳を示すため、見た目も立派でなくてはなりません。そのため、道幅を広く取り、城門を大きくしました。

それに対して搦手は、厳重であればよいので、道幅を狭くして、城門も小さく、少人数でも守れるようにしました。なお、近世では主要な虎口の外は堀になっています。

POINT

城の出入口である虎口には、敵の直進を防げるいろいろな工夫が擬らされました。

虎口の防御

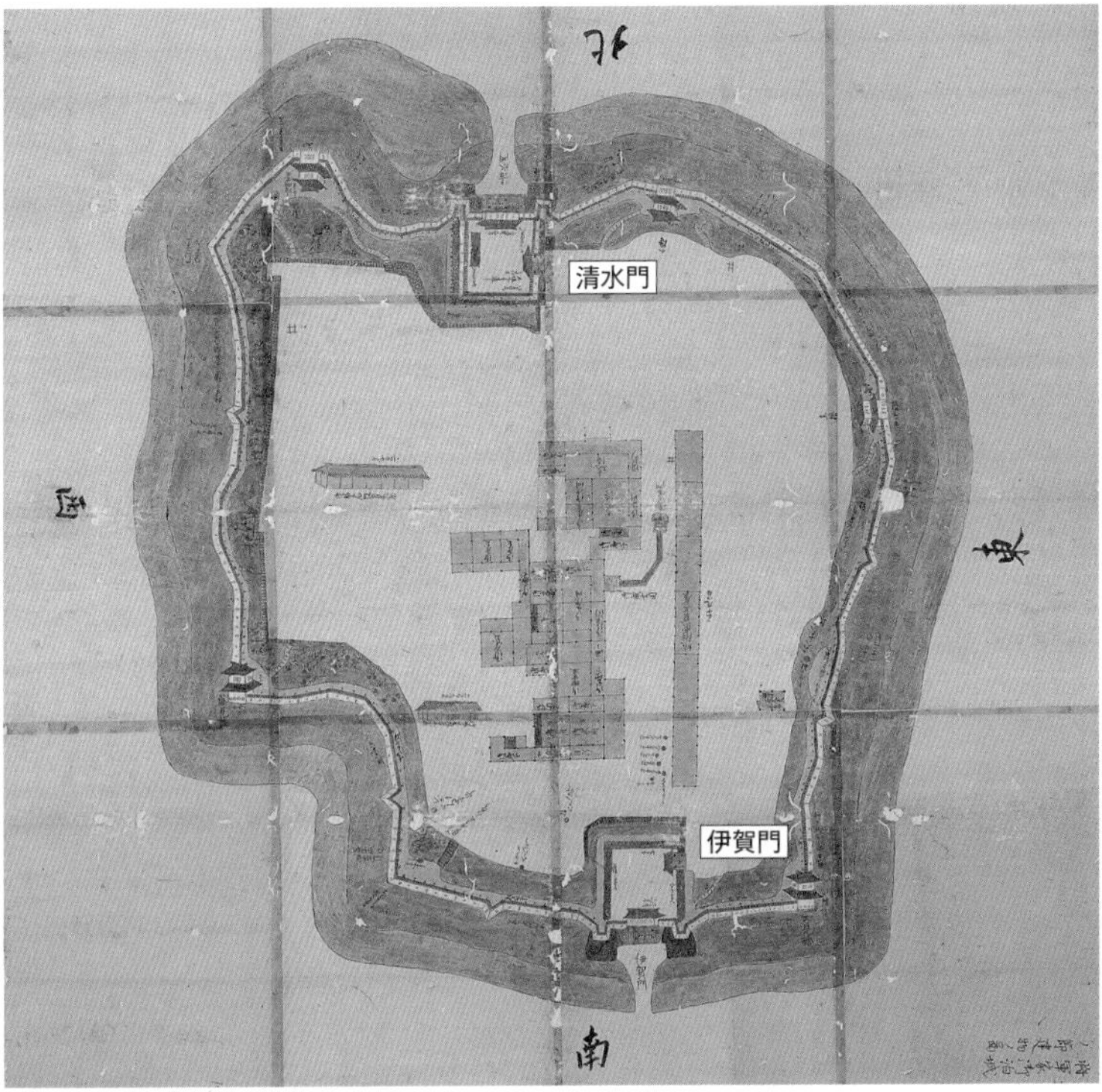

「本丸将軍家御泊城ノ節建物ノ図」
（宇都宮市教育委員会蔵）
宇都宮城は土塁を基本とした土造の城ですが、伊賀門や清水門など重要な門の周囲だけ石垣を造ったことがこの図からわかります。

喰違虎口（くいちがいこぐち）

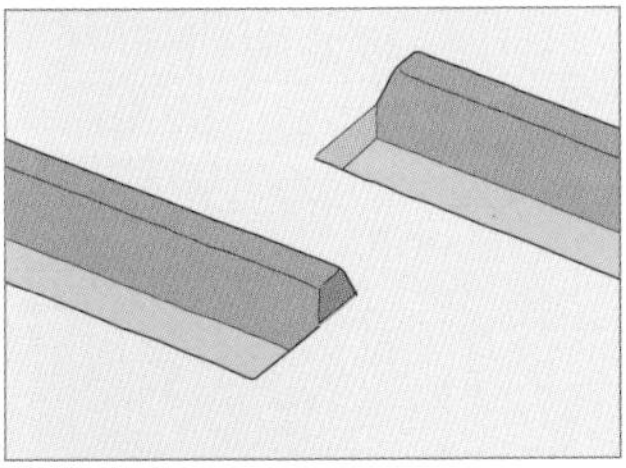

一文字土居（いちもんじどい）

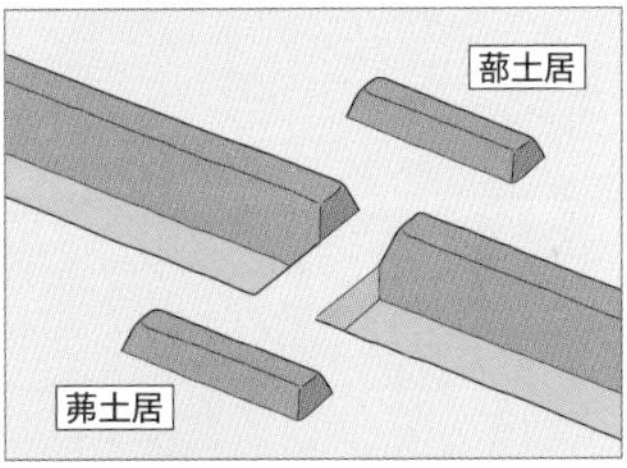

内枡形虎口（うちますがたこぐち）

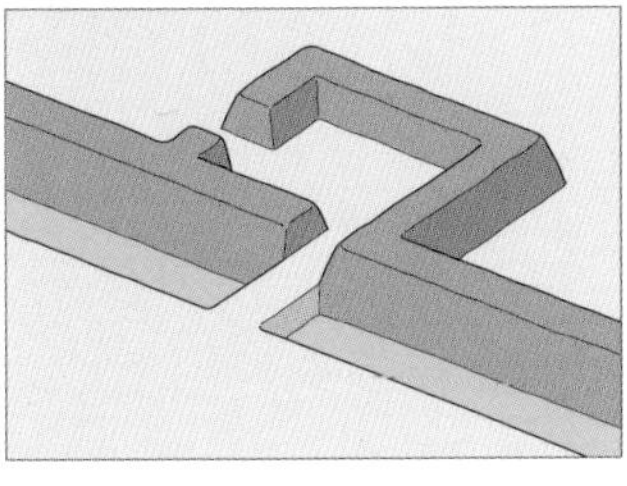

外枡形虎口（そとますがたこぐち）

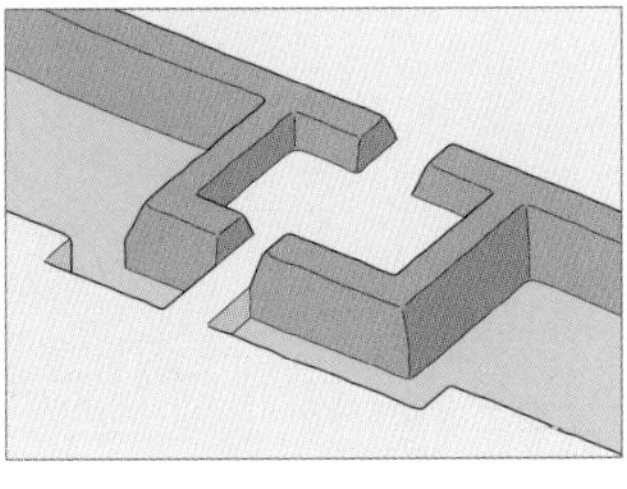

障壁・喰違・枡形

一文字土居は虎口の前後に障壁として土塁を構えるもので、城外側に置くものを茀（かざし）土居、城内側に置くものを蔀（しとみ）土居と呼びました。喰違は虎口の石垣や土塁をずらして配置するもの。枡形は虎口に設けられた方形の区画で、その中で進路を屈折させるもの。塁線（土塁や石垣の線）の内側にあるものを内枡形、塁線の外に突き出したものを外枡形と呼びます。

60 枡形（ますがた）

城門を二重にした厳重な入口

枡形は虎口を石垣や土塁で囲った小さな広場のことです。江戸時代には四角いものを枡形と呼びました。

枡形《ますがた》は虎口の最終的な発展形といわれています。最初は桃山時代に造られたとされています。関ヶ原の戦い（慶長五年、一六〇〇年）の後になると、広場は広くなり、枡形の城外側に高麗門、城内側に櫓門と城門を二重にすることで、さらに厳重な造りになっていきました。特に厳重な例は、櫓門と高麗門を構えたうえに、多門櫓で三方を囲み、堀を巡らしています。

虎口を造る場合に大切なことは通路を折り曲げることですが、枡形を造るときも、枡形内で敵が直進できないように門を配置する必要があります。折り曲げる方向は、敵から見て右に折れる枡形が圧倒的に多くなっています。その理由は、櫓門の上から敵に矢を射ることを重視していたからです。城外から高麗門を入ってきた敵に対し、矢を射るときは左側に敵を見る方が攻撃するのに有利であるため右折れになるのです。ただし、縄張の都合でどうしても左折れになる場合がありますが、これは枡形が曲輪の右隅に位置する場合です。

江戸時代の軍学では、枡形に出撃する軍勢を入れて、数を測ったといわれています。広場の大きさは『甲陽軍鑑』などの軍学書では「五八」つまり、奥行き五間（一間＝約二m）、間口八間、坪数で四〇坪と定めています。その中に、騎馬武者二五～三〇騎、従者を入れて合計一二〇人ほどを収容できたといわれています。実際には、もっと大きな枡形のほうが一般的です。

POINT

枡形は城内からの攻撃が有利になるように考えられていました。

枡形と右折れ・左折れ

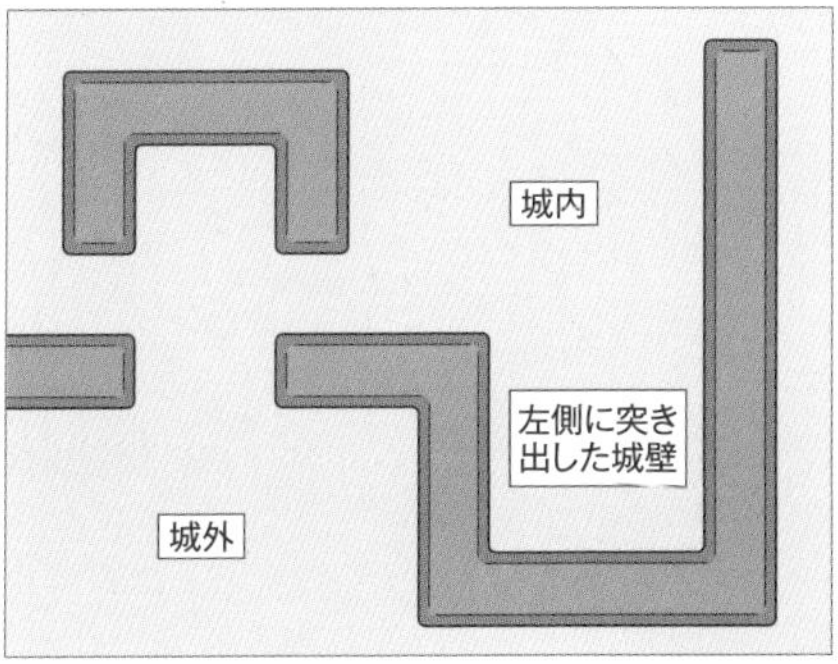

左袖

（ひだりそで）

「左袖」とは鎧の左側の袖のこと。城の中の兵が敵兵に弓矢を射かけるときには、体の左側を前に出した（鎧の左袖を前に出した）体勢となります。その場合、右側からでは体の前面を敵にさらすことになりますが、左側だと体の前面をさらさずにすみます。そのため、城の壁は城内側から見て左側に突き出すことになります。塁線の内側に設けられた内枡形に右折れが多く、左折れが少ないのも、この「左袖」のためです。

左折れの内枡形

（ひだりおれのうちますがた）

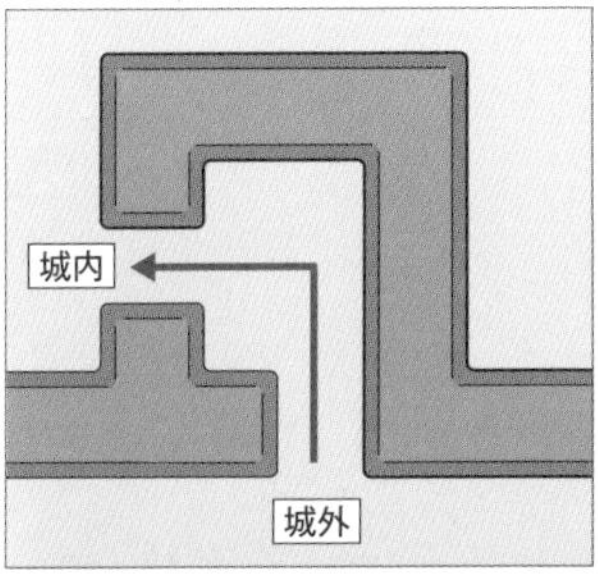

右折れの内枡形

（みぎおれのうちますがた）

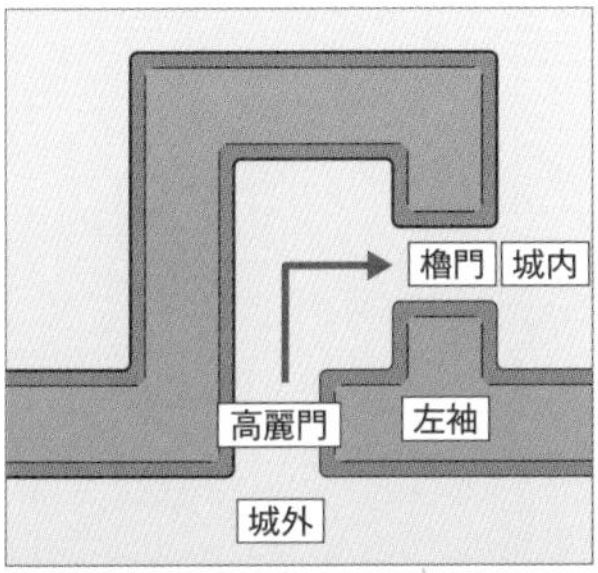

小田原城銅門

（小田原市観光課提供）

左手前の高麗門（一の門）と奥の櫓門（二の門）で左折れの枡形となっていました。

61

馬出（うまだし）

入口の外側から守る

馬出は虎口から出陣する城兵を敵から隠すだけで、虎口の外側を守るために造られ、また虎口から出撃する軍勢を隠すための場所とされることもあります。

馬出《うまだし》には長方形平面の**角馬出**《かくうまだし》と半円形の**丸馬出**《まるうまだし》があります。通常の形式では、馬出と虎口は堀で区切られ、細い橋でつながれています。馬出の役割は横矢を掛けることなので、馬出の出入口の通路には城門を設けないのが原則でした。

馬出の大きさは一〇〇坪くらいが標準ですが、城ごとに違っています。

馬出は地域的にも差があって、関東や東海地方に集中し、西日本ではほとんど見られません。また、馬出は外郭に設置されることが多く、明治の廃藩置県以降に交通の障害になるとしてほとんどが取り除かれてしまい、現存するものは諏訪《すわ》原《はら》城（静岡県）、五稜郭、名古屋城、篠山城などわずかになっています。

馬出は防備の拠点で、もっとも厳重だったのが名古屋城本丸の大手馬出でしたが、現存していません。同様に造られる予定で未完成に終わった搦手馬出は、保存状態もよく、馬出を見学するには最適です。

馬出は、丸馬出と角馬出とに分かれますが、実際の例としては角馬出が多く、角馬出の変形として**曲尺**《かね》**馬出**《うまだし》がありました。これは曲輪の城壁が直角に折れ曲がった位置に長方形の馬出を造ったもので、城内から二方向へ射撃をすることができました。現存するものはありませんが、関東地方の城郭に多く存在していました。

POINT

馬出は虎口の前面に設けられ、横矢掛で虎口を防御しました。

さまざまな馬出

丸馬出（まるうまだし）

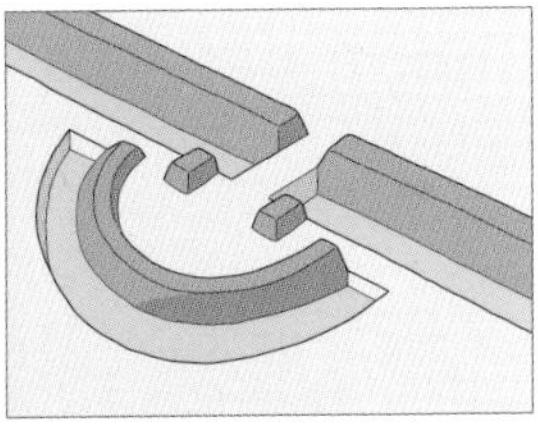

川越城復元模型西大手部分
（川越市立博物館蔵）
川越城では、外郭に接する西大手と東大手に丸馬出が造られていました。

角馬出（かくうまだし）

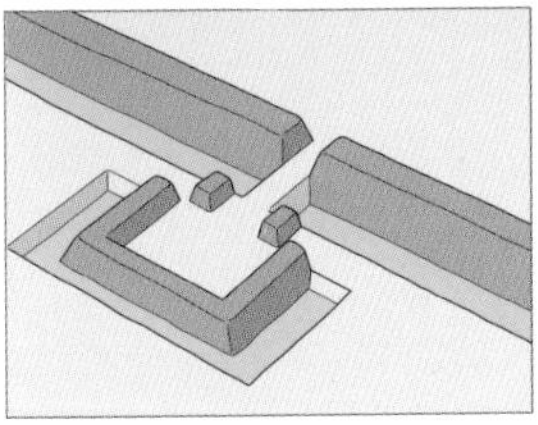

篠山城復元模型大手馬出部分
（篠山市教育委員会蔵）
篠山城では大手馬出と東馬出が石垣で、南馬出が土塁で造られていました。

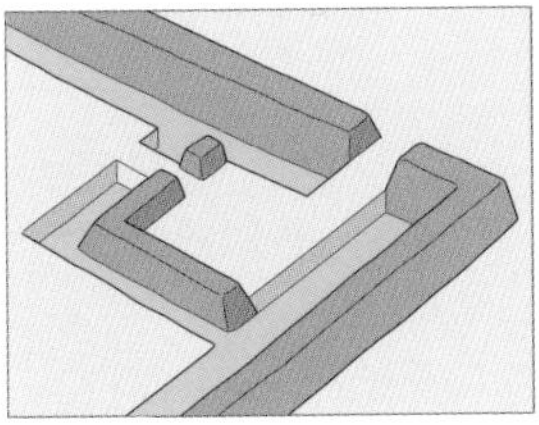

曲尺馬出
角馬出の変形で、城壁が直角に折れ曲がった場所に設けられました。

62

横矢（よこや）

城壁から敵を攻撃すること

横矢は横矢掛《よこやがかり》ともいい、石垣や土塁、堀などの塁線を曲げることで城壁に近づく敵兵を二方向以上から弓や鉄砲で攻撃することです。城の防御の基本中の基本といえるものでした。

近世の城の横矢の一般的な形は、城壁を直角になんども連続して折り曲げ出隅と入隅を設けることです（雁行）。出隅と入隅が組み合わされた城壁に開けられた狭間からは十文字に交差して死角なしに攻撃することができます。

江戸時代の軍学書ではさまざまな横矢が取り上げられていますが、ここでは代表的なものを紹介します。

入隅《いりすみ》…城郭の隅部を内側に折り曲げる横矢の基本形。

出隅《ですみ》…隅部を外側へ出します。

横矢枡形…城壁に枡形（四角形の突出部）を設けるもの。

合横矢《あいよこや》…城壁に二か所の突出部を並べて、その間に挟まれた凹の部分に両側から横矢を掛ける厳重な構えです。

左袖《ひだりそで》…合横矢のうち、城内から見て左側を残し、右側を省略した形のものです。左側からの射撃のほうが有利なためです。

屏風折《びょうぶおれ》…城壁に三角形の突起状の折れをつけたもので、屏風に形が似ているため屏風折といいました。

横矢隅落《よこやすみおとし》…城壁の出隅部を斜めに築いたもので、やや離れた斜め方向の敵にも、攻撃を加えることができました。

邪《ひずみ》（斜）…城壁をゆるい凹面状にしたものです。

POINT

城内から城外の敵兵への二方向以上からの攻撃に有利なように造られていました。

さまざまな横矢

出隅（ですみ）

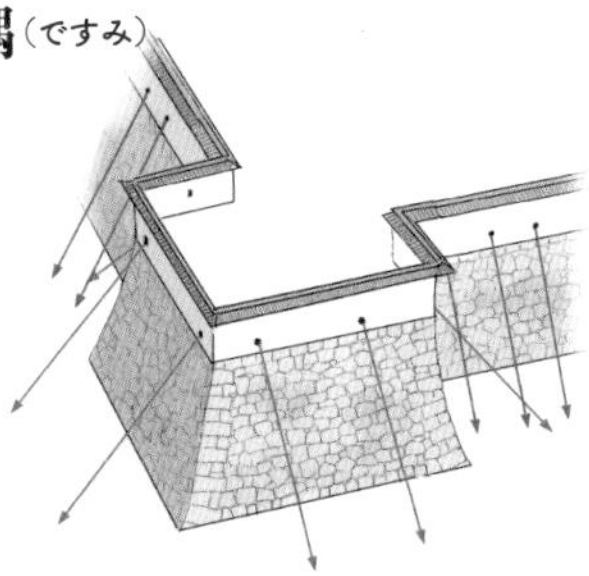

城壁の隅の部分を外側に突出させています。
この上に隅櫓が造られることが多いです。

入隅（いりすみ）

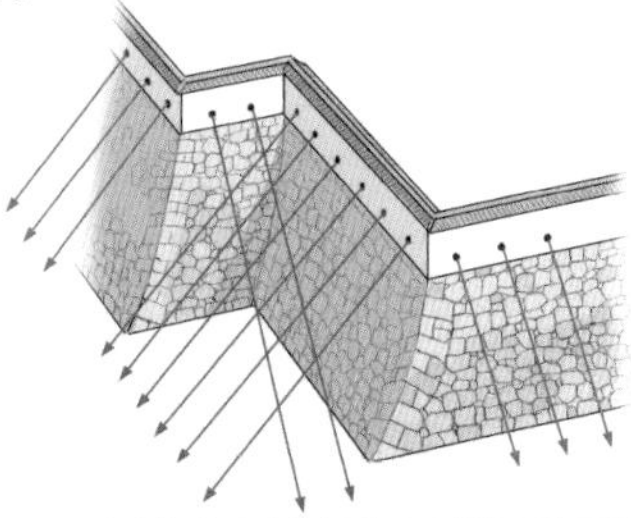

出隅と対となるような形で、城壁の隅の部分を
内側に折り曲げています。

合横矢（あいよこや）

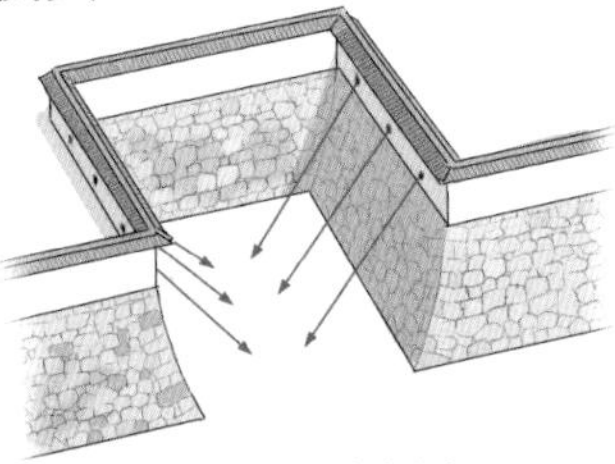

向かい合せに突出させて左右から
攻撃できるようにしています。

雁行（がんこう）

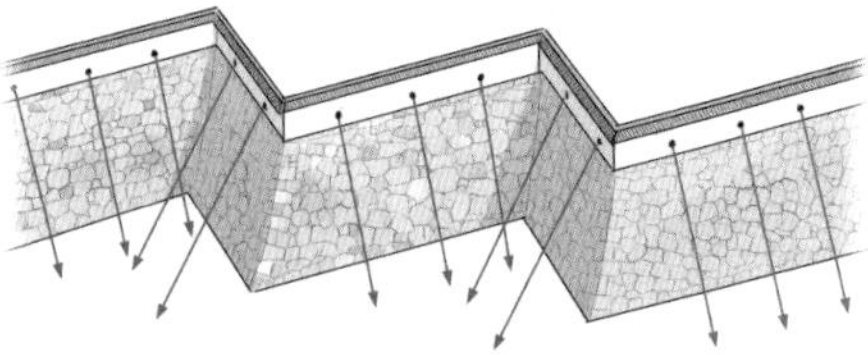

入隅と出隅を交互に繰り返して、長大な塁線から
攻撃できるようにしています。

横矢隅落（よこやすみおとし）

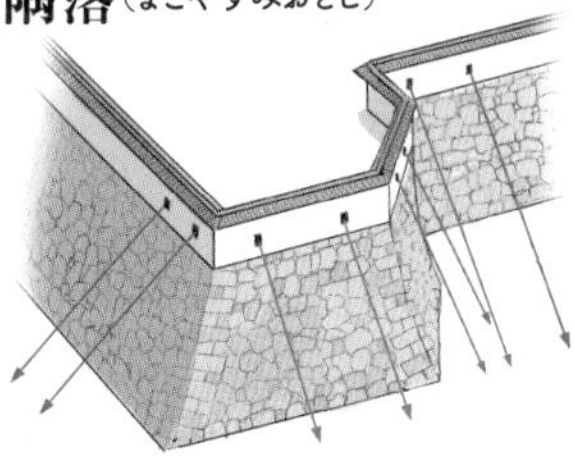

塁線の突出した部分を斜めに造ってあります。こうする
ことで少し離れた敵も攻撃することができました。

横矢枡形（よこやますがた）

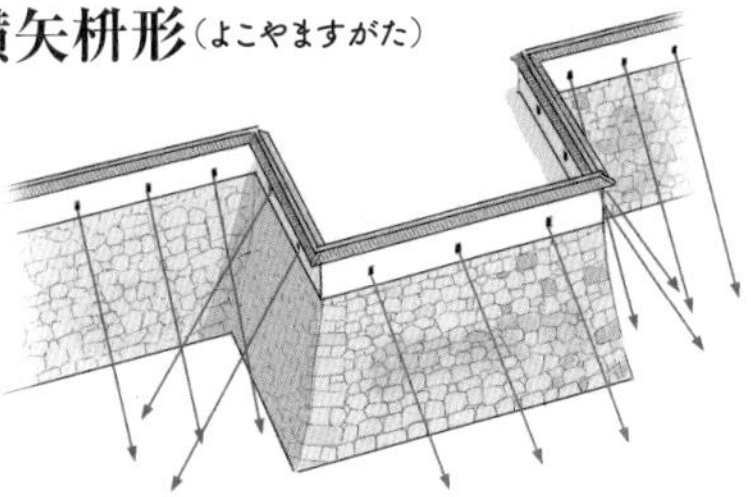

塁線に長方形の突出した部分を設けて
攻撃の拠点とします。

横矢邪（よこやひずみ）

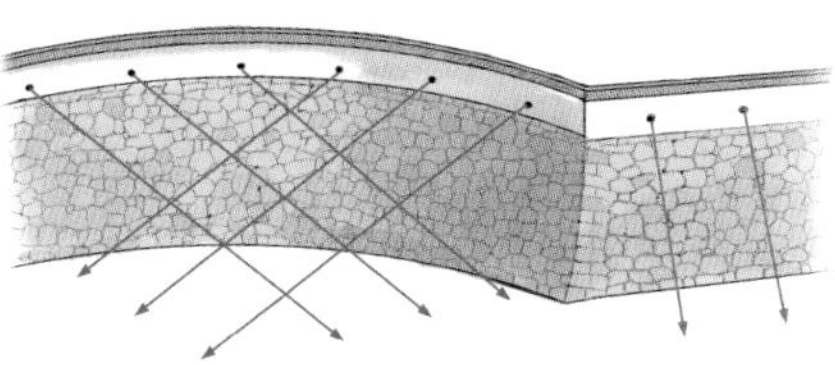

塁線をゆるく曲げてあります。

屏風折（びょうぶおれ）

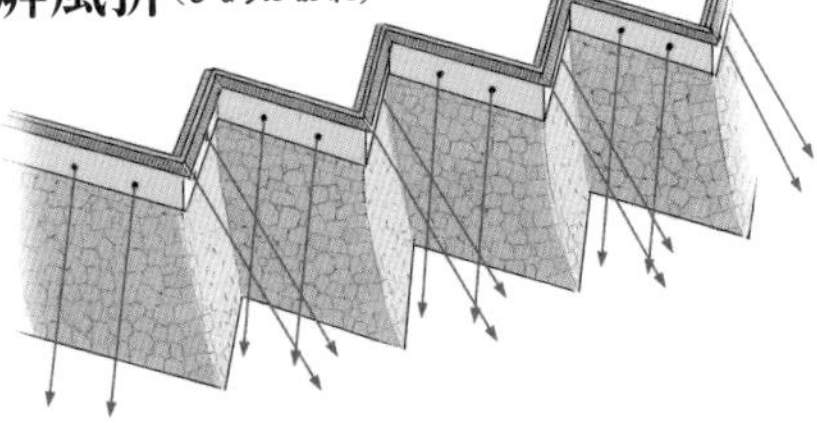

三角形の突起状の折れを造っています。塁線自体を
曲げる場合と、土塀のみを曲げる場合とがあります。

63

庭園（ていえん）

人をもてなす空間

室町時代の守護大名たちは、都の暮らしをまねることで、室町幕府との関係を自分の領地で示しました。そのために、将軍の居所だった花の御所をまねて御殿を造り、敷地内に庭園を設けました。その例として一乗谷《いちじょうだに》朝倉館《あさくらやかた》、大内《おおうち》氏《し》館《やかた》、北畠《きたばたけ》氏《し》館《やかた》などがあります。

近世に入り、城郭に庭園を取り入れたのは織田信長と豊臣秀吉でした。大坂城の山里曲輪《やまざとぐるわ》は最初の広大な城内庭園とされています。秀吉は茶室と御殿と庭園を設け、大名たちをもてなしたのです。

秀吉以降、近世の城には、必ずといっていいほど庭園が造られました。本丸御殿と庭園、二の丸御殿と庭園などがセットで造られたのです。

大名庭園の多くは大きな池を海に見立てて、起伏のある地形や大きな石などを置いて、山や平野を表現しました。庭園の中には散策のための道も設けられていて、回遊式《かいゆうしき》庭園と総称されています。

徳川政権下で社会が安定してきたことで、庭園が発達しました。庭園は大名同士の交遊の場であり、将軍が御成のときには迎える施設ともなり、藩主の休養や隠居の場にもなっていたのです。

現在でも、大名の庭園が残されていますが、その多くは城外に設けられたものです。日本三名園とされている庭園が、**水戸偕楽園《かいらくえん》**、**金沢兼六園《けんろくえん》**、**岡山後楽園《こうらくえん》**です。兼六園は金沢城南東にある一〇万㎡に及ぶ広大な回遊式庭園。後楽園は岡山城と旭川を挟んで築かれた、江戸初期を代表する庭園です。偕楽園は現在でも梅の名所として知られていますが、元は兵糧として梅干しを作るために植えられたものだそうです。

POINT

藩主の遊興や賓客のもてなしなどのために、城には庭園が造られました。

日本三大名園

後楽園
（写真＝石田多加幸）
貞享3年（1686）に着工、14年の歳月をかけて完成しました。現在もその当時とあまり姿が変わっていません。

兼六園
（金沢市提供）
五代藩主前田綱紀（まえだつなのり）の時代に着工し、170年余りかかって完成しました。もともとは金沢城に付属していた外園です。

偕楽園
（写真＝近藤　勲）
天保13年（1842）、九代藩主徳川斉昭（とくがわなりあき）によって造られました。

64

城下町（じょうかまち）

城を守るために町を造る

近世の城郭の外側にはかならず**城下町**があり、現代の都市の多くは江戸時代の城下町の面影を残して発達してきました。たとえば地方都市の官庁街あたりは**侍町**《さむらいまち》の跡、アーケード街などはかつての**町人地**《ちょうにんち》の跡というように、**町割り**《まちわ》（侍町や町人地を城下町のどこに置くかという都市計画）が受け継がれています。

城下町の起こりは室町時代末期で、平山城や平城の普及にともなって、城の周囲の平地に造られ、発展しました。桃山時代の城攻めのときには、まず城下町が焼き払われました。町があると城を攻めるのに邪魔になり、また町に住む人々は城を攻める側にとって敵となるからです。街並みのなくなった城を裸城と呼びました。

城下町は城を中心に武士の住む侍町、商人や職人が住む町人地、さらに寺院などを集めた寺町もあって、領地内の農民以外の人々が住む場所だったのです。

城主の住む御殿を城の本丸・二の丸に建て、その外側の三の丸などには、家老といった身分の高い家臣の屋敷が造られます。有力な大名などは家臣の数も多く、城内だけでは収まりきれなくなるため、城外に侍町がはみ出すことになりました。

身分の高い家臣は城の中心部の近くに長大な長屋門を構えた広い屋敷に住み、その外側に長屋門を持つことができないクラスの家臣が、土塀や生け垣をめぐらした屋敷を建て、さらにそれより身分の低い家臣たちは、城の内外に建てられた一戸建ての住居を貸し与えられて住んでいました。これよりも身分の低い足軽たちは、侍町の一番外側

POINT

城下町を造ることは城を守るためにとても重要でした。

城下町の例

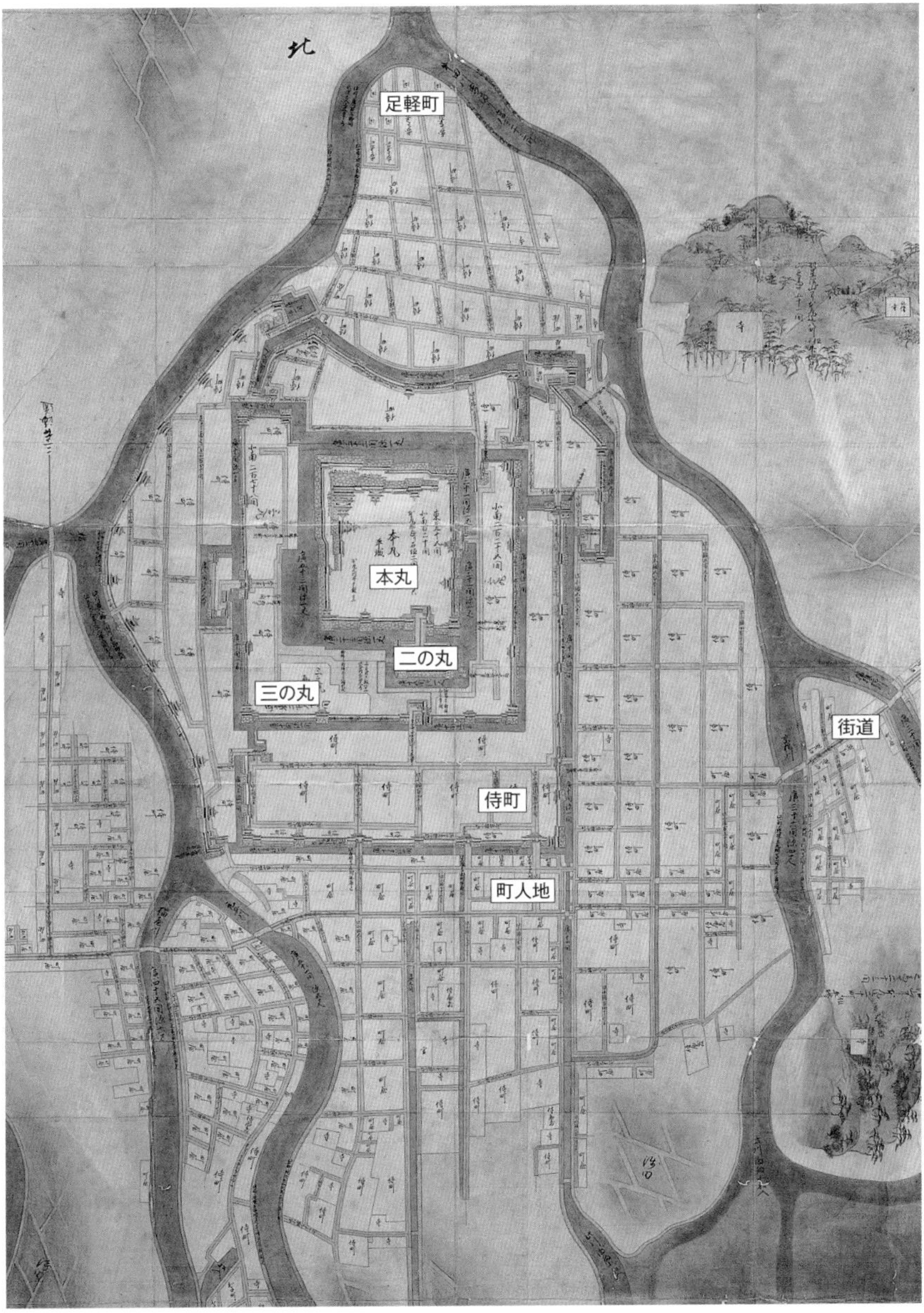

安芸国広島城所絵図(国立公文書館内閣文庫蔵)
正保年間(1644~48)に、幕府の命令によって作成された正保城絵図のうちの1枚で、広島城とその城下を描いています。城を中心に侍町、町人地が配置されています。

に建てられた共同住宅である長屋住まいです。ここは侍町と区別して足軽町《あしがるまち》と呼ばれることもありました。

武士たちだけで町を造っても暮らしていくうえで、さまざまな不都合が生じます。そこで、土地を安く譲ることや、税金を優遇するなどして、商人や職人といった町人たちを城下に集めました。大名が他の土地へ国替えとなった場合には、有力商人や腕のよい職人たちなどに一緒についてきてもらうように頼むこともありました。

町人地に建てられた家は二階建てが一般的で、家の正面を道に向かせて隣家との隙間がないように造られていました。道の両側にびっしりと町家があることで街道を通って城下町に入ってきた敵の視界を遮《さえぎ》ることができるのです。さらに道を折り曲げてあれば、見通しがきかなくなるうえに、敵は自分がどこにいるのかわからなくなってしまいます。

びっしりと並んだ町家は、城下町を通り抜けようとする敵にとって見通しをきかなくする壁のような役割を果たすため、城を守るために有効だったのです。

城下町は城の近くに侍町を置き、その外側に帯状に続く町人地があり、さらにその外側に足軽の長屋や上級家臣たちの下屋敷《しもやしき》（別宅）を造りました。

さらに念を入れて、街道が城下町へと入る場所には城門と同じような厳重な構えの総門《そうもん》と呼ばれる門を置いたり、土塁を築いて枡形《ますがた》の虎口《こぐち》を造ったりしました。枡形虎口を造ることで敵がまっすぐに城下町に入れないようにします。

しかし、明治以降は交通の邪魔になるとして、こうした虎口は壊されてしまいました。

足軽長屋（清水園提供）　新発田城下に残る足軽長屋です。

城下町の建物

西郷家長屋門
（写真＝近藤　勲）
彦根城下に残る長屋門で、家老を務めた上級家臣である西郷家の屋敷の門です。

鈴木家長屋門（写真＝近藤　勲）
彦根城の旧中堀付近にあった中級武士鈴木家の屋敷の長屋門。

山内家下屋敷の長屋
高知城下に残る山内家の下屋敷の長屋です。藩主であった山内容堂がここで西郷隆盛と会ったといわれています。

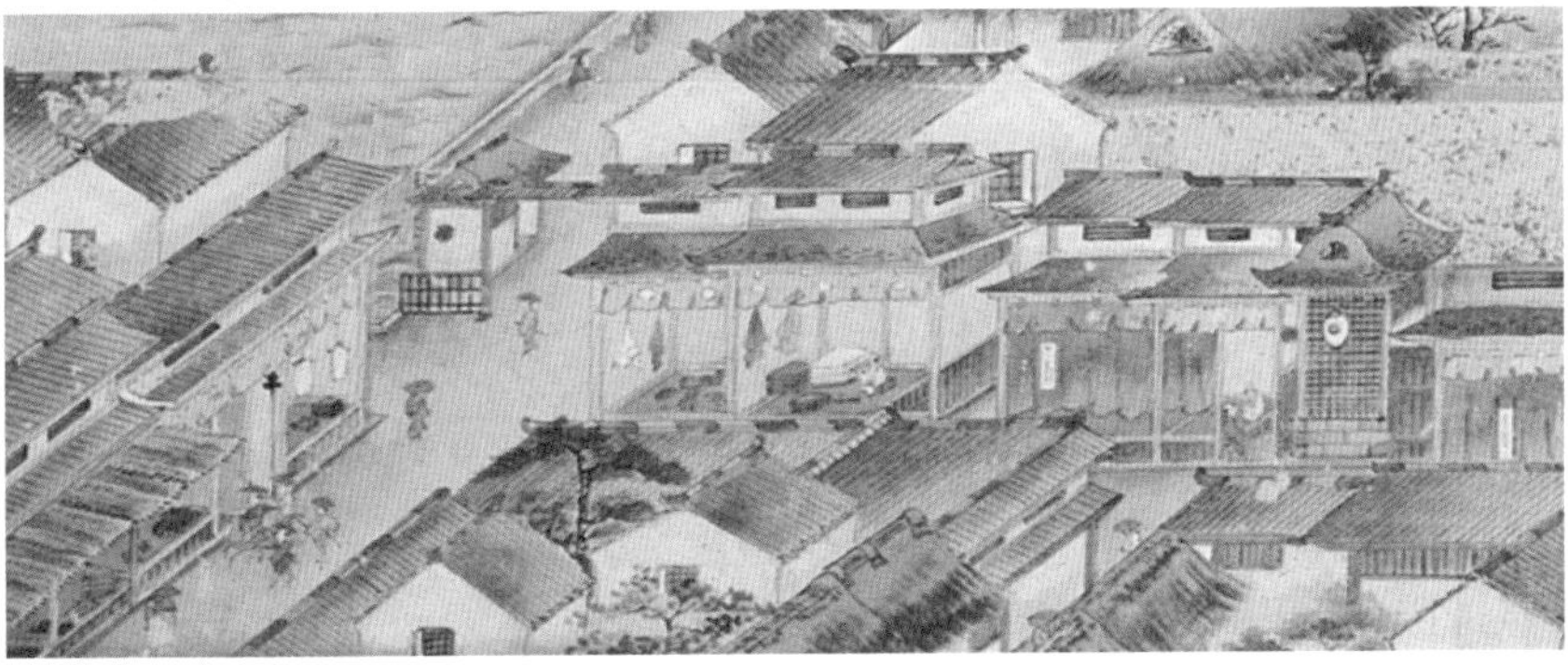

広島城下絵屏風（部分）（広島城蔵）
江戸時代後半の広島城下のにぎわいを描いています。写真の部分は西国街道沿いに建ちならんだ町家が二階建てであること、隙間なく建ちならんでいることなどがわかります。

より楽しくより深く知るための
ちょっと豆知識

昭和の高度成長期に各地に建てられた天守

太平洋戦争後、〇〇ブームと呼ばれて大流行したものがたくさんあります。その中の一つに城の復元があります。

戦後の混乱期が終わりを告げ、高度経済成長期にさしかかった頃の昭和三十年代後半から四十年代はじめにかけて、全国各地で多くの天守が建てられました。この時代は天守の再建がほとんどでした。

戦後「奇蹟」とさえいわれるほどの復興を遂げた人々は、戦争で失われた地域のシンボルを取り戻したいと考えたのでしょうか。大垣城、名古屋城、岡山城、福山城、広島城といった戦争で失われた天守が次々と再建されていきました。

この時代は、建築基準などによって二階を超える建物を木で造ることができませんでした。そのため鉄筋コンクリートの外観復元が中心でしたが、人々の生活にゆとりが生まれたこともあり、よみがえった城の雄姿を見るために、多くの人々が城を訪れました。

こうした天守の内部は、現代的な造りで、博物館や資料館として利用されています。

「細部が史実とは異なる」「コンクリートの天守を壊して、木で造り直すべきだ」という声も上がっていますが、築城後数十年を経たこれらの天守たちが、地域のシンボルとして地元の人々に愛されているのも事実なのです。

広島城天守（写真＝加藤理文）
昭和20年（1945）8月6日に原爆倒壊しましたが、昭和33年（1958）に鉄筋コンクリートで再建されました。

第4章 歴史

65

古代（こだい）

弥生時代にさかのぼる歴史

日本の城の歴史は古く弥生《やよい》時代にまでさかのぼります。昭和六十一年（一九八六）から発掘・整備・復元が始まった佐賀県の吉野《よしの》ヶ里《り》遺跡は、竪穴式《たてあなしき》住居群を深い空堀で囲み、要所では塀を半月形に張り出して、そこに物見櫓を設けた**環濠《かんごう》集落《しゅうらく》**という城の一種です。環濠集落は日本全国で見つかっていて、弥生時代に激しく行われた集落間の抗争から、中に住む人々を守るために造られたと思われます。

天智《てんじ》天皇二年（六六三）に、百済《くだら》が滅亡すると百済から多くの人が日本に亡命しました。百済人の技術によって築かれた新しい城を「**朝鮮式山《ちょうせんしきやま》城《じろ》**」といい、九州から瀬戸内にかけて分布していて、大野城《おおののき》や鬼ノ城《きのじょう》などがこれにあたります。大きいひと続きの土塁や石垣といった城壁で山や谷を取り囲むのが特徴です。

この少し後の時代になると、中国大陸の古代都市の長安や洛陽をまねた「**都城《とじょう》**」という城が造られます。持統《じとう》天皇八年（六九四）に遷都《せんと》された藤《ふじ》原京《わらきょう》、和銅《わどう》三年（七一〇）に遷都された平城京《へいじょうきょう》などです。中国大陸では高く堅固な城壁で四方を囲っていましたが、日本ではそれがほとんどないに等しいものでした。そういったわけで、日本の場合都城は都市を守る城とはいいづらいのです。

同じころ、現在の新潟県から東北地方にかけて数多くの城柵が、朝廷によって造られました。中央に政庁の建物を置き、その周りを四角く内郭で囲んでいましたが、防備性は高くなく、城というよりも武装化した政庁と呼んだ方がふさわしいものでした。

POINT

吉野ヶ里遺跡や平城京などが日本の城の先祖です。

古代の城

吉野ヶ里遺跡全景
(佐賀県教育庁文化課提供)
吉野ヶ里では、弥生時代前期から後期を通じて環濠集落が営まれていました。後期の集落には物見櫓ではないかと思われる建物跡が発見されました。

鬼ノ城の角楼(写真=乗岡　実)
古代の山城の中でも鬼ノ城は遺構が多く、復元調査が進んでいます。大陸では「雉城」と呼ばれている城壁の張り出し部分も復元されています。

Ⅱ期(8世紀後半)の多賀城政庁復元模型
(国立歴史民俗博物館蔵)
地方の政治の中心となる政庁の周りを長大な塀で囲む城柵は、大陸の都城をお手本にしています。

66

中世城郭（ちゅうせいじょうかく）

武士が築城

平安時代前期までの城は、朝廷による国家事業として築かれていました。しかし、これ以降は武士による私的な築城となったため、城の規模はそれ以前よりも貧弱なものになりました。

城を築いたのは、武士といっても国人《こくじん》や土豪《どごう》という自分の土地にいて領地を治めている階層が多く、この階層の武士は、近世の大名と比べて経済的に恵まれていませんでした。このため一つの城を守る兵の数も少なく、数十人程度という場合が多かったようです。また南北朝から室町時代ころの城は山の上に築かれた「山城」という城で、戦いのときなどに逃げ込むための施設だったのです。

こうした山城は生活に不便なため、城主たちは普段は城下の居館《きょかん》に住んでいました。居館とは、山城の麓や少し離れた平らな所に造られた、周囲に土塁や堀などを巡らした住居のことです。これも広い意味では城に含まれます。現在では山城と居館とを合わせて「中世城館《じょうかん》」としています。

中世の城に多い山城は、山の上の尾根伝いに段々畑状の小さな曲輪をいくつも連ねて、要所に空堀や土塁を配置しています。石垣は土塁の土留めや虎口（曲輪の入口）の脇に飾り程度にしか使われていません。石垣を築く技術が未熟で低い石垣しか造れず防備性はほとんどありませんでした。むしろ天然の断崖やそれに手を加えた急な崖（切岸《きりぎし》）の方が防備力がありました。

近世の城のように曲輪や城の周囲を堀が巡るという形式ではありませんでした。

城内の建物も小屋程度のものが大半を占め、本格的な建物はほとんど造られませんでした。

POINT

中世の武士たちが築いた城は、山の上の城と麓の居館とに分かれていました。

中世の城

推定復元された厨川柵の楼門
厨川柵について詳しいことはわかっていません。写真は、えさし藤原の郷に厨川柵(くりやがわのき)を想定して推定復元したものです。

地方武士の館の復元模型
(国立歴史民俗博物館蔵)
絵図や発掘調査などから推定して造られたものです。だいたい1町四方(約10000㎡)ぐらいあったようです。

上赤坂城跡から出土した壁土
(千早赤阪村教育委員会提供)
この城で戦った楠木正成(くすのきまさしげ)の子正儀(まさよし)が、城から逃げるときに火を放ったという伝承を裏付けるものではないかと考えられています。

67

近世城郭の誕生（きんせいじょうかくのたんじょう）

安土城によって完成した近世城郭

近世城郭と呼ばれる「水堀で囲まれ天守を持つ」という今日私たちがイメージする「城」の誕生には、東海地方から近畿地方にかけてくりひろげられた激しい戦乱が、大きな役割を果たしました。戦乱に対応して城が進化したのです。本格的な近世城郭の完成は、天正四年（一五七六）に織田信長が築いた安土城とされています。

信長の出身地尾張《おわり》には濃尾平野があり、中世から多くの城が極めて低い丘や平地に築かれていて、近世的な平山城や平城が誕生する下地がありました。そのころ六角《ろっかく》氏が築いた佐々木観音寺《ささきかんのんじ》城には石垣が多用され、松永久秀《まつながひさひで》の多聞城には初めて多門櫓が築かれ、さらに天守級の大櫓が建てられました。

多門櫓や大櫓・石垣などを集めたのが信長でした。常備軍を収容するために、平らな部分の少ない山城を出て、広大な平山城や平城を居城としました。城の中心部に石垣を多用し、本丸に天守を造り、城内に城主の居館である御殿を設けました。また城下町の建設もこのころから始まりました。

しかし、信長は安土城完成後間もなく亡くなってしまい、近世城郭が全国に広まったのは信長の後を継いだ豊臣秀吉による天下統一後でした。大坂城や名護屋《なごや》城は秀吉が諸大名を動員した天下普《てんかぶ》請《しん》によって築かれました。これが近世城郭の普及や築城技術の発展に大きな影響をおよぼしました。

この後各大名たちが自分の居城に築城技術を応用し、巨大城郭を造りました。毛利輝元《もうりてるもと》の広島城、宇喜多秀家《うきたひでいえ》の岡山城などがこれにあたります。

POINT

豊臣秀吉による天下普請によって近世城郭は広まりました。

近世城郭の誕生のころの城

安土城天守復元CG（復元＝三浦正幸、制作＝株式会社エス）
近世城郭のスタイルを確立させた画期的な城郭です。

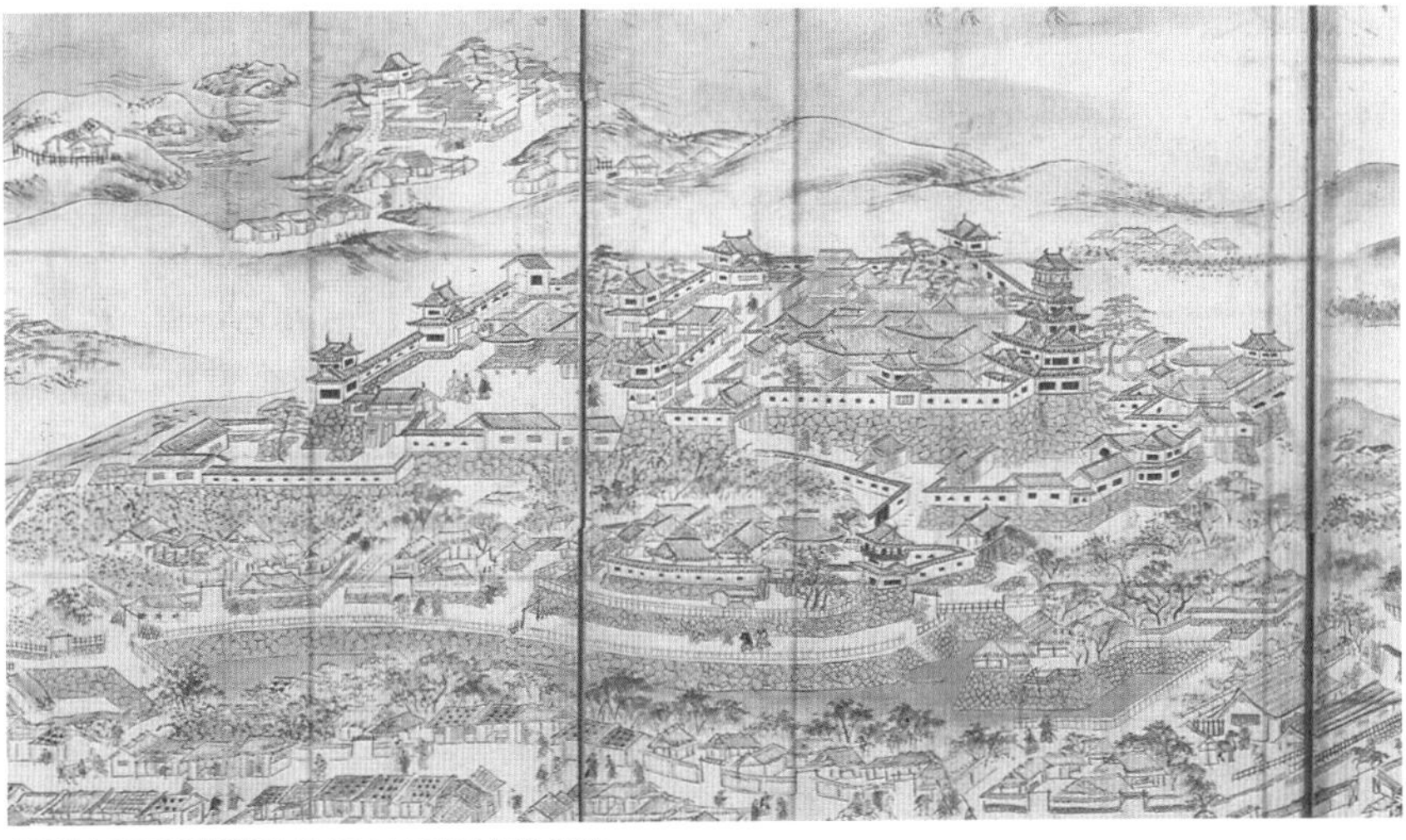

「肥前名護屋城図屏風」（佐賀県立名護屋城博物館蔵）
元禄時代（1688～1704）に描かれたとされている名護屋城の絵図です。
近世城郭が誕生したころの城の形が描かれている貴重な資料です。

68

慶長の築城ブーム（けいちょうのちくじょうぶーむ）

現存する城の多くはこの時期の築城

POINT

関ヶ原の戦いから約15年間の間に数多くの城が造られました。

慶長五年（一六〇〇）の関が原の戦いの後、大名たちの全国的な配置換えが行われました。とくに加増され、中国、四国、九州地方に広大な領地を与えられた外様大名たちは、加増に見合う大城郭を新築、もしくはそれまでの城を大改修して、そこを居城としました。中国、四国、九州地方を中心とした西日本に大城郭が多く、東日本の城とは形状が異なるのはこうした理由からなのです。

これにともなう築城ブームは慶長二十年（元和元年、一六一五）の大坂夏の陣まで続きます。この年に幕府が公布した武家諸法度の中で新しい城を造ることや城の増改築が禁止されたことで終わりました。

この間に、石垣の隅の算木積が完成し、石垣に反りが生まれ、低予算でしかも短い工期でも造れる層塔型天守が現れるなど、城造りのための土木建築技術が飛躍的に進歩しました。こうした新しい技術は、徳川家康が全国の大名を動員して行った天下普請の現場で伝わり、それぞれの大名の居城で活かされることになりました。

今日、全国で見られる近世城郭の大多数はこの時期に新しく築かれたか、大幅な改修を行った城です。外様大名によるものは、加藤清正の熊本城、細《ほそ》川《かわ》忠《ただ》興《おき》の小倉城、毛利輝元の萩城などがあげられ、一方徳川家康による天下普請の城としては、江戸城、駿府城、彦根城、名古屋城などがあります。

しかし、このころから大名が新しい城を勝手に築くことに対する規制が強まり、五重天守を築くこともはばかられるようになりました。

慶長期に建てられた城

犬山城天守
（写真＝加藤理文）
慶長6年（1601）に造られた天守です。

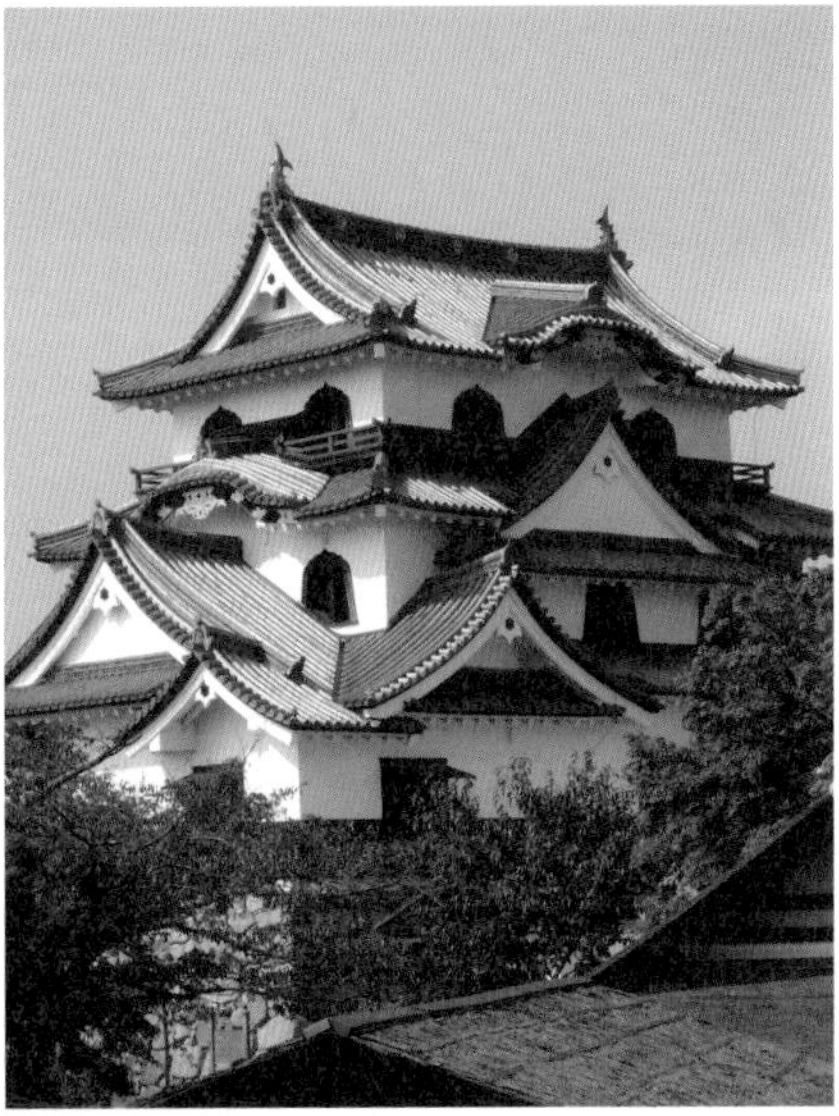

彦根城天守
（写真＝加藤理文）
慶長11年（1606）に造られた天守です。

姫路城天守
慶長13年（1608）に造られた天守です。

松江城天守
（写真＝加藤理文）
慶長16年（1611）に造られた天守です。

69

武家諸法度（ぶけしょはっと）

違反した罰として取り潰《つぶ》しもあった厳しい法令

慶長二十年（＝元和元年、一六一五）五月に大坂夏の陣で豊臣氏が滅びました。幕府がこの年の閏《うるう》六月に「一国一城令《いっこくいちじょうれい》」、七月に「武家諸法度」を公布したことによって大名の城に対して強い規制が加えられるようになりました。

「一国一城令」とは一つの国に一つの城だけを認め、それ以外は廃止するように命じたもので、各大名の城の数を制限するために出されたものです。ただし、一つの国を複数の大名が分割して治めている場合は、大名の数だけ城が認められていました。たとえば伊予国（愛媛県）には四人の大名がいたので、今治城、松山城、大洲城、宇和島城の四城が残りました。その一方で藤堂家のように、二国を支配していたため、一大名家で伊勢国の津城、伊賀国の上野城の二城を保有していた例もあります。

武家諸法度はその後の幕府の根本となった法令です。そのなかで、大名が居城を修復する場合には、事前に幕府に届け出ることを義務づけて、しかも将軍の許可を得てから着工せよという厳しい規定が定められました。

こうした厳しい幕府の態度もあって外様大名のなかには城が破損してもそのまま放置したこともありました。大名が勝手に城を直したりすると隠《おん》密《みつ》や幕府が正式に派遣する諸国巡見使の監察などがあって幕府にわかるようになっていました。

なお、寛永十二年（一六三五）の「武家諸法度」の改訂によって、石垣、土塁、堀の修復は今まで通り許可が必要とするものの、櫓、門、塀などは元通りに修復すれば届け出の必要はなくなりました。

POINT

元和元年以降大名たちは、築城や城の修理を勝手に行うことができなくなりました。

廃城になった城

岩国城の石垣

（写真＝加藤理文）

一国一城令で廃城となった岩国城の石垣です。写真の山上の北の丸北側の石垣は、徹底的に破壊されて、かつて石垣であったことすらよくわからない状態になっています。

岩国城の石垣

（写真＝加藤理文）

石垣の石が、かつての堀底に放置されているほど、石垣が徹底的に破壊されています。

名護屋城の石垣

（写真＝加藤理文）

やはり廃城となった名護屋城の石垣です。南西方面から天守台を見ています。石垣が土砂で覆われてしまうほど徹底的な破壊を受けました。

70

江戸時代の築城（えどじだいのちくじょう）

徳川幕府の政策を反映

POINT
武家諸法度によって築城が禁止されましたが、意外にも多くの城が造られています。

元和元年（一六一五）に出された「武家諸法度」の中で幕府は、新しい城を築くことを禁止しながらも実際には、かなりの数の築城を許しています。これは幕府の政略によるもので、元和三年（一六一七）から明石城が、元和六年（一六二〇）には福山城が築かれました。明石城は小笠原忠真《おがさわらただまさ》、福山城は水野勝成《みずのかつなり》という譜代大名の城で、西国の外様《とざま》大名への備えのためでした。

また幕府が命じる天下普請も引き続き行われました。大坂の陣で焼け落ちた大坂城の再建工事、二条城の拡張工事、江戸城の増築工事はその代表例です。

関東・東北地方の譜代大名や親藩の城は、江戸初期に大改修したところがありました。川越城、宇都宮城、水戸城などがこれにあたります。

一方、外様大名であっても転封によって移った領地に、禄高に見合うだけの居城がない場合には、新しい城を築くことや古い城を改修することが認められました。丹羽長重《にわながしげ》が寛永四年（一六二七）から建てた白河小峰城や、浅野長直《あさのながまさ》の慶安《けいあん》元年（一六四八）に着工した赤穂《あこう》城などがいい例でしょう。

さらに泰平の世を反映して天守の建造が少なくなりました。幕府自身も明暦《めいれき》三年（一六五七）に江戸城天守を焼失して以降、天守を再建しませんでした。大坂城、二条城でも天守を焼失した後、再び天守を建てることはありませんでした。

大名の居城でも、天守が焼失してしまった後に再建しなかった例は少なくありません。また、天守のかわりに三重櫓を建てるという方法をとることも多かったのです。

江戸時代に建てられた城

丸亀城天守
(写真=加藤理文)
万治元年(1658)に新築された天守です。

宇和島城天守
(写真=石田多加幸)
寛文5年(1665)に再建された天守です。

備中松山城天守
(写真=加藤理文)
天和3年(1683)に再建された天守です。

高知城天守
(写真=加藤理文)
延享4年(1747)に再建された天守です。

71

幕末の城
（ばくまつのしろ）

海防のための築城

幕末になるとロシア、イギリス、アメリカなどの欧米の船が、日本近海に姿を現すようになりました。このため海防強化の必要性を感じた幕府は、嘉永《かえい》二年（一八四九）に、松前《まつまえ》藩と福江《ふくえ》藩に命じて新しい城を築かせました。両方とも海防のために海に向けて砲台が設けられているという、日本の城ながらも西洋式を取り入れた新風の城でした。それが松前城と福江城です。特に松前城は江戸軍学の粋を尽くした巧妙な縄張の城で、城壁を複雑に曲げ、城の入口である虎口は迷路のように重なっていて、理論上ではどんな猛攻撃にも耐えられるように設計されていました。

ところが、明治元年（一八六八）に、元新撰組《しんせんぐみ》副長土方歳三《ひじかたとしぞう》によって、わずか一日で攻め落とされてしまったのです。松前城の縄張は正面である海からの攻撃しか考えられていませんでしたので、その反対側にあたる搦手口《からめてぐち》は無防備だったのです。土方はこの無防備な搦手を衝《つ》いたのでした。日米和親条約が安政《あんせい》元年（一八五四）に締結されると、開港場の一となった箱館（函館）を守る必要が生じました。幕府は、安政四年（一八五七）に五稜郭《ごりょうかく》の築城を開始しました。西洋の軍学書を参考に、稜堡式《りょうほしき》と呼ばれる星形の縄張としました。このほかに稜堡式の城として四稜郭、龍岡《たつおか》城が造られました。

なお、この時期には海防のために砲台が要所に設けられました。江戸幕府によるものは品川台場《しながわだいば》や和田岬砲台《わだみさきほうだい》が有名ですが、海沿いの領地をもつ大名の中には、自ら台場や砲台を築く者もありました。

POINT

日本近海に来航する欧米船に備えて、海沿いに新しい形式の城が造られました。

幕末に築城された城

五稜郭
（函館市教育委員会提供）
星形をしているのは西洋式稜堡という形式を取り入れているからです。西洋式稜堡はほかにも四稜郭や龍岡城などがあります。

松前城
（写真＝加藤理文）
松前城は、伝統的な形式で造られた最後の城になります。しかし、ところどころ西洋式の形式も取り入れています。

品川台場
純粋な城とはいえませんが、台場（砲台）が日本各地に造られました。一番有名なのが東京湾に造られた品川台場です。

72 チャシ・グスク
（ちゃし・ぐすく）

独特の形をした北海道と沖縄の城

POINT

北海道のチャシと沖縄のグスクという独特の形式の城を紹介します。

北海道で中世の城に相当するものの一つにアイヌ民族のチャシがあります。

「チャシ」はアイヌ語で「囲い」を意味していて、城以外にも祭祀場や談判場として使われていたチャシも多かったようで、実際の用途は多様だったといわれています。

城として使われたことで有名なチャシは、シベチャリ・チャシ（新ひだか町）といいます。寛文九年（一六六九）に和人の横暴に対してアイヌ民族の長の一人シャクシャインが起こしたシャクシャインの乱で使われたところです。

チャシは縄文時代から近世まで北海道全域から千島や樺太にも造られました。

一方沖縄では城を「グスク」と呼んでいます。このなかには城ではない祭祀施設や居住施設も含まれていますが、城としてのグスクとして有名なものに、首里《しゅり》城、今帰仁《なきじん》城、中城《なかぐすく》城などがあります。沖縄の城の特色は、壮大な石垣があって、その石垣が複雑な曲線を描いて続くこと。石垣の隅が尖《とが》らずに丸みを帯びていること。石垣が垂直に近い急な勾配で反りがないこと。石造りのアーチ式の門を城門としていること。城門には木造の楼閣を上げているものの隅櫓に相当する建物がないことが挙げられ、九州や本州の城とはまったく違う形式のものです。大陸の先進的な技術や文化を取り入れて沖縄独特の城の形式は創造されたのです。

日本の中世に相当する時期には、こうした総石垣造の城壁をもつ城が、沖縄ではすでに造られていたのです。

チャシとグスク

温根元漁港から望んだオンネモトチャシ
（根室市歴史と自然の資料館提供）
オンネモトチャシは岬や丘の先端に弧状の濠によって区画されています。

首里城正殿
（写真＝加藤理文）
琉球を統一した尚氏の居城でした。

今帰仁城
（写真＝加藤理文）
写真は今帰仁城に残る2か所のアザナ（物見台）のうちの1つです。

より楽しくより深く知るための
ちょっと豆知識

史実に近い姿で復元されるようになった天守や城門

平成三年、白河小峰城の三重御櫓と門が、それまで建築基準によって木造で二階以上の建物を造れなかったため、造りたくとも造れなかった木造で復元されました。「史実により近い城を」という城ファンや地域の人々の夢がかなった瞬間でした。

この後、平成五年に掛川城の天守が、平成七年に天守代用であった白石城の御三階櫓が、平成十六年には新発田城三階櫓と、大洲城の天守が木造で復元されました。このような流れは「平成の復元ブーム」と呼ばれています。

さて、この平成と昭和の復元ブームの決定的な違いは、平成では木造で、より史実に近い姿で復元しているところにあります。もっとも現在では、管轄官庁である文化庁からの指導で、城跡には、事実とは異なる建物を造ることができなくなったこともあります。

また、天守だけでなく、城門、櫓、御殿などの復元も行われるようになりました。その城が、城として機能していた時代に近い姿を見ることができるようになったといえるでしょう。あわせて石垣、土塁、堀なども復元整備されることも増えてきました。

さらに、中世の山城や城下町が復元される例もでてきました。高根城には、櫓や天守の前身とされる井楼櫓や門が復元されており、見学することができます。また、一乗谷城下では、中世の街並みが再現されています。

白河小峰城三重御櫓（写真＝加藤理文）
平成3年に木造で再建され、平成の復元ブームの火付け役となりました。元和元年（1615）に発布された一国一城令の後に造られたので、天守ではなく三重御櫓と呼ばれました。

第5章

ベスト3《スリー》で見る城

73

三大近世山城

（さんだいきんせいやまじろ）

山の険しさを活かして造られた城

山城とは山や丘の山頂部分を利用して築かれた城のことです。桃山時代以前の城の主流は山城でしたが、山では平地が少なく、数が多くなった家臣団の屋敷などのスペースも確保できなかったため、城は山から平地へと移っていきました。

しかし、江戸時代になっても城として機能していた山城はいくつかありました。こうした山城では、城主たちは山麓に居館を造って住んでいました。近世の山城の特徴と魅力は、山頂の城の部分に壮大な石垣を持つことと、天守や天守に相当する大櫓がそびえていたことです。

俗に三大近世山城と呼ばれる山城は岩村城《いわむら》（岐阜県）、高取城（奈良県）、備中松山城（岡山県）です。備中松山城の天守は日本一高いところに建つ現存天守です。

高取城（写真=加藤理文）
標高583mの高取山に築かれました。戦国武将筒井順慶（つついじゅんけい）が本格的近世城郭に改修し、江戸時代には本多氏、植村氏が城主を務めました。写真は天守台の石垣で、かつては小天守を従えた三重天守が建っていました。

POINT

山城は中世に多く造られましたが、近世になっても機能していたものもあります。

岩村城（恵那市教育委員会提供）
本丸が海抜717mと、近世の城郭ではもっとも高いところに造られていました。織田信長の叔母が城主だったことで有名ですが、江戸時代には大給松平（おぎゅうまつだいら）氏、丹羽氏らが城主を務めました。本丸を中心に塁々たる石垣が残ります。

備中松山城（写真＝加藤理文）
海抜430mの小松山山頂に本丸が築かれています。現存する天守のうちもっとも高いところにある天守として有名です。小堀遠州（こぼりえんしゅう）親子が城番を務めたこともあります。江戸時代は、池田氏、水谷氏、板倉氏など城主がよく変わりました。

74

三大平山城（さんだいひらやまじろ）

近世の城郭では最も多い形態の城

平山城は、近世の城の半数以上を占めた立地の城です。城内に山や丘があるため、山城の守備力と平城の広大な敷地と利便性を兼ね備えた城だといえます。しかも平山城では城の主要部分が高い所に築かれていることが多く、城下町から城がよく見えるため、城下に対して城主の権力を示すことができたのです。

近世の平山城では、山や丘全体に石垣を巡らせることがしばしば行われました。雛段《ひなだん》のように段々に重なった石垣は、一二三段《ひふみだん》と呼ばれています。

平山城に区分される城は日本を代表する名城が多いのですが、あえて挙げるとすれば、姫路城、松山城（愛媛県）、津山城（岡山県）といったところでしょうか。

上空から見た姫路城（姫路市教育委員会提供）
姫路城は姫路の駅前から天守がよく見えますが、これは天守が小高い丘に建っているからです。江戸時代には、池田氏、本多氏以降徳川譜代と呼ばれる榊原（さかきばら）氏や酒井氏などが入りました。

POINT

平山城には姫路城、松山城など近世城郭の名城とよばれる城が多くみられます。

上空から見た津山城（津山市教育委員会提供）
津山城は、平山城の特徴である、山や丘に巡らせた一二三段の見事な石垣が残ります。江戸時代には森氏が築城し、森氏断絶後は松平氏が入りました。

松山城遠望（写真＝石田多加幸）
本丸など城の主な部分が標高132mの山の上にあります。加藤嘉明、蒲生氏といった豊臣氏ゆかりの部将が築城し、その後は松平氏が幕末まで城主を務めました。

75

三大平城（さんだいひらじろ）

最も進化した城の形態

平城は最も進化した城の形態だといわれています。石垣や水堀など大規模な土木構造物と、数多くの櫓や城門といった建物を備えていました。

大勢の兵で守られた近世の平城の防御性能は極めて高く、兵糧攻めと水攻め以外の方法では落とすことができないはずでした。しかし守備の面での評価は意外に低く山城の方が優れているとされています。

平城はもともと武士が普段住んでいた居館が始まりと考えられています。中世ではこうした居館は戦いのための山城と区別して屋敷《やしき》城（屋敷構《やしきがまえ》城）と呼ばれていたことが、実質的に防御力より低く評価されることにつながったのではないでしょうか。三大平城としては松本城、二条城、広島城などが挙げられます。

松本城
烏城（うじょう）とも呼ばれる黒い外壁が美しい城です。石川数正（いしかわかずまさ）が築きました。江戸時代は小笠原氏や松平氏が城主を務めました。

POINT

天守・櫓・門などの建物から、石垣・堀などの土木構造物までを完備した城です。

二条城（写真＝近藤　勲）
徳川家康が京都での宿館として築き、江戸時代を通して徳川氏の城でした。二の丸御殿が現存しています。

広島城（写真＝加藤理文）
毛利輝元が築き、福島正則が改易の原因となった改修を行ったことで有名な城です。福島氏改易後は幕末まで浅野氏が城主でした。

76

三大海城（さんだいうみじろ）

海や湖を物流に生かした城

鉄道や自動車にその座を奪われるまで、物流の主役は船で、武将にとって港を押さえることは戦略上重要なことでした。水面が穏やかな琵琶湖や瀬戸内では、湖や海に接する近世城郭が築かれていて、水城や海城などと呼ばれます。

海城は平城を攻める戦略の一つである水攻めができない城です。戦いのときは敵は水面を長期にわたって封鎖するのが難しく、また、城内側は物資の搬入や脱出もしやすかったのです。

海城は平城の一種とされますが、実は山城・平山城・平城という区別とは別の概念にあります。宇和島城、唐津城は平山城の海城になりますし、萩城にいたっては山城と平城が合体した海城だといえるでしょう。三大海城を挙げますと、高松城、今治城、宇和島城になります。

高松城の内堀（写真＝加藤理文）
高松城の内堀のすぐ外は、フェリーが航行する瀬戸内海だということがよくわかる写真です。生駒氏によって築かれ、徳川光圀の兄が入って以来幕末まで松平氏の城でした。

POINT

海城・水城は海上輸送の利便性を最大限に利用した城です。

今治城（日本地図センター提供）
写真右上の舟入（ふないり、舟をつなぎ止めておく場所）の先は海です。海水を引き込んでいるので、堀の中を鯛やヒラメが泳いでいる姿が見られます。築城名人藤堂高虎が造った城の一つで、藤堂家が伊賀に移った後は松平氏が城主を務めました。

宇和島城（写真＝藤田　健）
小高い山の上に天守が建っていますが、江戸時代には山の下の市街地の一部は海でした。明治以降徐々に埋め立てられ現在の姿になりました。藤堂高虎が造った城の一つで、伊達政宗の子が城主になって以来伊達家の城でした。

77

櫓が多い城

（やぐらがおおいしろ）

城内に多く建てられた櫓

櫓は、城を守るために欠かすことのできない建物でした。そのため、幕末に造られた五稜郭や龍岡城といった西洋式稜堡以外の城には、必ず櫓が建てられていました。

なかでも、西日本の有力大名たちの城は、数多くの櫓を建てました。その様子は、城下町から見ると、櫓で城内が埋め尽くされているようで、江戸時代に描かれた風景画や名所図会の挿絵で見ることができます。一方、東日本の譜代大名が建てた城は、総じて櫓の数が少ないのが特徴です。

しかし、明治になり、次々と櫓が取り壊されてしまいました。では、かつて櫓の多かった西日本の城の上位はどこの城でしょうか。

第一位は、天正十七年（一五八九）に毛利氏が造り、慶長六年（一六〇一）に福島正則が増築し

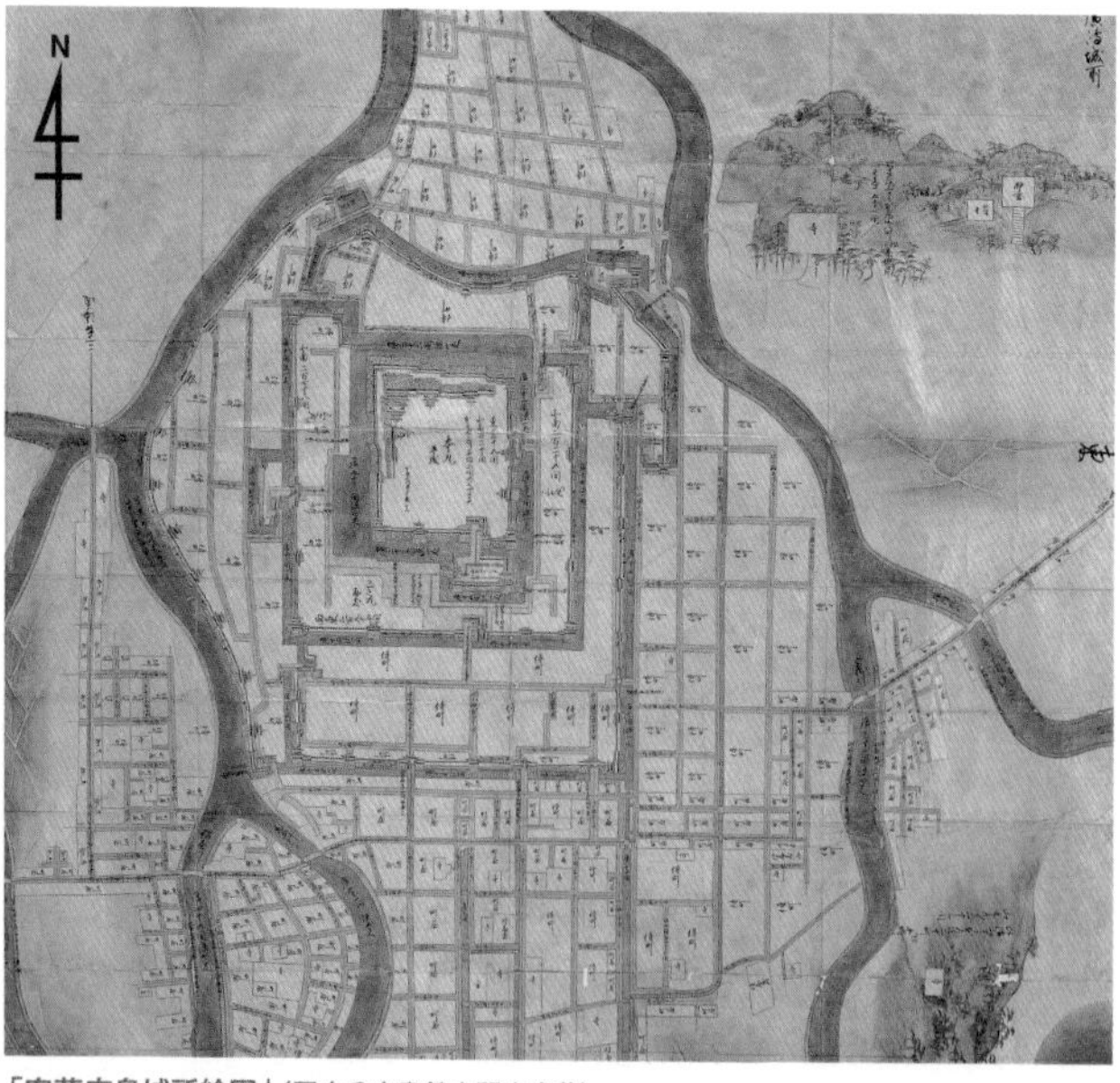

「安芸広島城所絵図」（国立公文書館内閣文庫蔵）
二重櫓35基、平櫓30基、多門櫓が11基（総延長は228間）で全部で76基ありました。

POINT

櫓は城の守りの要で、何十基も建て並べた城もありました。

た広島城で、七六基ありました。

第二位は、天正十八年（一五九〇）に宇喜多氏が築城し、慶長六年に小早川秀秋が改修、さらに慶長末期に池田氏が改修した岡山城で、五一基ありました。

第三位は毛利氏が慶長九年（一六〇四）に築いた萩城で二三基、第四位は山内氏が慶長六年に築いた高知城で一七基でした。

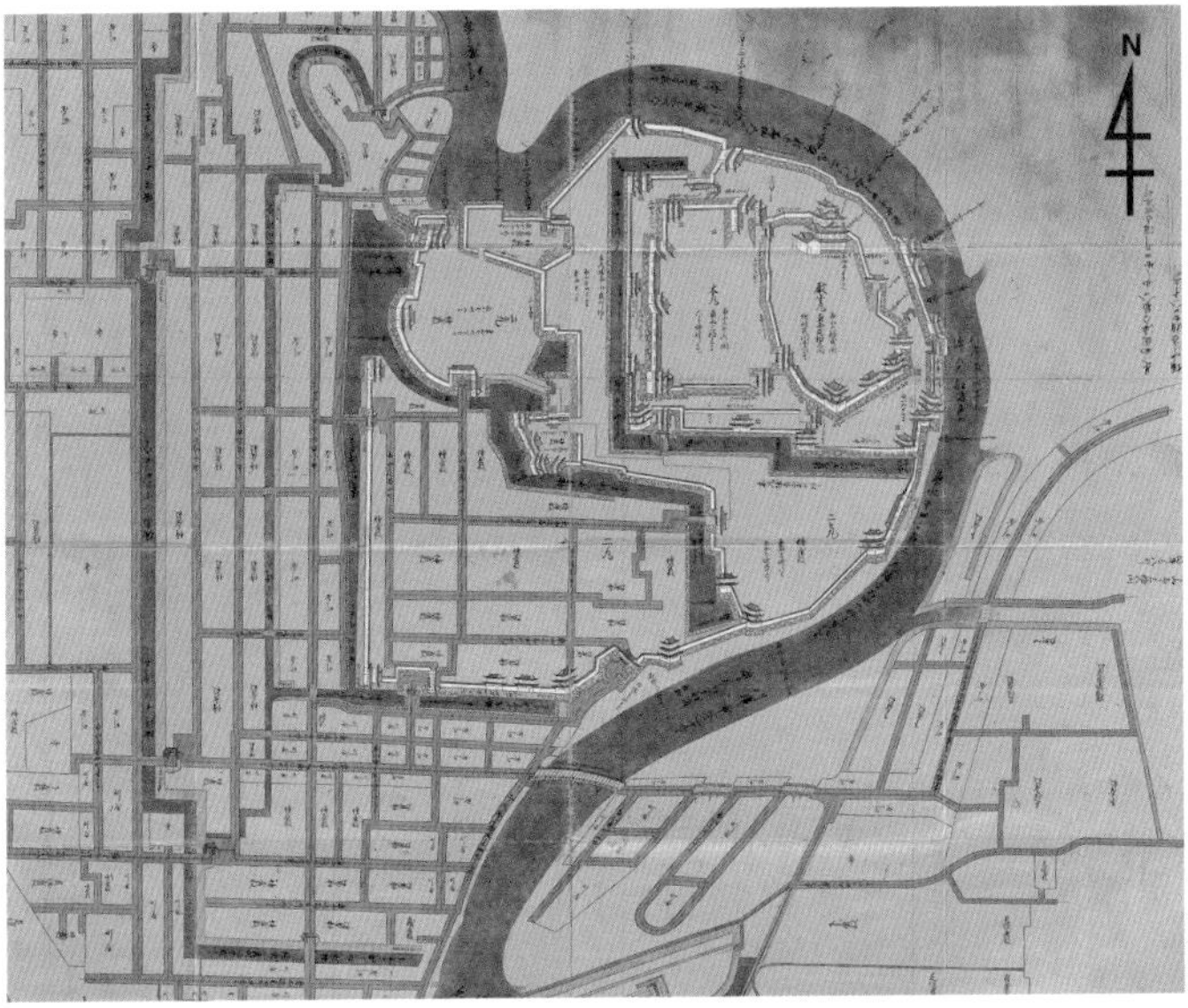

「岡山城正保城絵図」（国立公文書館内閣文庫蔵）
三重四階櫓1基、三重三階櫓6基、二重櫓24基、平櫓2基、多門櫓18基（総延長は175間）で全部で51基ありました。

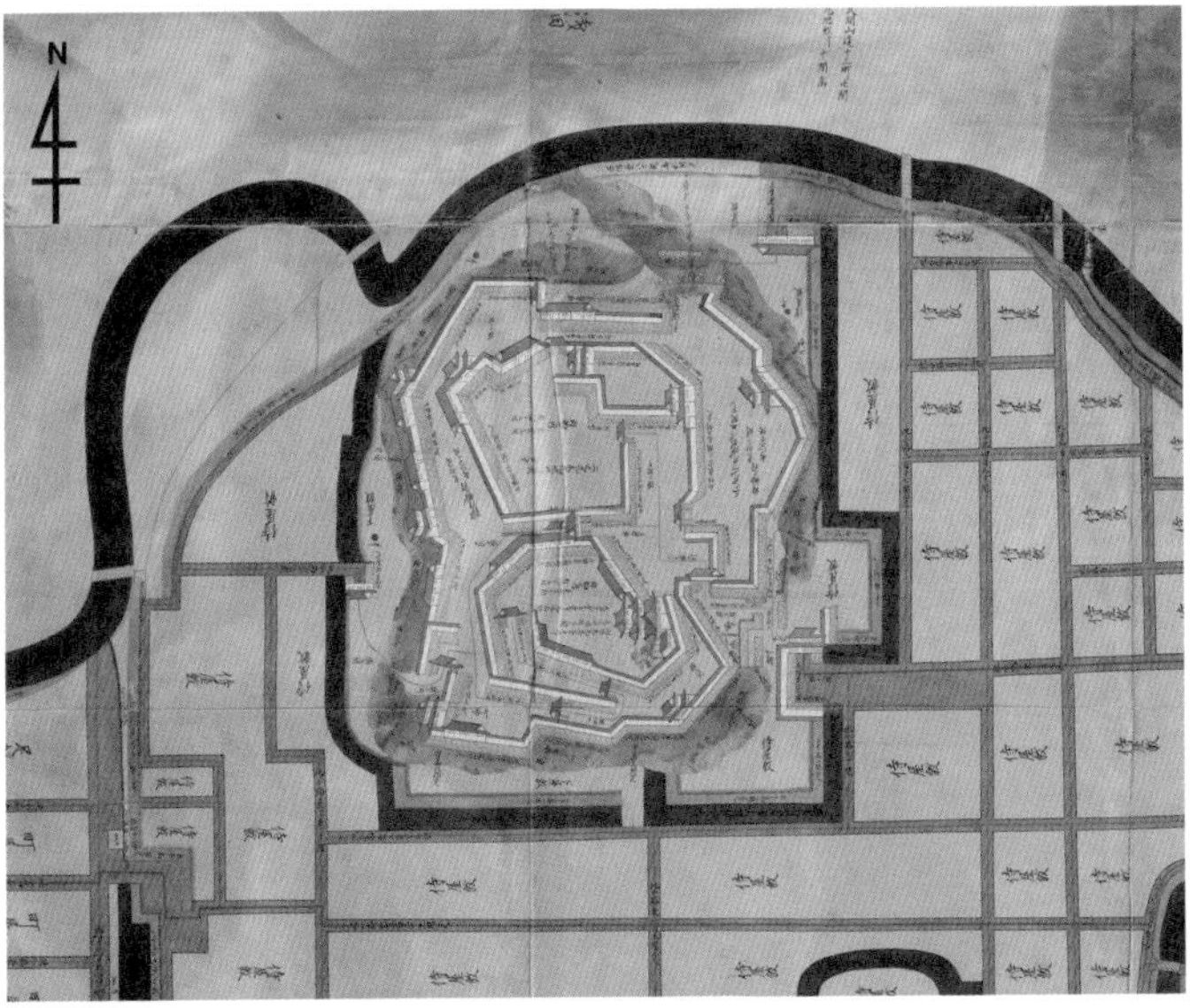

「土佐国城絵図」（国立公文書館内閣文庫蔵）
三重櫓1基、二重櫓7基、多門櫓9基（総延長は78間）で全部で17基ありました。

歴史ブームの中、各地の城で進む復元・整備

平成二十二年現在、戦国ブーム、歴女、龍馬ブームなどの言葉が生まれるほど歴史が注目されています。

「平成の城復元」ブームで建物の復元などが行われなかった城でも、建物の塗り直しや、景観の整備などが行われました。塗り直しを行った城には伊賀上野城、福知山城などがあります。

こうしたブームの中、平成二十二年現在、城の整備、復元計画が始動している城が多数あります。

五稜郭では、奉行所の一部が復元され、平成二十二年七月末に一般公開の予定です。

会津若松城天守は、戦後の復元ブームのときに造られた鉄筋コンクリート造ですが、それでも史実に近づけようと平成二十三年春の完成を目指して、黒い瓦から赤い瓦へと屋根を葺き替え、また高欄を赤から黒へと塗り直す工事が行われています。

近年、城門・堀・石垣などの復元整備を精力的に行っている小田原城では、さらなる整備が行われる予定です。駿府城も今後また、一基の櫓の復元が計画されています。

名古屋城では戦争で失われてしまった本丸御殿の復元工事が行われていて、その様子を見学できる工夫もされています。

復元ではありませんが、姫路城も太平洋戦争をはさんで行われた「昭和の大修理」に次ぐ規模の修理が進行しています。

復元された小田原城馬出門

（写真＝加藤理文）

平成21年春に復元されました。小田原城では引き続き、復元整備を行っていく予定です。

第6章

資料編

78

天守と高い建物を比べる（てんしゅとたかいたてものをくらべる）

日本武道館よりも高かった江戸城天守

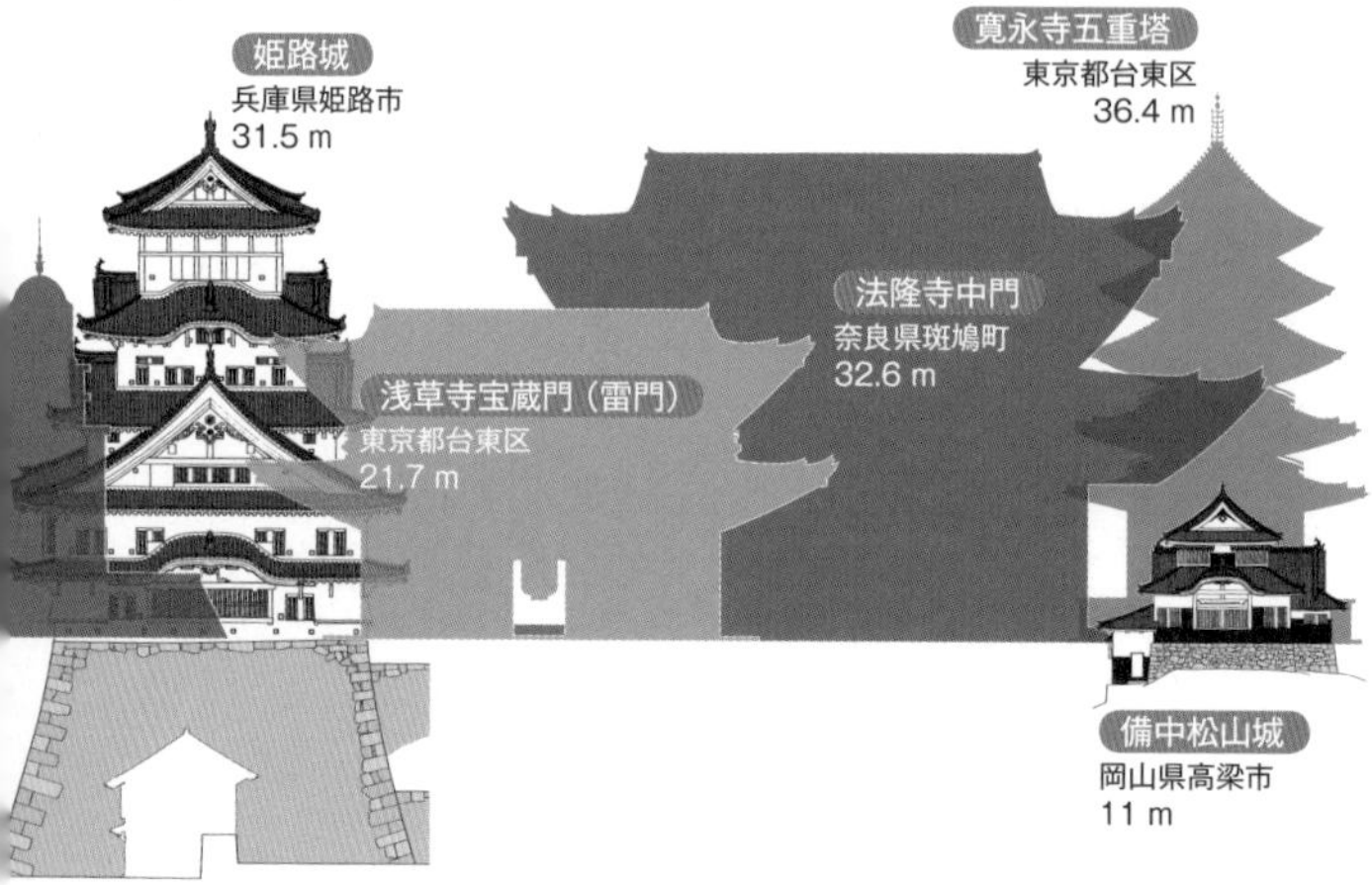

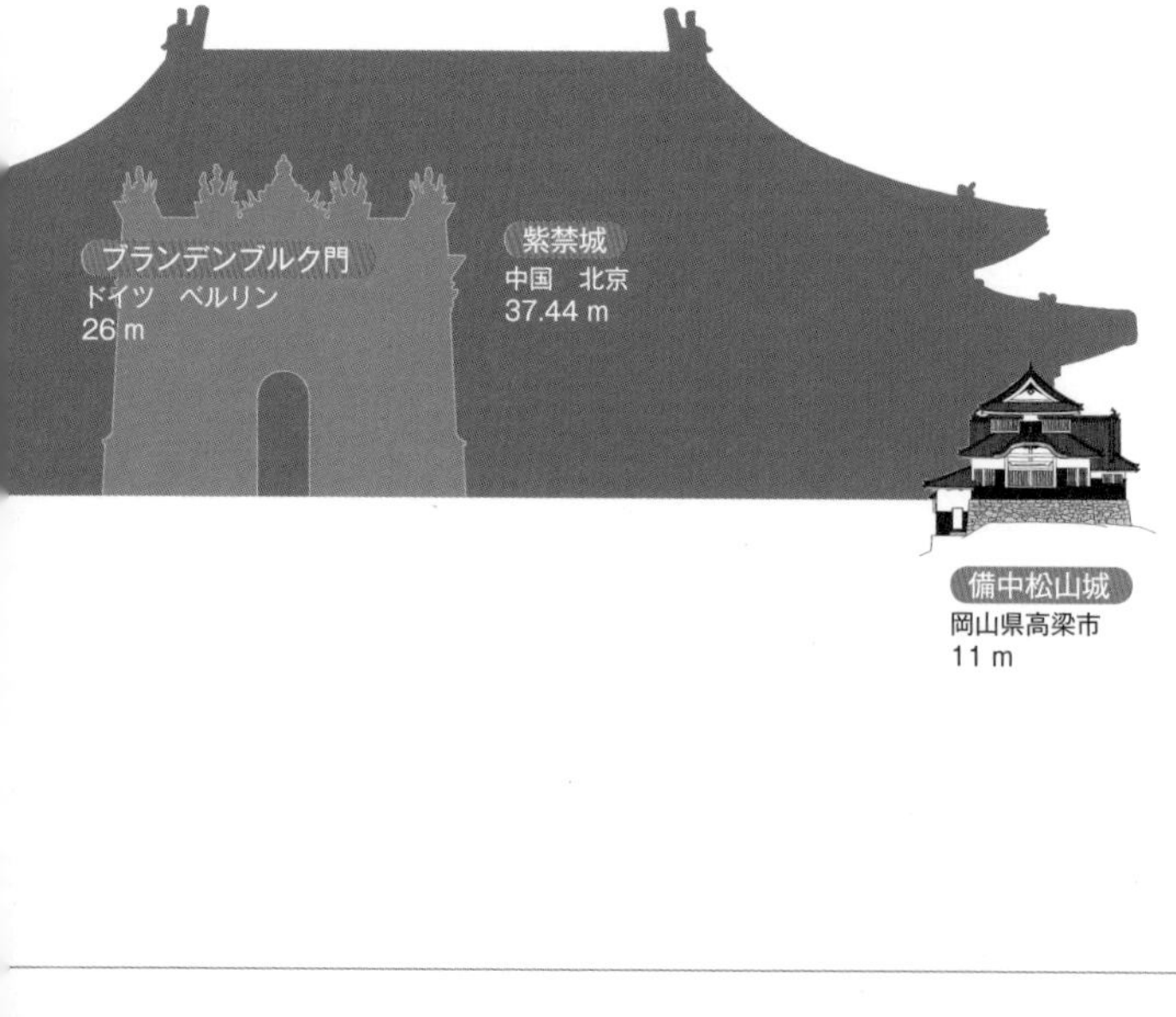

POINT

天守はどれぐらいの高さのあった建物なのか、国内外の有名な建物と比べてみましょう。

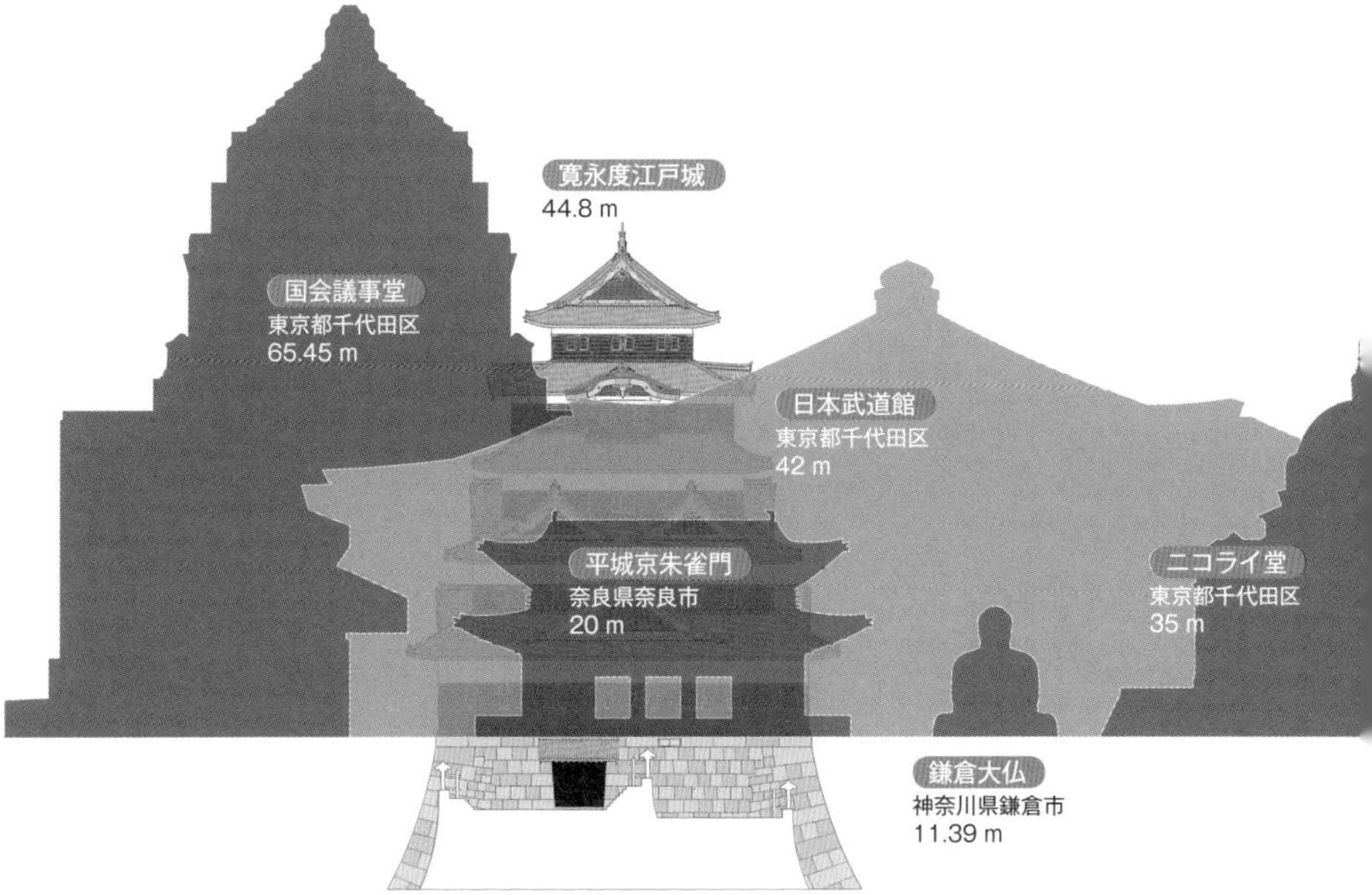

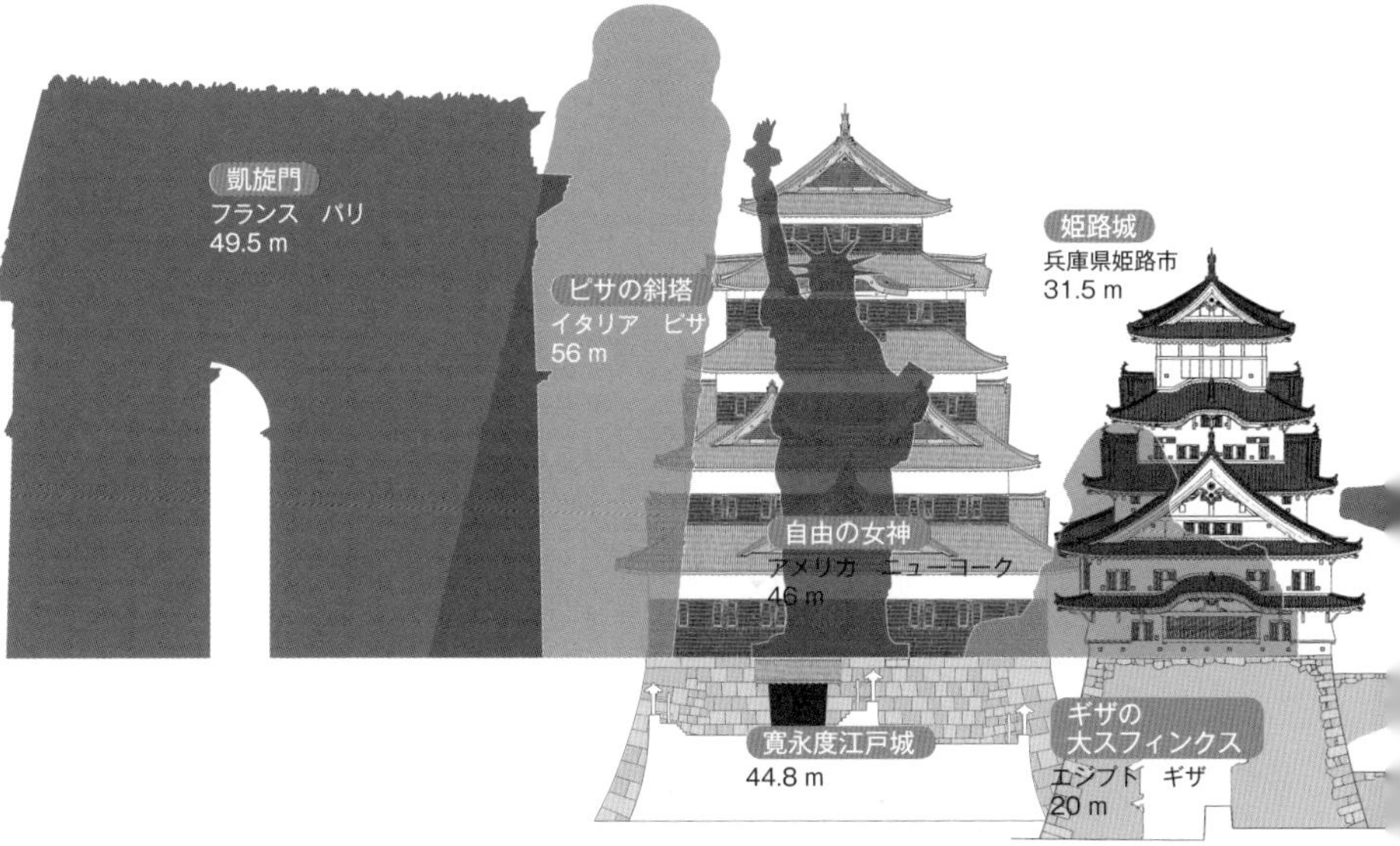

城郭における最大の建物である天守。史上最大の天守は寛永度（かんえいど）江戸城の天守（約45m）で、最小の天守は現存12天守の1つの備中松山城天守（約11m）。でも、「江戸城天守が約45mあったといわれてもいまひとつピンとこない」という人も多いのではないでしょうか。そこで国内外の有名な建物と天守を比べて、大きさを実感してみましょう。天守は建物本体のみの高さ（鯱・天守台を含まず）でほかの建物と比べているので、天守台を加えるとさらに高くなります。

79

現存天守の高さ比べ（げんぞんてんしゅのたかさくらべ）

現存する天守の高さを比べてみました

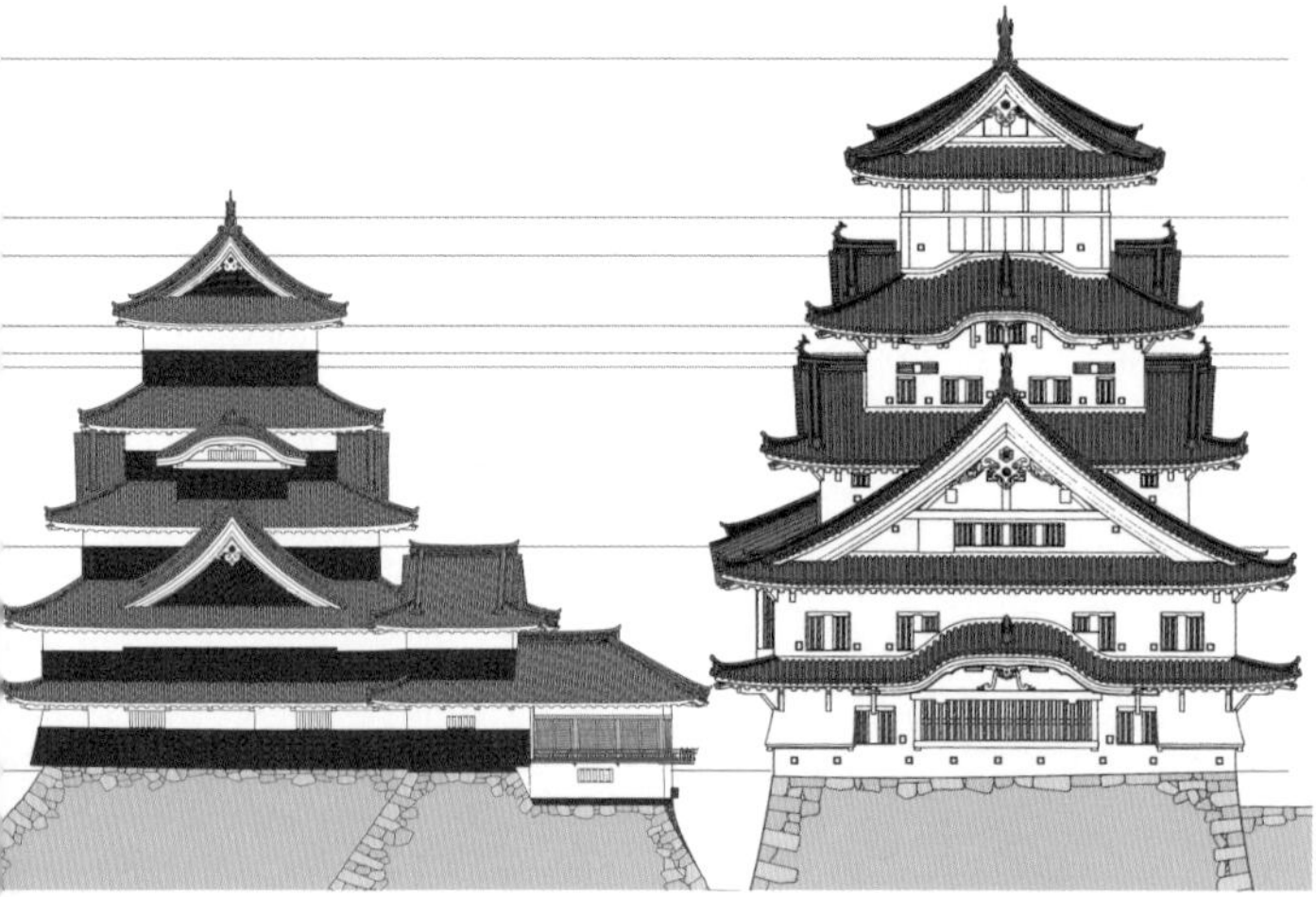

松本城　姫路城

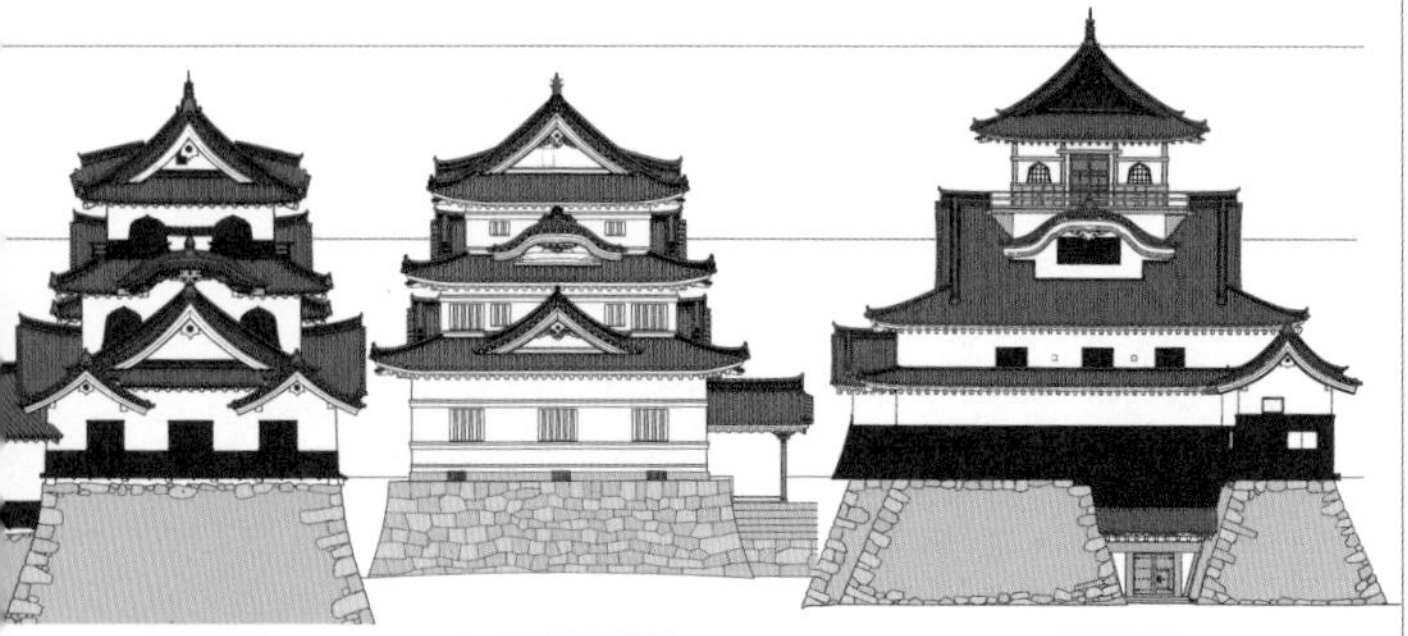

彦根城　宇和島城　犬山城

姫路城天守（原図＝文化財保護委員会『国宝重要文化財姫路城保存修理工事報告書Ⅲ』）
松本城天守（原図＝中央公論美術出版『日本建築史基礎資料集成十四　城郭Ⅰ』に着色した）
松江城天守（原図＝『重要文化財松江城天守修理工事報告書』）
松山城（原図＝松山市『重要文化財松山城天守外十五棟修理工事報告書』）
高知城天守（原図＝中央公論美術出版『日本建築史基礎資料集成十五　城郭Ⅱ』に着色した）
犬山城天守（原図＝『国宝犬山城天守修理工事報告書』）
宇和島城天守（原図＝宇和島市『重要文化財宇和島城天守修理工事報告書』）
彦根城天守（原図＝滋賀県教育委員会『国宝彦根城天守·附櫓及び多聞櫓修理工事報告書』）
丸亀城天守（原図＝丸亀市教育委員会蔵）
弘前城天守（原図＝中央公論美術出版『日本建築史基礎資料集成十四　城郭Ⅰ』に着色した）
丸岡城天守（原図＝『重要文化財丸岡城天守修理工事報告書』）
備中松山城天守（原図＝『重要文化財備中松山城天守及び二重櫓保存修理工事報告書』）
（着色はすべて山田岳晴）

POINT

一番高いのが姫路城、一番低いのが備中松山城です。

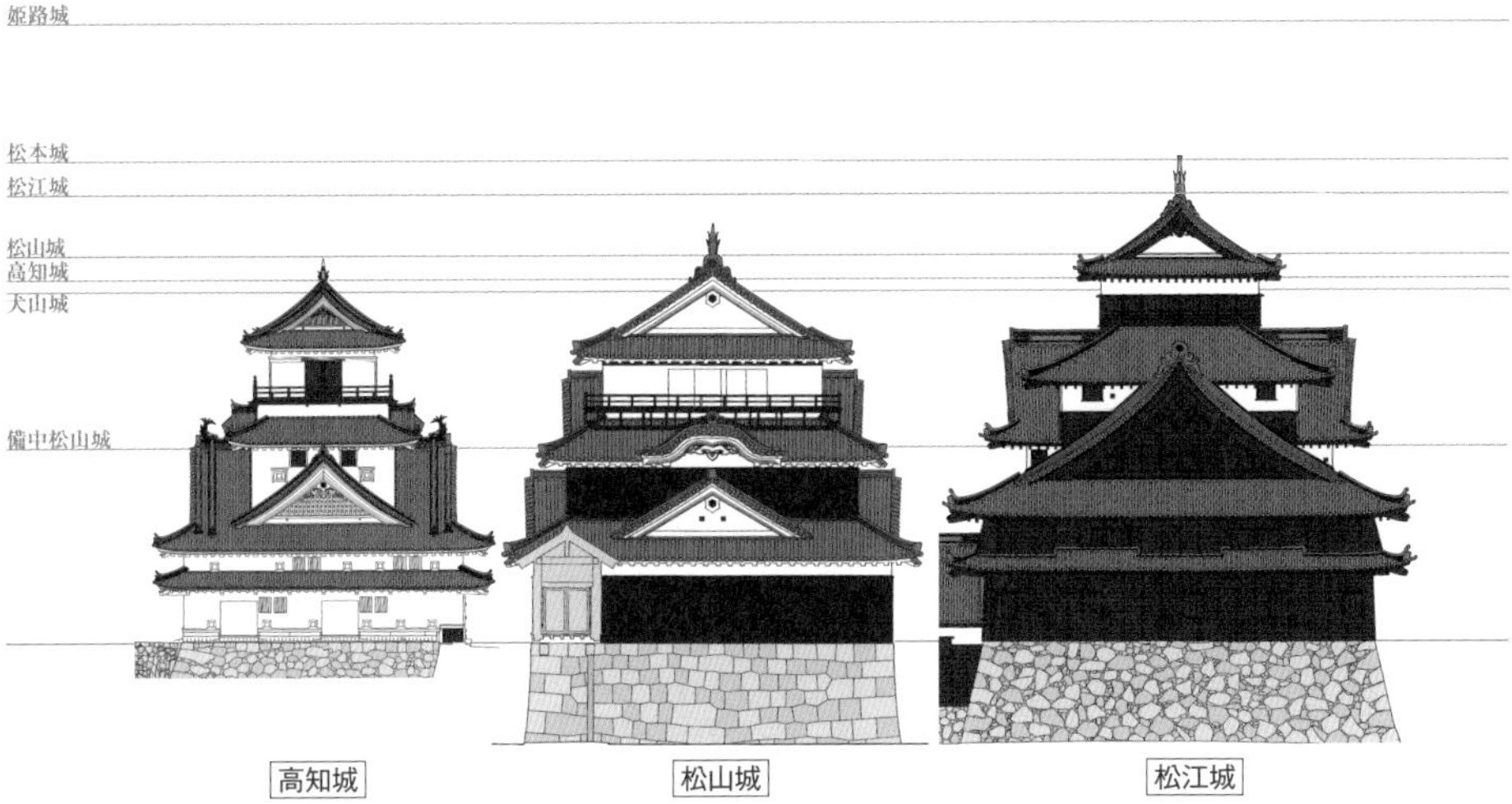

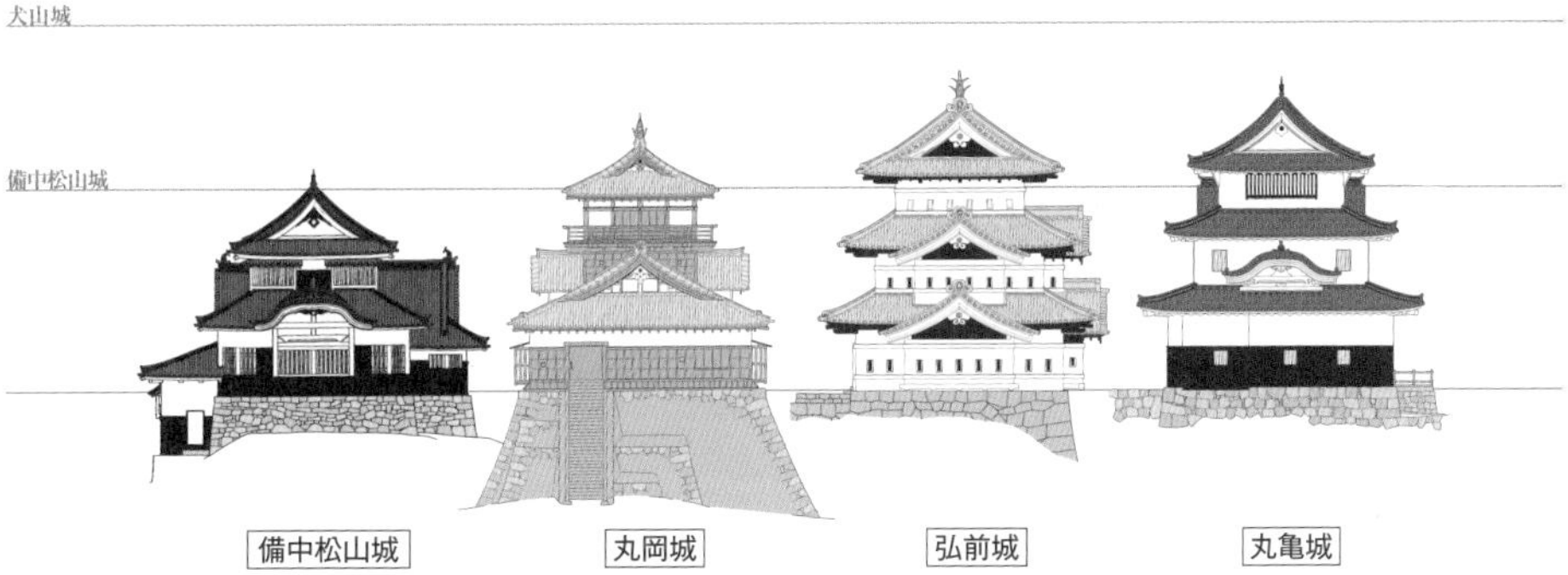

天守名	高さ
姫路城	約 31.5 m
松本城	約 25.0 m
松江城	約 22.4 m
松山城	約 20.0 m
高知城	約 18.6 m
犬山城	約 18.0 m
宇和島城	約 15.7 m
彦根城	約 15.5 m
丸亀城	約 14.5 m
弘前城	約 14.4 m
丸岡城	約 12.5 m
備中松山城	約 11.0 m

*高さは天守台上端から最上重の棟までのおおよその値で示した。

80 城データリスト（しろでーたりすと）

本誌収録の城を中心とした主な城

POINT

①所在地
②築城年
③築城者
④現在遺構
⑤形状

北海道

五稜郭（ごりょうかく）
①北海道函館市／②安政四年（一八五七）／③江戸幕府／④堀、石垣、胸壁など／⑤平城（西洋式稜堡）

松前城（まつまえじょう）
①北海道松前郡松前町／②嘉永三年（一八五〇）／③松前崇広／④本丸御門、本丸表御殿玄関、曲輪、堀、石垣／⑤平山城

青森県

弘前城（ひろさきじょう）
①青森県弘前市／②慶長十六年（一六一一）／③津軽信枚／④天守、二の丸未申櫓・辰巳櫓・丑寅櫓・東内門・南内門、三の丸東門・追手門、北の丸北門、石垣、土塁など／⑤平城

岩手県

盛岡城（もりおかじょう）
①岩手県盛岡市／②天正二十年（一五九二）／③南部信直、南部利直／④本丸・二の丸・三の丸・腰曲輪の石垣／⑤平山城

花巻城（はなまきじょう）
①岩手県花巻市／②不明、慶長十八年（一六一三）／③南部政直／④円城寺門、堀／⑤平山城

秋田県

久保田城（くぼたじょう）
①秋田県秋田市／②慶長八年（一六〇三）／③佐竹義宣／④御物頭御番所、土塁、石積／⑤平山城

角館城（かくのだてじょう）
①秋田県仙北郡角館町／②一四世紀／③菅氏か／④曲輪、土塁、空堀／⑤山城

宮城県

仙台城（せんだいじょう）
①宮城県仙台市／②慶長五年（一六〇〇）／③伊達政宗／④本丸石垣の一部／⑤山城

白石城（しろいしじょう）
①宮城県白石市／②天正十九年（一五九一）／③蒲生氏郷／④本丸／⑤平山城

山形県

出羽松山城（でわまつやまじょう）
①山形県飽海郡松山町／②天明元年（一七八一）／③酒井忠休／④大手門、堀、土塁／⑤平城

新庄城（しんじょうじょう）
①山形県新庄市／②寛永元年（一六二四）／③戸沢政盛／④本丸土塁、水堀、石垣／⑤平城

鶴ヶ岡城（つるがおかじょう）
①山形県鶴岡市／②室町時代か、元和八年（一六二二）／③大泉氏か、酒井忠勝／④本丸土塁、水堀／⑤平城

山形城（やまがたじょう）
①山形県山形市／②延文二年（一三五七）、文禄元年（一五九二）、元和八年（一六二二）／③斯波兼頼、最上義光、鳥居忠政／④本丸、二の丸／⑤平城

上山城（かみのやまじょう）
①山形県上山市／②天文四年（一五三五）、寛永五年（一六二八）／③上山義忠、土岐頼行／④本丸土塁、水堀／⑤平城

米沢城（よねざわじょう）
①山形県米沢市／②不明、慶長十三年（一六〇八）／③不明、上杉景勝／④本丸土塁、石垣、水堀／⑤平城

福島県

二本松城（にほんまつじょう）
①福島県二本松市／②嘉吉年間（一四四一～四四）、慶安二年（一六四九）／③畠山満泰／④本丸・二の丸石垣／⑤山城

会津若松城（あいづわかまつじょう）
①福島県会津若松市／②不明、文禄元年（一五九二）、寛永十六年（一六三九）／③葦名氏、蒲生氏郷、加藤明成／④本丸、二の丸、三の丸の一部、北出丸、西出丸／⑤平山城

白河小峰城（しらかわこみねじょう）
①福島県白河市／②南北朝期、寛永四～九年（一六二七～三二）／③小峰氏、丹羽長重／④本丸、竹の丸、帯曲輪、二の丸、内堀／⑤平山城

棚倉城（たなくらじょう）
①福島県東白川郡棚倉町／②寛永二年（一六二五）／③丹羽長重／④本丸・土塁／⑤山城

栃木県

宇都宮城（うつのみやじょう）
①栃木県宇都宮市／②一一世紀中期、元和五年（一六一九）／③宇都宮氏、本多正純／④土塁／⑤平城

茨城県

水戸城（みとじょう）
①茨城県水戸市／②一二世紀末ころ、慶長七年（一六〇二）／③馬場資幹、佐竹義宣／④堀、土塁、薬医門、弘道館／⑤平山城

笠間城（かさまじょう）
①茨城県笠間市／②鎌倉時代か、慶長三年（一五九八）／③宇都宮氏か、蒲生郷成／④天守台、石垣、土塁／⑤山城

土浦城（つちうらじょう）
①茨城県土浦市／②不明／③不明／④本丸、太鼓門、霞門、土塁、水堀／⑤平城

古河城（こがじょう）
①茨城県古河市／②平安時代か、長禄元年（一四五七）／③下河辺行平か、足利成氏／④観音寺曲輪、諏訪曲輪／⑤平城

群馬県

沼田城（ぬまたじょう）
①群馬県沼田市／②天文元年（一五三二）ころ、天正十一年～慶長年間（一五八三～一六一五）／③沼田顕泰、真田信之／④本丸、二の丸、櫓台石垣、土塁／⑤平山城

高崎城（たかさきじょう）
①群馬県高崎市／②慶長三年（一五九八）／③井伊直政／④乾櫓、東門、水堀／⑤平城

埼玉県

忍城（おしじょう）
①埼玉県行田市／②文明年間初期（一四六九～）、寛永十六年（一六三九）／③成田顕泰、阿部忠秋／④諏訪曲輪、水堀、土塁、石垣／⑤平山城

川越城（かわごえじょう）
①埼玉県川越市／②長禄元年（一四五七）、慶長十四年（一六〇九）、寛永十六

年（一六三九）／③太田道真・道灌、酒井忠利、松平信綱／④本丸御殿、櫓跡、土塁、堀／⑤平山城

岩槻城（いわつきじょう）

①埼玉県さいたま市／②長禄元年（一四五七）／③太田道真・道灌／④新曲輪、土塁、空堀／⑤平城

千葉県

関宿城（せきやどじょう）

①千葉県野田市／②長禄元年（一四五七）／③梁田成助／④本丸の一部、内堀、二の丸、三の丸、発端曲輪、総曲輪東側部分／⑤平城

佐倉城（さくらじょう）

①千葉県佐倉市／②天文年間（一五三二～五五）ころ、慶長十六年（一六一一）／③千葉親胤、土井利勝／④堀、土塁、天守台、馬出し／⑤平山城

大多喜城（おおたきじょう）

①千葉県夷隅郡大多喜町／②天正十八年（一五九〇）／③本多忠勝／④空堀、裏門、大井戸／⑤平山城

久留里城（くるりじょう）

①千葉県君津市／②天文六年（一五三七）、天正十九年（一五九一）、寛保二年（一七四二）／③里見義堯、大須賀忠政、黒田直純／④天守台土壇、本丸、二の丸、阿弥陀曲輪、天神曲輪、波多野曲輪、薬師曲輪、久留里曲輪の土塁、空堀、堀切、男・女の井戸、お玉の池など／⑤山城

東京都

江戸城（えどじょう）

①東京都千代田区／②康正二年（一四五六）、慶長十一年（一六〇六）、元和八年（一六二二）、寛永十四年（一六三七）／③太田道灌、徳川家康、徳川秀忠、徳川家光／④各曲輪、天守台、水堀、石垣、門、橋など／⑤平城

神奈川県

小田原城（おだわらじょう）

①神奈川県小田原市／②一五世紀ころ、天正十九年（一五九一）、寛永九年（一六三二）／③北条早雲、大久保忠世、稲葉正勝／④本丸、二の丸、三の丸の一部／⑤平山城

新潟県

村上城（むらかみじょう）

①新潟県村上市／②室町時代か／③本庄氏／④石垣、堀の一部など／⑤山城

新発田城（しばたじょう）

①新潟県新発田市／②慶長七年（一六〇二）ころ／③溝口秀勝／④本丸表門、旧二の丸隅櫓、石垣、堀など／⑤平城

長岡城（ながおかじょう）

①新潟県長岡市／②慶長十年（一六〇五）／③堀直竒／④なし／⑤平城

高田城（たかだじょう）

①新潟県上越市／②慶長十九年（一六一四）／③松平忠輝／④土塁、堀など／⑤平城

長野県

松代城（まつしろじょう）

①長野県長野市／②永禄三年（一五六〇）ころ／③武田信玄／④天守台、石垣など／⑤平城

上田城（うえだじょう）

①長野県上田市／②天正十一年（一五八三）／③真田昌幸／④北櫓、南櫓、西櫓、堀、土塁、石垣など／⑤平城

松本城（まつもとじょう）

①長野県松本市／②天正十三年（一五八五）ころ、天正十六年（一五八八）／③小笠原貞慶、石川数正／④天守、乾小天守、渡櫓、辰巳附櫓、月見櫓、石垣、堀など／⑤平城

小諸城（こもろじょう）

①長野県小諸市／②天文十二年（一五四三）／③武田信玄／④大手門、三の門／⑤平山城

高島城（たかしまじょう）

①長野県諏訪市／②文禄元年（一五九二）／③日根野高吉／④石垣など／⑤平城

高遠城（たかとおじょう）

①長野県伊那市／②天文十六年（一五四七）／③武田信玄／④土塁、空堀、石垣など／⑤山城

飯田城（いいだじょう）

①長野県飯田市／②室町時代後期ころ／③坂西氏か／④門、石垣、堀など／⑤平山城

山梨県

武田氏館（たけだしやかた）

①山梨県甲府市／②永正十六年（一五一九）／③武田信虎／④郭、土塁、堀／⑤館

甲府城（こうふじょう）

①山梨県甲府市／②文禄二年（一五九三）／③豊臣秀吉、または浅野長政・幸長／④天守台、本丸、人質曲輪、天守曲輪、帯曲輪、稲荷曲輪、櫓台跡、門の跡、堀、石垣／⑤平山城

静岡県

下田城（しもだじょう）

①静岡県下田市／②天正十六年（一五八八）／③清水康英／④曲輪、土塁、空堀／⑤海城

駿府城（すんぷじょう）

①静岡県静岡市／②一五世紀初めか、天正十三年（一五八五）／③今川範政か、徳川家康／④本丸・二の丸・三の丸の石垣・堀／⑤平城

田中城（たなかじょう）

①静岡県藤枝市／②戦国時代末期／③長谷川氏／④水堀、土塁／⑤平城

掛川城（かけがわじょう）

①静岡県掛川市／②永正九年（一五一二）、天正十八年（一五九〇）／③朝比奈泰熙・泰能、山内一豊／④天守丸、本丸、二の丸、三の丸、御殿、太鼓櫓／⑤平山城

横須賀城（よこすかじょう）

①静岡県掛川市／②天正六年（一五七八）／③大須賀康高／④本丸、各曲輪、堀、城門／⑤平山城

浜松城（はままつじょう）

①静岡県浜松市／②元亀元年（一五七〇）／③徳川家康／④天守曲輪、本丸北面の石垣／⑤平山城

二俣城（ふたまたじょう）

①静岡県天竜市／②文亀三年（一五〇三）／③二俣昌長／④天守台、石垣、土塁、空堀／⑤平山城

愛知県

吉田城（よしだじょう）

①愛知県豊橋市／②永正二年（一五〇五）、天正十八年（一五九〇）／③牧野古白、池田輝政／④本丸・二の丸の石垣、堀、土塁／⑤平城

田原城（たはらじょう）

①愛知県田原市／②文明十二年（一四八〇）／③戸田宗光／④本丸、二の丸、水堀、空堀、土塁、石垣／⑤丘城

岡崎城（おかざきじょう）

①愛知県岡崎市／②享徳元年（一四五二）ころ、天正十九年（一五九一）／③西郷弾正左衛門頼嗣、田中吉政／④本丸、隠居曲輪、持仏堂曲輪／⑤平城

挙母城（ころもじょう）

①愛知県豊田市／②慶長十九年（一六一四）、天明三年（一七八三）／③内藤学文／④石垣／⑤平城

刈谷城（かりやじょう）
①愛知県刈谷市／②天文二年（一五三三）／③水野忠政／④本丸、堀、土塁／⑤平山城

犬山城（いぬやまじょう）
①愛知県犬山市／②天文六年（一五三七）／③織田信康／④天守、石垣の一部／⑤平山城

小牧山城（こまきやまじょう）
①愛知県小牧市／②永禄六年（一五六三）／③織田信長／④石垣／⑤山城

名古屋城（なごやじょう）
①愛知県名古屋市／②慶長十五年（一六一〇）／③徳川家康／④本丸、二の丸、西の丸、御深井丸、東南隅櫓、西南隅櫓、西北隅櫓、表二の門、二の丸大手二の門、旧二の丸東二の門、石垣、堀／⑤平城

清洲城（きよすじょう）
①愛知県清須市／②応永十二年（一四〇五）ころ、天正年間（一五七三～九二）／③斯波義重、織田信雄／④堀、土塁／⑤平城

岐阜県

岩村城（いわむらじょう）
①岐阜県恵那市／②文治元年（一一八五）か／③加藤景廉か／④石垣／⑤山城

苗木城（なえきじょう）
①岐阜県中津川市／②南北朝時代か／③遠山景村か／④本丸・二の丸・三の丸石垣／⑤山城

大垣城（おおがきじょう）
①岐阜県大垣市／②天文四年（一五三五）か、慶長十四年（一六〇九）／③宮川安定か、石川忠総／④石垣、堀／⑤平城

岐阜城（ぎふじょう）
①岐阜県岐阜市／②一三世紀初頭、永禄年間（一五五八～七〇）／③二階堂行政、織田信長／④天守台、石垣、井戸、巨石列／⑤山城

郡上八幡城（ぐじょうはちまんじょう）
①岐阜県郡上市／②永禄二年（一五五九）、天正十六年（一五八八）／③遠藤盛数、稲葉貞通／④石垣／⑤平山城

松倉城（まつくらじょう）
①岐阜県高山市／②天正七年（一五七九）／③三木自綱／④石垣／⑤山城

富山県

富山城（とやまじょう）
①富山県富山市／②天文十二年（一五四三）／③神保長職／④石垣、堀など／⑤平城

高岡城（たかおかじょう）
①富山県高岡市／②慶長十四年（一六〇九）／③前田利長／④石垣、堀など／⑤平城

石川県

金沢城（かなざわじょう）
①石川県金沢市／②天正十一年（一五八三）／③前田利家／④石川門、三十間長屋、堀、石垣など／⑤平山城

小松城（こまつじょう）
①石川県小松市／②寛永十七年（一六四〇）／③前田利常／④天守台／⑤平山城

大聖寺城（だいしょうじじょう）
①石川県加賀市／②鎌倉時代／③不明／④土塁／⑤山城・居館（陣屋）

福井県

丸岡城（まるおかじょう）
①福井県坂井市／②天正四年（一五七六）／③柴田勝豊／④天守／⑤平山城

福井城（ふくいじょう）
①福井県福井市／②慶長十一年（一六〇六）／③結城秀康／④天守台、石垣、堀など／⑤平城

大野城（おおのじょう）
①福井県大野市／②天正三年（一五七五）／③金森長近／④石垣など／⑤平山城

小浜城（おばまじょう）
①福井県小浜市／②慶長六年（一六〇一）／③京極高次／④天守台、石垣など／⑤平城

三重県

桑名城（くわなじょう）
①三重県桑名市／②天正十九年（一五九一）ころ、慶長六年（一六〇一）／③一柳直盛、本多忠勝／④天守台、堀、石垣／⑤平城

伊勢亀山城（いせかめやまじょう）
①三重県亀山市／②文永二年（一二六五）か、天正十八年（一五九〇）／③関実忠か、岡本宗憲／④本丸多門櫓／⑤平山城

神戸城（かんべじょう）
①三重県鈴鹿市／②弘治年間（一五五五～五八）、天正八年（一五八〇）／③神戸利盛、織田信孝／④天守台、石垣、堀／⑤平城

津城（つじょう）
①三重県津市／②元亀元年（一五七〇）ころ、慶長十六年（一六一一）／③織田信包、藤堂高虎／④本丸、西の丸、石垣、堀／⑤平城

松坂城（まつさかじょう）
①三重県松阪市／②天正十六年（一五八八）／③蒲生氏郷／④天守台、石垣、土蔵／⑤平山城

田丸城（たまるじょう）
①三重県度会郡玉城町／②建武三年（＝延元元年、一三三六）、慶長五年（一六〇〇）／③北畠親房、稲葉重通／④天守台、本丸、二の丸、北の丸、大手門石垣、内堀／⑤平山城

伊賀上野城（いがうえのじょう）
①三重県伊賀市／②天正九年（一五八一）、慶長十六年（一六一一）／③滝川雄利、藤堂高虎／④本丸、二の丸、武具蔵、石垣、堀／⑤平山城

滋賀県

彦根城（ひこねじょう）
①滋賀県彦根市／②慶長八年（一六〇三）／③井伊直継／④天守、天秤櫓、太鼓門、西の丸三重櫓、二の丸佐和口多門櫓、馬屋など／⑤平山城

長浜城（ながはまじょう）
①滋賀県長浜市／②天正二年（一五七四）／③羽柴秀吉／④天守跡、内堀、外堀、井戸跡／⑤平城

佐和山城（さわやまじょう）
①滋賀県彦根市／②建久年間（一一九〇～九九）か／③佐保時綱か／④土塁、堀切、石垣など／⑤山城

安土城（あづちじょう）
①滋賀県近江八幡市／②天正四年（一五七六）／③織田信長／④天主台、本丸、二の丸・三の丸石垣／⑤平山城

八幡山城（はちまんやまじょう）
①滋賀県近江八幡市／②天正十三年（一五八五）／③豊臣秀次／④石垣、居館跡／⑤山城

水口城（みなくちじょう）
①滋賀県甲賀市／②寛永十一年（一六三四）／③徳川家光／④本丸跡、堀、石垣／⑤平城

膳所城（ぜぜじょう）
①滋賀県大津市／②慶長五年（一六〇〇）／③徳川家康／④移築城門／⑤平城

大津城（おおつじょう）
①滋賀県大津市／②天正十五年（一五八七）ころ／③浅野長吉／④なし／⑤平城

坂本城（さかもとじょう）
①滋賀県大津市／②元亀二年（一五七一）／③明智光秀／④石垣、井戸／⑤平城

京都府

丹後田辺城（たんごたなべじょう）

①京都府舞鶴市／②天正八年（一五八〇）以降／③細川忠興／④橋、内堀など／⑤平城

福知山城（ふくちやまじょう）

①京都府福知山市／②天正七年（一五七九）／③明智光秀／④銅門番所、城門（移築）、天守台／⑤平山城

丹波亀山城（たんばかめやまじょう）

①京都府亀岡市／②天正七年（一五七九）ころ、慶長十五年（一六一〇）／③明智光秀、徳川家康／④内堀／⑤平山城

聚楽第（じゅらくだい）

①京都府京都市／②天正十四年（一五八六）／③豊臣秀吉／④外郭の堀跡／⑤平城

二条城（にじょうじょう）

①京都府京都市／②慶長六～八年（一六〇一～〇三）、寛永元～三年（一六二四～二六）／③徳川家康、徳川家光／④石垣、水堀、天守台、二の丸唐門、二の丸御殿、二の丸東大手門、二の丸北大手門、二の丸西門、二の丸西南隅櫓、二の丸東南隅櫓、二の丸土蔵、二の丸鳴子門、二の丸桃山門、二の丸北仕切門、二の丸南仕切門／⑤平城

淀城（よどじょう）

①京都府京都市／②元和九年（一六二三）／③松平定綱／④天守台、本丸石垣／⑤平城

伏見城（ふしみじょう）

①京都府京都市／②文禄元年（一五九二）、文禄五年（一五九六）、慶長五年（一六〇〇）／③豊臣秀吉、徳川家康／④堀、土塁、舟入／⑤平山城

勝龍寺城（しょうりゅうじじょう）

①京都府長岡京市／②不明、元亀二年（一五七一）／③不明、細川藤孝／④土塁、空堀／⑤平城

大阪府

大坂城（おおさかじょう）

①大阪府大阪市／②天正十一年（一五八三）、元和六年（一六二〇）／③豊臣秀吉、徳川幕府／④本丸、二の丸、大手口多門櫓、千貫櫓、乾櫓、一番櫓、六番櫓、金櫓、焔硝蔵、金明水井戸屋形、桜門／⑤平城

岸和田城（きしわだじょう）

①大阪府岸和田市／②天正十一年（一五八三）、天正十三年（一五八五）／③中村一氏、小出秀政／④本丸、二の丸、内堀、外堀、石垣／⑤平城

高槻城（たかつきじょう）

①大阪府高槻市／②一〇世紀末、元和三年（一六一七）／③近藤忠範、土岐定義／④各曲輪の堀跡／⑤平城

和歌山県

和歌山城（わかやまじょう）

①和歌山県和歌山市／②天正十三年（一五八五）、慶長五年（一六〇〇）、元和五年（一六一九）／③羽柴（豊臣）秀長、浅野幸長、徳川頼宣／④岡口門と続き土塀、追廻門、石垣、内堀、空堀、西之丸庭園

紀伊田辺城（きいたなべじょう）

①和歌山県田辺市／②元和五年（一六一九）／③安藤直次／④水門、石垣／⑤平城

新宮城（しんぐうじょう）

①和歌山県新宮市／②元和四年（一六一八）、元和五年（一六一九）／③浅野忠吉、水野重央／④天守台・本丸・鐘の丸・松の丸などの石垣、松の丸の土塀の一部、大手門の櫓台の一部／⑤平山城

奈良県

大和松山城（やまとまつやまじょう）

①奈良県宇陀市／②南北朝時代か、慶長五年（一六〇〇）／③秋山氏、福島孝治／④郭、空堀、石垣／⑤山

高取城（たかとりじょう）①奈良県高市郡高取町／②正慶元年（＝元弘二年、一三三二）、天正十三年（一五八五）／③越智邦澄、本多利朝／④本丸、二の丸、三の丸の石垣／⑤山城

大和郡山城（やまとこおりやまじょう）①奈良県大和郡山市／②天正八年（一五八〇）／③筒井順慶／④天守台、本丸石垣、堀／⑤平城

兵庫県

篠山城（ささやまじょう）①兵庫県篠山市／②慶長十四年（一六〇九）／③徳川家康／④天守台、石垣、堀、東・南の馬出／⑤平山城

出石城（いずしじょう）①兵庫県豊岡市／②慶長九年（一六〇四）ころ／③小出吉英／④石垣、堀など／⑤平山城

但馬竹田城（たじまたけだじょう）①兵庫県朝来市／②嘉吉三年（一四四三）ころ、天正十三年（一五八五）／③太田垣氏、赤松広秀／④石垣、堀切、竪堀／⑤山城

尼崎城（あまがさきじょう）①兵庫県尼崎市／②永正十六年（一五一九）、元和三年（一六一七）／③細川高国、戸田氏鉄／④外堀（庄下川）など／⑤平城

明石城（あかしじょう）①兵庫県明石市／②元和五年（一六一九）／③小笠原忠真（忠政）／④本丸巽櫓、坤櫓、三の丸の土塁、石垣、堀／⑤平山城

姫路城（ひめじじょう）①兵庫県姫路市／②天正八年（一五八〇）、慶長六年（一六〇一）／③羽柴（豊臣）秀吉、池田輝政／④大天守、西小天守、乾小天守、東小天守、天守曲輪渡櫓、台所、イの渡櫓、ロの渡櫓、ハの渡櫓、二の渡櫓、ホの櫓、への渡櫓、チの櫓、リの一渡櫓、リの二渡櫓、折廻り櫓、井郭櫓、帯の櫓、帯郭櫓、太鼓櫓、二の櫓、ロの櫓、化粧櫓、カの渡櫓、ヌの櫓、ヨの渡櫓、ルの櫓、タの渡櫓、ヲの渡櫓、レの渡櫓、ワの櫓、カの櫓、菱の門、いの門、ろの門、はの門、にの門、上ロの櫓、ほの門、への門、との一門、との二門、との四門、水の四門、水の五門、備前門、ちの門、りの門、ぬの門、るの門、水の一門、水の二門、水の三門／⑤平山城

赤穂城（あこうじょう）①兵庫県赤穂市／②慶安元年（一六四八）／③浅野長直／④石垣、天守台、堀／⑤平城

龍野城（たつのじょう）①兵庫県龍野市／②明応八年（一四九九）か／③赤松村秀／④石垣、堀など／⑤山城

山崎城（やまざきじょう）①兵庫県宍粟群山崎町／②元和元年（一六一五）／③池田輝澄／④本丸跡、堀、門跡など／⑤平城

洲本城（すもとじょう）①兵庫県洲本市／②室町時代後期／③安宅氏／④曲輪、池、石段、石垣、櫓跡／⑤山城

徳島県

勝瑞城（しょうずいじょう）①徳島県板野郡藍住町／②不明／③細川氏／④土塁、堀／⑤平城

徳島城（とくしまじょう）①徳島県徳島市／②天正十四年（一五八六）／③蜂須賀家政／④石垣、堀／⑤平山城

高知県

岡豊城（おこうじょう）①高知県南国市／②不明／③長宗我部氏／④土塁、郭、井戸、堀／⑤平山城

高知城（こうちじょう）

①高知県高知市／②慶長六年（一六〇一）／③山内一豊／④天守、本丸御殿、納戸櫓、黒鉄門、西多門櫓、東多門櫓、詰門、廊下門、追手門、土塀、石垣、堀など／⑤平山城

香川県

高松城（たかまつじょう）

①香川県高松市／②天正十六年（一五八八）／③生駒親正／④月見櫓、水手御門、渡櫓、艮櫓、旭門、埋門、石垣、堀／⑤平城

丸亀城（まるがめじょう）

①香川県丸亀市／②慶長二年（一五九七）／③生駒親正／④天守、大手一の門、大手二の門、御殿表門、番所、長屋、土塀、石垣、堀／⑤平山城

愛媛県

宇和島城（うわじまじょう）

①愛媛県宇和島市／②慶長元年（一五九六）／③藤堂高虎／④天守、上り立ち門、山里倉庫、石垣など／⑤平山城

河後森城（かごもりじょう）

①愛媛県北宇和郡松野町／②不明／③不明／④城門、郭、空堀／⑤山城

大洲城（おおずじょう）

①愛媛県大洲市／②一四世紀前半、慶長十五年（一六一〇）ころ／③宇都宮豊房か、脇坂安治／④台所櫓、高欄櫓、苧綿櫓、三の丸南隅櫓、下台所／⑤平山城

松山城（まつやまじょう）

①愛媛県松山市／②慶長七年（一六〇二）／③加藤嘉明／④天守、櫓、門、塀、石垣、堀／⑤山城

湯築城（ゆづきじょう）

①愛媛県松山市／②不明／③不明／④土塁、堀など／⑤平山城

今治城（いまばりじょう）

①愛媛県今治市／②慶長七年（一六〇二）／③藤堂高虎／④石垣、堀など／⑤平城

来島城（くるしまじょう）

①愛媛県今治市／②一五世紀初頭／③村上氏／④郭、館跡、岩礁ピットなど／⑤海城

能島城（のしまじょう）

①愛媛県今治市／②元弘年間（一三三一～三四）ころ／③能島村上氏／④郭、岩礁ピットなど／⑤海城

岡山県

下津井城（しもついじょう）

①岡山県倉敷市／②文禄年間（一五九二～九六）、慶長八年（一六〇三）／③宇喜多直家か、池田忠継／④郭、石垣、天守台、礎石、枡形、井戸、堀切、土塁など／⑤山城

岡山城（おかやまじょう）

①岡山県岡山市／②天正元年（一五七三）／③宇喜多直家／④本丸月見櫓、西の丸西手櫓、石垣、堀／⑤平城

備中高松城（びっちゅうたかまつじょう）

①岡山県岡山市／②天正年間（一五七三～九二）／③石川久孝／④土壇など／⑤平城

備中松山城（びっちゅうまつやまじょう）

①岡山県高梁市／②仁治元年（一二四〇）／③秋庭三郎重信／④天守、二重櫓、三の平櫓東土塀、石垣／⑤山城

津山城（つやまじょう）

①岡山県津山市／②慶長九年（一六〇四）／③森忠政／④石垣／⑤平山城

鳥取県

鳥取城（とっとりじょう）

①鳥取県鳥取市／②天文十四年（一五四五）、慶長七年（一六〇二）／③山名誠道、池田長吉／④石垣、堀など／⑤山城と居館

米子城（よなごじょう）
①鳥取県米子市／②天正十九年（一五九一）ころ／③吉川広家／④石垣／⑤平山城

島根県

松江城（まつえじょう）
①島根県松江市／②慶長十二年（一六〇七）／③堀尾吉晴／④天守、石垣、堀など／⑤平山城

浜田城（はまだじょう）
①島根県浜田市／②元和六年（一六二〇）／③古田重治／④石垣／⑤山城と平城

津和野城（つわのじょう）
①島根県鹿足郡津和野町／②永仁三年（一二九五）ころ／③吉見頼行／④石垣、物見櫓、馬場先櫓／⑤山城

山口県

萩城（はぎじょう）
①山口県萩市／②慶長十三年（一六〇八）／③毛利輝元／④石垣、堀など／⑤山城と平城

勝山御殿（かつやまごてん）
①山口県下関市／②元治元年（一八六四）／③毛利元周／④石垣／⑤館

岩国城（いわくにじょう）
①山口県岩国市／②慶長六年（一六〇一）／③吉川広家／④石垣、堀など／⑤山城と居館

広島県

福山城（ふくやまじょう）
①広島県福山市／②元和八年（一六二二）／③水野勝成／④伏見櫓、筋鉄御門、石垣／⑤平山城

三原城（みはらじょう）
①広島県三原市／②天文～永禄年間（一五三二～七〇）／③小早川隆景／④天守台、石垣、堀など／⑤平城

広島城（ひろしまじょう）
①広島県広島市／②慶長四年（一五九九）／③毛利輝元／④石垣／⑤平城

亀居城（かめいじょう）
①広島県大竹市／②慶長八年（一六〇三）／③福島正則／④曲輪、堀切、石垣、井戸／⑤平山城

福岡県

小倉城（こくらじょう）
①福岡県北九州市／②永禄十二年（一五六九）か、慶長七年（一六〇二）／③毛利氏、細川忠興／④石垣、堀／⑤平城

福岡城（ふくおかじょう）
①福岡県福岡市／②慶長六年（一六〇一）／③黒田長政／④南三階櫓、多門櫓、石垣、堀など／⑤平山城

秋月城（あきづきじょう）
①福岡県甘木市／②寛永元年（一六二四）／③黒田長興／④堀、石垣、城門／⑤平城

久留米城（くるめじょう）
①福岡県久留米市／②天正十五年（一五八七）、元和七年（一六二一）／③毛利秀包、有馬豊氏／④石垣など／⑤平山城

柳川城（やながわじょう）
①福岡県柳川市／②文亀年間（一五〇一～〇四）、慶長六年（一六〇一）／③蒲池治久、田中吉政／④石垣、堀など／⑤平城

大分県

中津城（なかつじょう）
①大分県中津市／②天正十六年（一五八八）、慶長九年（一六〇四）／③黒田官兵衛、細川忠興／④石垣、堀など／⑤平城

杵築城（きつきじょう）
①大分県杵築市／②明徳四年（一三九三）／③木付頼直／④石垣、堀など／⑤平山城

日出城（ひじじょう）
①大分県速見郡日出町／②慶長六年（一六〇一）／③木下延俊／④石垣、堀など

／⑤平山城

府内城（ふないじょう）
①大分県大分市／②慶長二年（一五九七）／③福原直高／④宗門櫓、人質櫓、石垣など／⑤平城

岡城（おかじょう）
①大分県竹田市／②文禄三～慶長元年（一五九四～九六）／③中川秀成／④石垣、櫓台など／⑤山城

臼杵城（うすきじょう）
①大分県臼杵市／②永禄四年（一五六一）か、慶長六年（一六〇一）／③大友義鎮、稲葉貞通／④畳櫓、卯寅口門脇櫓、石垣、堀など／⑤平城

佐伯城（さえきじょう）
①大分県佐伯市／②慶長七年（一六〇二）／③毛利高政／④三の丸櫓門、石垣／⑤山城

佐賀県

唐津城（からつじょう）
①佐賀県唐津市／②慶長七年（一六〇二）／③寺沢広高／④石垣、堀など／⑤平山城

肥前名護屋城（ひぜんなごやじょう）
①佐賀県唐津市／②天正十九～文禄元年（一五九一～九二）／③豊臣秀吉／④石垣など／⑤平山城

岸嶽城（きしだけじょう）
①佐賀県唐津市／②平安時代末期、慶長五年（一六〇〇）～／③波多氏、寺沢広高／④石垣など／⑤山城

佐賀城（さがじょう）
①佐賀県佐賀市／②慶長年間（一五九六～一六一五）／③鍋島直茂・勝茂／④鯱ノ門、天守台、石垣、堀など／⑤平城

鹿島城（かしまじょう）
①佐賀県鹿島市／②文化三年（一八〇六）／③鍋島直彝／④堀、土塁、本丸表門、大手門／⑤平城

長崎県

金石城（きんせきじょう）
①長崎県対馬市／②享禄元年（一五二八）／③宗将盛／④石垣、城門跡、庭園／⑤平城

平戸城（ひらどじょう）
①長崎県平戸市／②元禄十六年（一七〇三）／③松浦棟／④北虎口門、狸櫓石垣、土塁など／⑤平山城

梶谷城（かじやじょう）
①長崎県松浦市／②不明、天正十九年（一五九一）／③源久か、豊臣秀吉／④天守台（物見台）、門、石塁、井戸など／⑤山城

福江城（ふくえじょう）
①長崎県五島市／②嘉永二年（一八四九）／③五島盛成／④石垣、門、堀／⑤平城

大村城（おおむらじょう）
①長崎県大村市／②慶長三年（一五九八）／③大村喜前／④石垣、土塁、水堀、空堀、船溜り、船蔵／⑤平山城

島原城（しまばらじょう）
①長崎県島原市／②元和四年（一六一八）／③松倉重政／④石垣、堀など／⑤平城

原城（はらじょう）
①長崎県南高来郡南有馬町／②明応五年（一四九六）／③有馬貴純／④石垣、空堀／⑤平山城

熊本県

南関城（なんかんじょう）
①熊本県玉名郡南関町／②慶長五年（一六〇〇）／③加藤清正／④石垣／⑤山城

熊本城（くまもとじょう）
①熊本県熊本市／②天正十六年（一五八八）／③加藤清正／④宇土櫓、不開門、

源之進櫓、北十八間櫓、東十八間櫓、四間櫓、十四間櫓、田子櫓、七間櫓、長塀など／⑤平山城

宇土城（うとじょう）
①熊本県宇土市／②天正十七年（一五八九）／③小西行長／④建物跡、堀、石塁／⑤山城

八代城（やつしろじょう）
①熊本県八代市／②元和五年（一六一九）／③加藤正方／④天守台、石垣、堀／⑤平城

麦島城（むぎしまじょう）
①熊本県八代市／②天正十六年（一五八八）／③小西行長／④本丸跡、堀跡／⑤平城

佐敷城（さしきじょう）
①熊本県葦北郡芦北町／②天正十六年（一五八八）／③加藤清正／④なし／⑤山城

人吉城（ひとよしじょう）
①熊本県人吉市／②文明二年（一四七〇）ころ／③相良長続か／④石垣／⑤山城

富岡城（とみおかじょう）
①熊本県天草郡苓北町／②慶長七年（一六〇二）／③寺沢広高／④本丸、二の丸、大手門、堀切、石垣、袋池／⑤山城

宮崎県

延岡城（のべおかじょう）
①宮崎県延岡市／②慶長六年（一六〇一）／③高橋元種／④石垣、櫓台など／⑤平山城

高鍋城（たかなべじょう）
①宮崎県児湯郡高鍋町／②慶長十二年（一六〇七）／③秋月種長／④本丸、曲輪、石垣、堀／⑤平山城

佐土原城（さどわらじょう）
①宮崎県宮崎市／②不明／③不明／④土塁／⑤山城

飫肥城（おびじょう）
①宮崎県日南市／②不明／③不明／④石垣／⑤平山城

鹿児島県

鹿児島城（かごしまじょう）
①鹿児島県鹿児島市／②慶長七年（一六〇二）／③島津家久／④石垣、堀／⑤平城

沖縄県

今帰仁城（なきじんぐすく）
①沖縄県国頭郡今帰仁村／②不明／③不明／④石垣／⑤平山城

座喜味城（ざきみぐすく）
①沖縄県中頭郡読谷村／②一四二二年／③護佐丸／④石垣、門／⑤山城

勝連城（かつれんぐすく）
①沖縄県うるま市／②一三世紀末～一四世紀初め／③不明／④石垣／⑤山城

中城城（なかぐすくじょう）
①沖縄県中頭郡中城村／②不明／③護佐丸／④城門、石垣／⑤平山城

浦添城（うらそえぐすく）
①沖縄県浦添市／②一三世紀末／③不明／④なし／⑤山城

首里城（しゅりじょう）
①沖縄県那覇市／②不明／③不明／④正殿などの施設基礎、城壁の一部／⑤平山城

玉城城（たまぐすくじょう）
①沖縄県南城市／②一四～一五世紀ころか／③不明／④石垣、城門、郭／⑤山城

糸数城（いとかずぐすく）
①沖縄県南城市／②一四世紀ころ／③糸数按司か／④石垣、城門／⑤山城

◉監修者紹介
三浦正幸(みうら・まさゆき)
広島大学大学院文学研究科教授　東京大学工学部建築学科卒業、工学博士。専門は日本建築史および文化財学。主な著書に『復元大系日本の城』(共著、ぎょうせい 1992)、『城の鑑賞基礎知識』(至文堂 1999)、『城のつくり方図典』(小学館 2005)、『よみがえる真説安土城』(共著、学習 2006)、『城造りのすべて』(学習 2006)など。歴史群像シリーズ『よみがえる日本の城』シリーズ(学習)総監修を務める。

〔編集協力〕
広島大学文化財研究室
株式会社 碧水社(氏家佐・加唐亜紀・奥田真理子)
加藤理文・相原葉子・関島裕子・小野寺美恵
〔ブックデザイン〕
株式会社 志岐デザイン事務所(下野剛・坂井正規)
〔DTP制作〕
有限会社 DAX(大沼和雄・篠宏行・山本由美子)
〔写真協力〕
三浦正幸・加藤理文

お城のすべて

2020年12月4日　第1刷発行

監修	三浦正幸
発行人	松井謙介
編集人	長崎　有
編集担当	早川聡子
発行所	株式会社 ワン・パブリッシング 〒110-0005　東京都台東区上野3-24-6
印刷所	共同印刷株式会社

●この本に関する各種お問い合わせ先
本の内容については、下記サイトのお問い合わせフォームよりお願いします。
https://one-publishing.co.jp/contact/
在庫については　Tel 03-6854-3033(販売部直通)
不良品(落丁、乱丁)については　Tel 0570-092555
業務センター〒354-0045　埼玉県入間郡三芳町上富279-1

©ONE PUBLISHING

本書の無断転載、複製、複写(コピー)、翻訳を禁じます。
本書を代行業者等の第三者に依頼してスキャンやデジタル化することは、
たとえ個人や家庭内の利用であっても、著作権法上、認められておりません。

ワン・パブリッシングの書籍・雑誌についての新刊情報・詳細情報、および歴史群像については、下記をご覧ください。
https://one-publishing.co.jp/
http://rekigun.net/

★本書は『学研雑学百科　お城のすべて』(2010年・学研プラス刊)を一部修正したものです。